# MaaS《マース》戦記

## 伊豆に未来の街を創る

So Morita

森田創

講談社

# MaaS戦記

伊豆に未来の街を創る

# はじめに

「伊豆半島って、毎年4センチ、動いているって知ってた?」

「まじ? ありえないでしょ。だれ情報?」

「武田鉄矢情報」


隣のボックス席。20代とおぼしき、女子旅2人組の笑いに、火が付いた。

踊り子号が、熱海を過ぎた。

目の前に、大きく海が広がる。

新型コロナウィルスによる緊急事態宣言が明けて、3ヵ月ぶりの伊豆だ。

コロナの前まで、週の半分は伊豆で過ごしていた。海のまぶしさも、PC作業の邪魔になるので、わざわざブラインドをさげていた私が、久しぶりの伊豆の海を、しばらくの間、ただ眺めていた。

眼の前にあるのは、これまでと何も変わらない海だ。

コロナが広がる直前は、河津桜の繁忙期だった。踊り子号も満席で、観光客は窓に張り付き、きらめく海に歓声をあげていた。

いま、この7号車には、私と、まだ笑っている女子2人組の3人しかいない。

そう。伊豆半島は、年に4センチ、本州方向に向かって動き続けている。

だが、フィリピン海プレートの地殻活動よりもはるかに速く、伊豆の高齢化と人口減少は進み、観光地・伊豆は滅びようとしている。

バス会社やタクシー会社は、運転手不足と過疎化により、減便を余儀なくされる。観光客の足が遠のくだけでなく、地元住民の移動も不自由になり、地元のコミュニティーが衰退する。人口流出が続き、交通や観光など伊豆を支える主要産業が足元から崩れる。さらに人の移動が減るので、バス会社やタクシー会社は減便し、同じことが繰り返される。

この負の循環を止めなくてはならない。こうしている間にも、タクシー会社はつぶれ、店舗のシャッターは閉じられ、集落は消えていく。かつて人々を魅了した旅館、料理、サービス、景色が音もなく消えて、二度と戻らない。

私の仕事は、「21世紀の産業の交差点」と呼ばれるＭａａＳ《マース》の取り組みを通じて、伊豆を負の循環から救い、消滅へのカウントダウンを刻む時計の針を逆回転させることだ。

スマホ一つで、行きたい場所に快適に移動でき、移動目的となる観光体験も含めて、手軽に予約決済できるＭａａＳは、観光客を伊豆に呼び込むきっかけになるだけでなく、取得できる観光客のデータ分析により、人手不足に悩む交通・観光事業の収益向上や省力化も期待できる、伊豆再生の救世主となる可能性を秘めている。

ＭａａＳは、世界でも生まれたばかりの新しい産業だ。ＩＴの専門知識も素養もない私は、伊豆を再生したいという志だけを頼りに、この2年間、がむしゃらに走り続けてきた。

そこへ来て、今回のコロナ。伊豆は、完全にノックアウトされて沈みこんでいる。

この状況を打開したい。単なるスマホサービスであるＭａａＳにできることは限られているようにも見えるが、私はそうは思わない。

アフターコロナでは、対人接触を避け、安全に観光を楽しむために、交通や観光チケットを事前決済し、決済画面を見せるだけで電車やバス、観光施設が利用できるＭａａＳの需要は一層高まる。そして、観光客に伊豆の魅力がダイレクトに伝わる画面のデザイン、商品、そして地元の熱意があれば、必ず観光客を呼び込めると信じている。

伊豆でＭａａＳの仕事をはじめてから、2年が過ぎた。その間、順調に行ったことなどほとんどない。とくに最初はうまくいかず、熱海が近づくと、気分が重たくなったものだ。憂鬱な気分で海を見つめたことを、遠い昔のように思い出す。

伊東を過ぎると、トンネルが続く。Wi-Fiもつながりにくいので、ノートPCを閉じてしまった。座席に身を預けると、自分の仕事場となった伊豆高原にあるシェアオフィスを想う。

晴れた日の午後には柔らかい陽光が差し込む白いオフィスも変わりないだろうか。

伊豆には、解決すべき課題と同じくらい、無限のポテンシャルがある。取り組んだ分だけ、成果はあがっていく。だからいまは、同じ志を持ち、一緒に取り組んでくれる人の輪を広げていきたい。

車窓が緑に覆われはじめると、伊豆高原が近づく。埃で汚れたナップサックを背負い、自由席から立ち上がる。やってやろうという気になる。いつからだろう。少しずつしか進まないことが、楽しいと思えるようになったのは。

ＭａａＳによる、伊豆再生への挑戦も、はじまったばかりだが、今日という日にしかできないことがきっとあるはずだ。伊豆高原のホームに降り立つと、帰ってきたという奇妙な感覚にとらわれる。


何かに成功したわけでも、目覚ましい成果を残したわけでもない自分が、筆を執ることはいまでも後ろめたい。しかし、逆に言えば、私がごく普通の会社員に過ぎないからこそ、ＭａａＳという最新の産業領域に手をそめ、さまざまな課題に直面しながら、壁を乗り越え、新しい仲間を得ていくプロセスに、励まされる方もいるのかもしれない。

私の伊豆での悪戦苦闘の毎日が、ＭａａＳや地域活性化に取り組まれようと志される方々にとって、少しでもヒントになるのであれば、これ以上の幸せはない。

# 目次

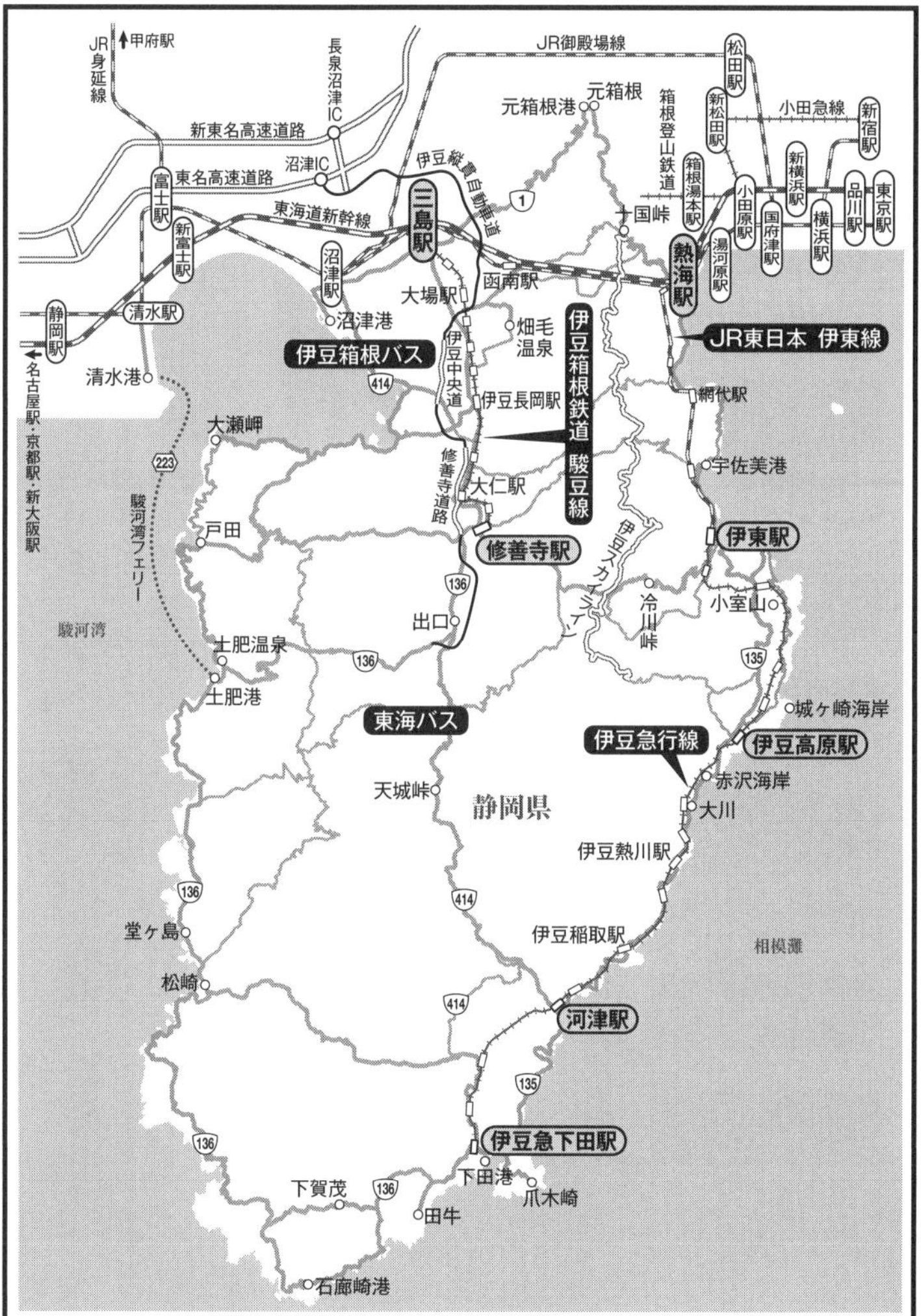
JR身延線
甲府駅
長泉沼津IC
JR御殿場線
松田駅
新松田駅
小田急線
新宿駅
元箱根港
元箱根
箱根登山鉄道
新東名高速道路
沼津IC
伊豆縦貫自動車道
東名高速道路
富士駅
箱根湯本駅
新横浜駅
東海道新幹線
三島駅
十国峠
小田原駅
国府津駅
横浜駅
品川駅
東京駅
新富士駅
沼津駅
熱海駅
湯河原駅
函南駅
大場駅
静岡駅
清水駅
沼津港
畑毛温泉
伊豆箱根鉄道 駿豆線
JR東日本 伊東線
伊豆箱根バス
名古屋駅・京都駅・新大阪駅
清水港
伊豆中央道
伊豆長岡駅
網代駅
大瀬岬
修善寺道路
宇佐美港
大仁駅
駿河湾フェリー
戸田
修善寺駅
伊東駅
伊豆スカイライン
冷川峠
小室山
出口
駿河湾
土肥温泉
土肥港
城ヶ崎海岸
東海バス
伊豆急行線
伊豆高原駅
赤沢海岸
天城峠
静岡県
大川
伊豆熱川駅
堂ヶ島
伊豆稲取駅
相模灘
松崎
河津駅
伊豆急下田駅
下田港
爪木崎
下賀茂
田牛
石廊崎港
1
136
135
223
414

伊豆半島と交通網

# 登場人物相関図

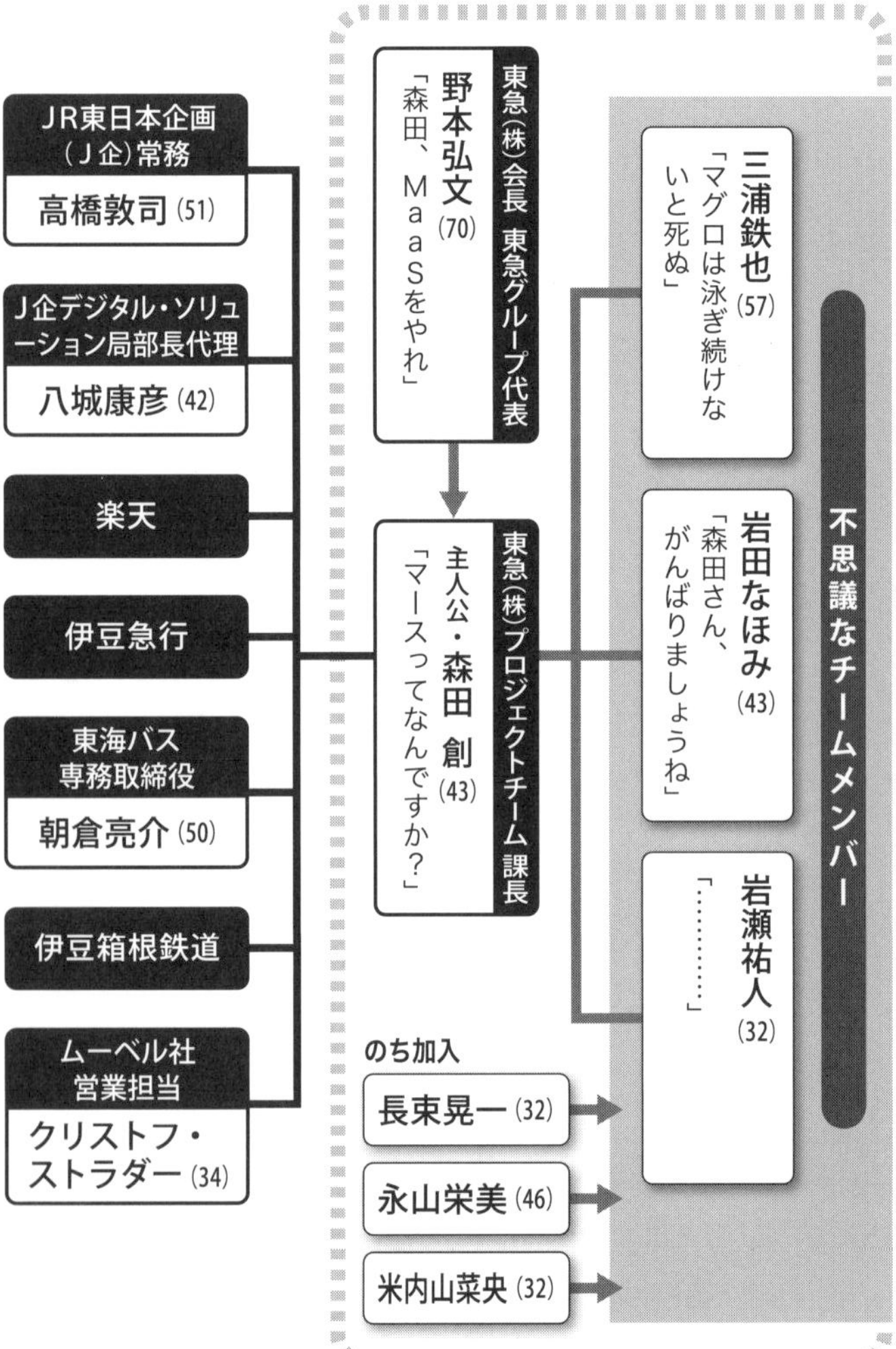
JR東日本企画（J企）常務
高橋敦司（51）
J企デジタル・ソリューション局部長代理
八城康彦（42）
楽天
伊豆急行
東海バス専務取締役
朝倉亮介（50）
伊豆箱根鉄道
ムーベル社営業担当
クリストフ・ストラダー（34）
東急（株）会長　東急グループ代表
野本弘文（70）
「森田、MaaSをやれ」
東急（株）プロジェクトチーム課長
主人公・森田 創（43）
「マースってなんですか？」
三浦鉄也（57）
「マグロは泳ぎ続けないと死ぬ」
岩田なほみ（43）
「森田さん、がんばりましょうね」
岩瀬祐人（32）
「…………」
不思議なチームメンバー
のち加入
長束晃一（32）
永山栄美（46）
米内山菜央（32）

＊年齢・役職は2018年4月時点

# 1 春の社長室

社長室で告げられた衝撃の人事異動。——マースってなんだ!?
しかも、疑心暗鬼の私に充てられたプロジェクトチームのメンバーは……。

## 衝撃の人事異動!

2018年3月19日の午後。

社長(当時)の野本弘文が私を呼んでいるという。「ちょっと行ってくる」と部下に告げ、椅子の背もたれに掛けてあった背広を、歩きながらマントのように羽織ると、5階につづく24段ある階段を、一段飛ばしでどしどしあがっていく。

広報課長を務めた3年半、何回この階段を往復したことだろう。役員というのは、懐に入り込めば、さまざまな情報を教えてくれる存在である一方、頭の回転が速い分だけせっかちで、ふとしたことで機嫌を損ねやすく、危機案件ともなれば、不安感から不機嫌になりやすい。社内でもっともハイリスク・ハイリターンな人種であると言えよう。しかし、広報課長の職務を通じて、「溌剌《はつらつ》さ」と「明瞭さ」を武器として装備した私は、精神的に疲れているときでも、役員室に入る直前にスイッチを切り替え、複雑な案件でも簡潔に報告する術を身につけた。

どんな危機案件が起きたとしても、自分を精神的に追い込む必要はない。起きたことを、どう迅速に、適切に処理するかが広報の腕の見せ所であり、つねに冷静でいなければならない。

ポイントは、「5W1H＋これから」。いつ（When）、どこで（Where）、誰が（Who）、何を（What）、なぜ（Why）、どれくらい・どうしたのか（How）。さらに今後の再発防止策（これから）までを、案件発生から手早くまとめて発信すれば、社会部の記者はそうは叩いてこない。彼らは、危機案件には慣れっこになっている。トラブルを起こしたとき、こちらが潔くその非を認め、事案の概要と再発防止策を発信することで、企業としての社会的責任を果たせば、必要以上には追及してこない。

広報課長の最大の役割は、会社の評判を守ることだから、なんでもかんでも公表すればよいわけではない。ただ、つき通せないウソはつかない方が身のためであり、正直に外部公表する場合でも、何を言い、何を言わないかという情報開示の線引きが最大のポイントになる。

社内は「なるべく言いたくない」、対する記者は「なるべく多くの情報を引き出したい」。毎度繰り返されるこのせめぎあいを、絶妙な形でおさめるのは、会社を守ることを念頭に置きながら、記者目線に立ち、「ここまで言わないと記者も納得しない」という、広報課長のさじ加減一つにかかっている。

面倒なのは、担当部署が情報開示に消極的になる場合である。私が「それでは世間は通らない」と言っても、埒《らち》があかず、時間ばかりが過ぎる。情報開示はスピードが命、タイミングを失ったら「炎上」あるのみだ。やむを得ない場合は、私が担当役員に自説を進言することになる。自説とその根拠をテキパキと説明すれば、役員も感情的にならずに話を聞いてくれるし、私の判断を受け入れてくれる。ただし、それは私の考えの正しさというよりも、災害時でも通じる業務用携帯電話を常に持たされ、24時間365日、何か起これればいつでも駆けつけ、問題の対処に当たってきたことへの同情心だったろう。

5階にあがった。事業部長でさえ立ち入るのを遠慮する、各役員の秘書の席に、まるで自分の席のようにどっかりと座り、喉が弱い野本用のキャンディーを物色する。「ミルク飴がないじゃない」と言うと、女性秘書から笑い声が起きる。すべて、自分だけに許された（と思っている）特権だ。

そう、辛かった広報課長の生活ともまもなくおさらばだ。野本が呼び出した理由はわかっている。さっきまで回覧されていた稟議で、4月1日付で社長室に新チームが組成されることが決まった。

東急（株）（注：正確には、2019年9月2日までは東京急行電鉄（株）が正式名称だったが、本書では一貫して「東急」と呼ぶことにする）は、232社5法人の東急グループの中核企業であり、広報が属する社長室はその取りまとめ役である。稟議決裁されたばかりの新チームは、これから訪れる大きな節目、東京五輪時のグループ社員によるボランティア組成（五輪で使われる国立競技場は、東急の本拠地である渋谷から目と鼻の先である）や、2022年の東急・創業100周年など、グループの一体感を高め、強い企業集団にするための戦略組織であった。

それは、野本にも事前に相談しながら、広報課長の次の舞台として、自分で立ち上げた組織だった。

通常、サラリーマンが次の異動先を自ら作り出せることは滅多にない。だからこそ、私はそのことにこだわった。心中にあったのは、広報課長を通じて自身の中に培った、東急グループをより強くしたいという気持ちだったが、自分のある過去に決別したいという想いもあった。

さかのぼること5年前、渋谷駅前のミュージカル劇場「東急シアターオーブ」を立ち上げ、これから腕を振るおうとした時期に、広報への異動を命じられた。サラリーマンには異動はつきものだが、演劇の世界は、一度経験した人間にとっては、麻薬のような魅力を持つ世界だった。どんなに仕事で辛いことがあっても、自分が招聘《しょうへい》したミュージカルの初日に、観客のスタンディング・オベーションを見た瞬間、すべての苦労が消し飛ぶ、あの達成感は、「どこまで行っても他人事」という広報生活では絶対に味わえない。

どこまで行っても他人事だからこそ、広報の仕事は面白いのだと思えるようになってからも、劇場からの異動を告げられた際のわだかまりは、どこかに残っていた。わだかまりが消えなかったからこそ、会社を「見返したい」気持ちが、広報課長としての職務にかえって忠実に没入させていったのかもしれない。

「5W1H＋これから」の発信。たったこれだけのことが、ひとつ間違えば会社の評判を地に落としかねない危機的状況にあっては、社内組織の論理に揉まれて、どれだけ大変だったことか。誰も正解を知らない中で、頼りになるのは、誰よりも磨いてきたと自負する平衡感覚だった。

私が平衡感覚を研ぎ澄まし、自分の見立てに自信を深める分だけ、担当部署とも、情報開示をめぐって激しくやりあうことになる。いつしか付いたあだ名が「ブルドーザー」。相手の話を聞かず、自分の物差しで情報を集約し、必要に応じて役員にも意見しながら、勝手に情報開示を取り仕切る姿を皮肉った呼び名だろう。しかし、私の防御率は、野球で言えば1点台だった。

休日らしい休日など、一年に何日あっただろうか。「すべては会社のためだ」と言い聞かせてきたけれど、一部の人にしか感謝されない仕事で、多くの人に疎ましがられる役割にも疲れてきた。そのことへの最高の労いは、自分の次のステージを、誰にも邪魔されずに自分の手で作り出すことだった。

社長室のドアがあいた。秘書の席から立ち上がり、しわの入ったスーツの襟を手でピンとひっぱる。新しい組織はもう稟議決裁された。社長が会長となり、グループの未来を切り開く新しいミッションが、いよいよこれからスタートするのだ。何と言って励まされるのだろう。

労いの言葉をかけられて、思わず泣かないように気を付けなくてはと、そんなことまで考えて、社長室に入る。

「失礼します」と言うと、野本は、ソファに座って伸びをしていた。伸びが終わると、私を見上げて、苦しげな声で「おう」と言った。

野本と私で進めてきた、2月の社長交代会見も無事に終え、社長としての最後の仕事である、中期経営計画の記者発表も準備万端だ。野本のリラックスした表情を見ると、なんだか淋しい気がした。

「どうだ、調子は」

「はい、まあ、ぼちぼちです」

野本は、上着を脱いで、背中を掻いていた。社長室の窓からは、やわらかい春の陽光がさしこみ、部屋の輪郭を丸く照らしている。世間話の後には、本題に入るのが常である。どんな言葉が飛び出すのだろう。思わず背筋を伸ばした。

「君に、やってもらいたい仕事がある」

「はい、わかっています」

来た、と思った。新チームも設立されたのだから、最初のお題が下るのだろう。

野本は怪訝な顔をした。

「あれ、話したかな」

空気が変わった。

何か、これまでの前提にはない話をしている。嫌な予感がした。

柔らかい微笑みを保とうとしたまま、確認のつもりでたずねた。

「新チームの、案件です、よね？」

野本は怪訝な顔をして、こちらを向いた。

「ＭａａＳを立ち上げるんだ」

「はい？　なんですか？」

「ＭａａＳだよ。知ってるんだろ」

「……！」

恥ずかしいことだが、私は、ＭａａＳという言葉を知らなかった。だが、野本の口調は確信に満ちていて、質問をはさむ余地はなさそうだった。第一、私は混乱しすぎて、口を開くことができなかった。野本は、私が黙っているので、会話を終わらせようと思ったようだ。

「ＪＲ東日本と楽天と相談して決めろ。場所は北海道がよさそうな気もするが、それも含めて自分で考えろ、それじゃ」

そう言うなり、さっと出て行ってしまった。

## マースってなんだ⁉

社長室を出ると、後輩の社長秘書を捕まえた。

「おい、マースってなんだ」

「は？」

「マースだよ」

「知らないんですか？　社長はとんでもない人に頼んでしまったんですね」

「もったいぶらずに教えろ」

とせまると、

「モビリティ・アズ・ア・サービス」

と言い残して、彼も野本の随行で姿を消してしまった。

野本の部屋を出てから、どうやって広報の席に戻ったのか、よく覚えていない。新しいチームに行く話は、いったいどうなってしまったのだろうか。あまりに衝撃が大きすぎて、机の上でほおづえをついて、野本からいま言われたことを反芻していた。

さっそくネットで調べてみたが、ほとんど検索にひっかからない。英語で打ち込んでみると、ニュアンスはわかった。おおまかにまとめると、こういうことだった。

・スマートフォン等で、それぞれの需要や目的地に応じて、最適な交通手段が提示される。その際の乗り換え経路や料金が表示されるほか、予約やチケット購入もできるサービス。またそのことを可能にする、交通体系や社会制度のこと
・自家用車の時代からシェアする時代に変わり、欧州では2025年までの自動車EV化（電気自動車化）が叫ばれる社会的文脈の中で、公共交通の利用率を高めることで環境負荷を軽減させる目的が背景にある
・2015年、フィンランドのヘルシンキを皮切りに、欧州の数都市でサービス開始。世界の中でも非常に新しい産業で、日本では取り組み実例なし
・集まった利用データを分析し、少ない運転手や車両を利用状況にあわせて稼働させることで、有効活用する狙いがある（だからフィンランドなど人口の少ない国で取り組みが早い）

なるほど、日本でも若者の車離れは顕著であり、働き方が多様化する中で通勤のあり方も変わってきている。また人口減少が加速する中で、交通利用データを分析し、運転手や車両を有効活用したいとする意図はわかる。朝はA、昼はB、夕方はCという目的地に行きたいことが事前に把握できていれば、車両を3台出さずとも、1台でカバーすることができる。人口が少なく、面積も広い北海道ならなおさら助かるだろう。

しかし、よりによって、なぜ私なのだ。新入社員時代に三軒茶屋駅で3ヵ月研修した以外は、一度も交通事業に触れたことはない。鉄道事業には興味がなく、広報に異動したときには、東急の全97駅のうち、半分も知らないことに気づき、部下に隠れてにわか勉強したほどの、この私が。

思い返せば、野本は、前年の暮れ（2017年12月）から、私に何度かそんな話をしていた。そのころ、当社は、北海道7空港民営化の運営権獲得をめざして、最終提案書を出そうとしていた。7空港には、小さい地方空港も含まれており、道内移動の活性化に向けて、空港アクセスの整備が重要な課題だった。そうした背景もあり、野本は、「交通や観光をITでつなぎ、お客さんが行きたいところに行ける仕掛けを作るのだ。自社で固めず、よその会社のサービスもITでつなぎ、お客さんから一つのサービスのように見えるようにするのだ」と話していた。それが、いわゆるMaaSであったというわけだ。

私は、その話を、完全な他人事として聞き流していた。弁明しておくが、新チームを作り、私が異動するという話は、野本に何度も確認してきたのだ。私が曖昧な態度で話を聞き流していると、野本は、話の最後にこう付け加えるようになった。

「俺が若ければ、自分でやるんだけどな。これは面白い仕事なんだ」

たしかにその話を聞くたびに、北海道の雄大な大地が頭の中に広がり、面白そうだとは感じた。しかし、自分の手に負えるイメージはなかった。そんな大きな仕事は、寝食を忘れて取り組まないと、形にはならない。会社に縛られる生活は広報課長でこりごりだ。

部下は、私の仏頂面を、不機嫌の証ととったのか、誰も話しかけてこない。私は立ち上がり、オフィスを1周することにした。頭と心の整理をするためである。

吹き抜けに沿った狭い廊下を、ゆっくり歩きはじめた。なぜこんなに落ち込むのかといえば、新しいミッションの中身というより、自分の次のステージだと確信していたものが、あがろうとした瞬間に消えたこととの不可解さゆえだ。なぜ、よりによって、このタイミングで。

広報のオフィスとは反対側の吹き抜けには、大小の会議室がならんでいる。広報時代、外に出せない極秘案件を、ずいぶんここで話し込んだものだ。秘密を知る立場だった自分が、いまやマル秘案件として処理されようとしている気がした。会議室のドアというドアが、冷たく光って見えた。

未体験の「交通事業」に関わることも、気持ちを重たくさせる要因だった。広報課長として3年半を全力で走ってきて、また新しい挑戦をゼロからはじめなくてはならないとは、会社人生とは世知辛いものだ。オフィスを1周すると、さらに気持ちが重たくなっていた。

広報部の自動ドアをくぐろうとすると、髪を茶色に染めた中年女性が、不気味な愛想笑いを浮かべて立っている。明らかに私を待ち構えているが、見覚えのない顔だ。無視して通り過ぎようとすると、

「森田さんですよね」

と話しかけてくる。ブスッとしながらそうだと答えると、

「あ、あの、ご一緒にお仕事できるのを、楽しみにしています」

と顔を上気させながら、作り笑いをしている。もう一度、彼女を見返した。一緒に働く？

自分がこの女と？　誰だかわからないのに？

「冗談でしょう」

ととっさに言うと、キッと真面目な顔になって、

「いいえ、たしかに森田さんの下だと聞きました」

なんとなく嫌な予感がする。無視して自動ドアをくぐる。

「がんばりましょうね」

思わず足を止めた。

見ず知らずの人間に、がんばりましょうねと言われたことにカチンときたが、反応するのも面倒くさいので、そのまま自分の机に向かった。10分経っても、彼女はまだそこに立っていた。


**プロジェクトチームのメンバーは……**


3月27日の午後、4月1日付の組織改正と人事異動が出た。

野本から髙橋和夫に社長が交代するタイミングで策定された、3年間の新しい中期経営計

画。その重点施策の一つに「10年先、20年先を見据えた新しいプロジェクトの探索」が掲げられ、未来に向けた新規事業立案の推進部署として「事業開発室プロジェクト推進部」が新設された。ここまでの内容は、組織改正のリリースを作る過程で知っていた。

その「プロジェクト推進部」の下に、「プロジェクトチーム」という、うさんくさい名の組織が作られた。そこがどうやら、私の新しい居場所らしい。

問題は、そのメンバーである。「10年先、20年先の事業を立ち上げろ」という大風呂敷を広げたからには、私のもとに、強力な人材を充ててくれないと困る。どんな事業を立ち上げるにしても、人材がすべてなのだ。

前週の野本からの突然の通達以来、会社に対して構える気持ちが芽生えている。人事異動内容のエクセルシートを、ビクビクしながらマウスでクリックし、メンバーの名前を確認した。幸い、広報課長は、情報だけはすぐ取れるという強みがある。さっそく情報網の検索エンジンをフル稼働させた。

先日、愛想笑いをしていた女性は、岩田なほみというらしい。

日本人とアメリカ人のハーフで、両方の国籍を持ち、母国語は英語だという。年齢は43歳。私と同い年だ。アメリカで15年ほどSEのような仕事をし、30代後半で日本に帰国。グループ会社のイッツ・コミュニケーションズに入社後、渋谷の新ビル「渋谷ストリーム」に入居することになった、米・グーグル社との契約交渉の通訳として、前年秋に出向でやってきた。

彼女の名前には聞き覚えがあった。グーグル社との契約交渉が終わると、岩田の仕事はなくなった。海外メディアの対応要員として広報で引き受けないか、と人事部から打診があったのはそのころだ。しかし、海外メディアからの取材依頼など、月に1回あるかどうか。異動してきても、暇を持て余すことになるので、気の毒だが断った。それが、まさかこんな形で一緒になるとは。不気味な、それでいて、どこか淋しげな愛想笑いが脳裏に浮かんだ。

主査（課長相当）の肩書がついた三浦鉄也は、東急エージェンシーの海外系子会社からソニーに転職し、その後、当社に入ったという変わった経歴の持ち主だ。物流事業の「東急ベル」を立ち上げるなど、人脈、情報量、アイデアに優れる一方で、「チームプレイに向かない個人プレイヤー」と評する声も。彼に関する評価は二分されていた。「うーん」と私はうなった。

隣にいた永山栄美に声をかけた。彼女は社内報の責任者で、社員情報には通じていた。

「鉄也さんでしょ、大丈夫よ」

役職は下だが3歳年上の永山は、私には「タメ語」で話すが、却ってその方が気楽なのだ。その代わり、私も敬語など使わない。

「大丈夫って、何が」

「うまく言えないけど、たぶん合うわよ」

そう言って、一人で納得するようにうなずいている。私は、課長職以上しか閲覧できない人事台帳をパソコンで検索し、三浦の顔写真を見た。年齢は57歳。整った顔立ちだが、バブル期のソニーで鳴らした自信に裏打ちされた、扱いづらそうな中年男というイメージが、彼の経歴からひとりでに浮かんだ。

岩瀬祐人は、最若手の32歳。大学院で機械工学を専攻し、鉄道で車掌を経験してから、人事部の採用担当で活躍。その後、三浦と同じ広告系子会社に出向し、3年間ひたすらパワーポイントを作っていたという噂のある青年だ。頭の回転は速く、資料を作るのもうまいが、新規事業に必要な推進力に欠けるという評価もあった。きっと実作業は彼が引き受けることになるだろうから、チーム立ち上げのカギを握る男と言ってもよいが、岩瀬に関しては最も情報が不足していた。

メンバーは、この、たった3人である。

岩田も、三浦も、岩瀬も、優れているところはあるのだろうが、少なくとも、物事を1から10まで任せられるタイプではなさそうだ。マネジメントする側としては、それぞれの長所を引き出すべきなのだが、社長の肝いりというプロジェクトの割には、ずいぶん手薄な布陣ではないか。会社からすれば、「形だけ整えたから、あとはお前がやれ」ということなのだろうか。3人には申し訳ない言い方だが、疑心暗鬼になっていた私には、片道切符を渡されたように思えた。これが広報課長として3年半、会社のために尽くし、成果も出してきた男に対する正当な処遇なのか。

目の前では、私が行くはずだった新チームの準備が着々と進んでいる。名刺の用意、パソコンや挨拶会の準備など、クリスマスツリーの飾りつけでもするかのように、皆の表情は楽しそうだ。私が行かなかったことが、皆の表情を明るくさせているのだろうか。

桜の舞う4月1日。

新年度を迎えた各フロアは、どこもかしこも挨拶会の嵐だ。私も、働き慣れた4階のオフィスで、広報課長退任の挨拶を行い、新しい職場となる2階に移動した。新しい部署であり、全員が新メンバーということで、部署全体での挨拶会は行われなかったが、「プロジェクト推進部」のメンバーだけ丸テーブルに集まり、車座になって即席の挨拶会を行った。新中期計画の目玉と目された、期待の新部署というメンバーの矜持《きょうじ》がそうさせたのだろう。

「プロジェクト推進部」は、私が所轄する「プロジェクトチーム」のほか、ベンチャー企業との協働により社内イノベーションを加速させるスタートアップ支援のチームと、社内起業家育成制度と呼ばれる社員提案を事業化するチームの、合計3チーム体制だった。外から見れば、社内の個性派ばかりを集めた、イノベーティブな組織集団に見えるかもしれないが、テーブルを囲むメンバーの期待に輝く瞳をうっとうしく感じるほど、私の自意識はねじ曲がっていた。

寄せ集めの新しい部署にありがちな、遠慮と、謙遜と、必要以上のフレンドリーネスがまざった、形だけの挨拶会が行われた。誰かが冗談を言えば、オーバーに笑ってみせ、一人一人が挨拶を終えると、しらじらしいまでに拍手が鳴る。

私の新しい異動先を知った社員からは、「道なきところに道を作るなんて、森田さんにぴったり」とお世辞を言われたが、少しも気分は明るくならなかった。私は、猪突猛進するには年を取ったと感じていたし、3年半の広報課長生活で疲弊していた。その上、重たいお題を押しつけられ、満足なメンバーが与えられず、「さあ、走ってみろ」と言われても……5年前に、ミュージカル劇場から異動させられた日のことが、トゲのように刺さっていた。走ったところで、同じことがまた起きるだけだ。

それに、私は、自分が人から言われるほど、クリエイティブな人間ではないことを知っていた。ゼロから物事を立ち上げるより、すでにある何かと何かをつなげ、組み合わせる方が向いている、現状改善型のタイプなのだ。さらに、自他ともに認めるITオンチである私に、日本で前例のない、世界の先端産業であるMaaSを立ち上げられるはずがない。

私の挨拶の番が回ってきた。いまごろ私が立ち上げようとした新しいチームでは、何事もなかったように、挨拶会をやっているはずだ。突然にして狂った運命と、新しいミッションと環境。私は、現実を消化することができなかった。思わず、こんなことを口走った。

「僕は、もともとこの部署に来るはずではありませんでした。そしてMaaSやITのことも何もわかりません。ですから、活躍できる自信はありません。広報時代にはずいぶん会社のために、無理もしてきました。しばらくは気持ちと体を休めることを第一目標にしたいと思います」

一気に話すと、「引き継ぎがあるので」と言ってその場を離れた。
場の空気が一気に下がったのが背中でわかった。
ざまあみろと思った自分がかなしかった。

# 2 舞台の背景

東急はもともと街づくりの会社。
沿線住民の高齢化と現場の人手不足がこれからの課題だ。
そして東急とゆかりの深い伊豆半島も人口減少に歯止めがかからず……。

## 「街づくり企業」東急の歴史と課題

ここで、少しの間、広報課長に戻り、私の勤務する東急株式会社（以下、東急）についてご説明しよう。

東急は、1918年、東京・田園調布周辺の宅地開発を行う開発会社として、田園都市（株）を設立したことに端を発する。以来、交通事業（鉄道、バス、空港運営など）と都市開発を両軸に、商業、リゾート・ホテル、生活サービスなどの事業を通じて、東京の西南部を中心に、住みやすい街づくりを提供してきた。

東急の創業者は、競合企業を買収する強引な手口から、「強盗慶太」の異名で知られる五島慶太とされているが、田園都市（株）を興したのは、明治・大正の大実業家で、2024年度から1万円札に登場する渋沢栄一である。そのころの東京やロンドンは、急激な人口膨張による住環境悪化に悩まされていた。E・ハワードの『明日の田園都市』の構想に基づき、ロンドン郊外にレッチワースという新都市が建設されたことを渋沢は知り、都市と田園が調和した理想の「田園都市」を作り上げるべく、田園調布周辺の開発に踏み切ったのだ。「田園」という名前には、そんな彼の想いが込められている。

1922年には、田園都市（株）が進めていた鉄道敷設事業が、目黒蒲田電鉄（株）として独立した。このとき、鉄道省から民間に転じた官僚が五島慶太であり、以後、経営の実権を握ることになる。翌年には目黒〜蒲田間の13・2キロが開通。鉄道敷設よりも宅地開発を先行させた点が、他の鉄道会社にはない東急の特色である。同年9月の関東大震災では、田園調布周辺の分譲住宅地は被害が少なかったことから、強固な地盤が評判を呼び、都心部からの移住者が急増した。

五島は、鉄道敷設とあわせて、沿線への大学の誘致（大岡山への東京工業大学、日吉への慶應義塾大学など）や、遊園地やデパートなどの娯楽施設を建設することで、経営規模を拡大させていった。戦時中の1942年には、陸上交通事業調整法の趣旨に基づき、京浜電気鉄道（現在の京浜急行電鉄）、小田急電鉄を合併し、「東京急行電鉄」と社名を変えた。さらに、京王電気軌道（現在の京王電鉄）も合併し、東京西南部の多くの鉄道会社を合併した「大東急時代」を迎え、五島自身も東條英機内閣の運輸通信大臣として、戦時下での国の輸送事業を所轄する立場となった。

戦後、五島は公職追放を受け、1948年には、小田急電鉄、京浜急行電鉄、京王帝都電鉄が分離独立し、「大東急時代」は終わりを告げた。五島は、各鉄道会社の売却資金を元手に、あらためて二つの事業構想を描いた。

一つ目は、新しい田園都市の建設である。ベビーブームや復員兵による東京の住宅難を解決すべく、多摩川以西の丘陵地帯に郊外都市をつくる計画だった。いわば、「第2の田園調布」の開発である。1953年、その開発計画は「城西南地区開発趣意書」として発表され、民間最大級と言われた5000ヘクタールの開発がはじまった。新しい通勤路線として「田園都市線」の敷設も進んだ。1984年、田園都市線は中央林間まで全線開通。同時期に放映されたTBSドラマ「金曜日の妻たちへ」では高級住宅街としてのイメージが定着し、中核駅のたまプラーザ周辺は、バブル期には地価上昇率No．1の住宅街になった。現在は、居住人口62万人を超える「東急多摩田園都市」として円熟期を迎えている。

そして、もう一つが、伊豆の開発だ。レジャーブームの到来を見越した五島は、北海道や長野といった観光地で土地や企業を買収したが、首都圏から近い景勝地であり、鉄道路線が弱かった伊豆に、とくに目をつけた。鉄道敷設により、東京から3時間弱で、伊豆南端の下田ま

伊豆急線の開通式。テープを切る五島昇東急電鉄社長（当時）。車両前面には五島慶太の遺影が飾られた（国鉄伊東駅、1961年12月10日）（写真提供：朝日新聞社）

でを結ぼうと考えたのだ。当時のライバル企業・西武との「伊豆戦争」と呼ばれた、鉄道路線申請をめぐる熾烈《しれつ》な争いを制した五島だったが、1959年8月に死去。息子の昇が事業を受け継ぎ、伊東〜伊豆急下田（全45・7キロ）を結ぶ伊豆急線を、1961年12月に開通させた。

社長となった昇は、高度経済成長期の波に乗り、流通事業、リゾート事業、文化事業、「環太平洋構想」と呼ばれた海外事業などの多角経営を積極的に展開、多くのグループ会社が誕生した。私が入社した1999年時点でも約500社を数え、上場企業も17社あったが、2000年前後のグループ経営危機を乗り越える過程で、多くの企業の整理統合が行われ、現在は232社（5法人）にまで減少している。グループ全体の売り上げは約2兆4000億円、従業員数は約5万人である。

最近では、他社線との相互直通運転や、渋谷や二子玉川、たまプラーザなどの沿線開発が功を奏し、2本柱である鉄道収入と不動産収入も好調だ。沿線人口も２０３５年までは増加の見通しだが、死角がないわけではない。

まず一つは、交通事業の現場部門の人手不足である。鉄道部門の電気・保守人材の不足が深刻で、若手にノウハウが引き継がれないまま、熟練工の退職が進み、現場力の低下が危ぶまれている。２０１７年秋、田園都市線では停電事故を2ヵ月連続で起こし、25万人の利用者にご迷惑をかけた。東急グループの信用に関わる「安全・安心」が危うくなることは、絶対に許されない。人手不足の中でも、交通インフラの点検の質を維持する新たなモデル構築が急務である。

もう一つは、沿線地区の高齢化である。沿線人口が増えるといっても、65歳以上の人口比率、いわゆる高齢化率は上昇の一途をたどる。とくに田園都市線沿線は、多摩丘陵の起伏を活かした住宅街であり、若いころは苦もなく移動できた坂道が、加齢に伴って、移動制約の要因になる。ついには何かと便のよい、都心のマンションに引っ越してしまい、街の活力も低下する。この負の連鎖を止めるために、移動制約を解消しつつ、若年層の流入も図りながら、田園都市線沿線を活性化しないと、東急グループの事業が集まる地域だけに、収益基盤が危うくなる。

現場の人手不足と、沿線の高齢化。この二つの課題は密接に絡み合う。

田園都市線の住民からすれば、高齢化によって坂道がきつくなれば、おのずと「東急バスの路線を増やしてくれ」ということになる。また定年退職により通勤しなくなると、住宅街から駅までを最短で結ぶ路線より、医院や商店街などの生活圏を結ぶルートが、彼らのニーズに合致してくる。余計に、新たなバス路線を求める声は高くなる。

しかし、東急バスの運転手数にも限りがあり、ニーズの数だけ新路線を引く余裕はない。田園都市線沿線は、東急グループが開発した街であり、住民の声に耳を傾けねばならないが、バスの運転手養成には時間もかかるのが現実である。だが、手をこまねいていると、住民は都心に引っ越してしまう。これが続くと、東急グループの事業基盤を脅かしていく。

そこで出てくるのが、ＭａａＳの発想だ。交通事業者の人手不足が進む中で、高齢化や働き方改革で多様化する住民ニーズに応えるために、異なる目的地同士をうまく組み合わせることで、１台の車両で吸収できる仕組みを作る。人手を増やさなくても、ＩＴによる需給マッチングで、さまざまなニーズの多様化に対応できれば、高齢化にともなう、田園都市線沿線の衰退を食い止めることができるかもしれない。

いずれにしても、一朝一夕に解決できる課題ではない。比較的、経営が安定しているいまだからこそ、10年先、20年先を見据えた、新しいことを積極的に仕掛けろという経営層の発想は、いまなら、よくわかる。

## 伊豆半島の地域事情

次に、この本の舞台となる伊豆半島についてお話ししたい。

伊豆半島は、東京都心から西南方向に100~180キロメートルの距離に位置する、縦60キロメートル、横幅40キロメートルの巨大な半島だ。

伊豆半島は、もともと日本列島の一部ではなかった。太古の昔は、第二次世界大戦の最大の激戦地である硫黄島付近にあったが、フィリピン海プレートの地殻変動によって北上し、約200万年前に日本列島と衝突した。このときの火山活動で、伊豆半島が形成された。

いまも伊豆半島は、年4センチの速度で本州を押し続けている。プレート活動は継続中であり、しばしば地震に見舞われるのはそのためだ。同時に、ダイナミックな地殻変動が生み出した、独特の景観や温泉などの自然資源が、人々を魅了している。

伊豆半島は、東伊豆、中伊豆、西伊豆、南伊豆の4区域に分かれ、13自治体によって構成されている。

東伊豆は、活況を呈する熱海を玄関口に、東京と直通する鉄道や国道135号線を経由して多くの観光客が日々訪れている。一方、中伊豆は、古くから伊豆の中心であった三島や、温泉地で知られる修善寺など見どころは多いが、伊豆縦貫道の開通により、三島~修善寺間の観光地への立ち寄りが減少しつつある。西伊豆も、松崎や堂ヶ島など風光明媚な観光地があるが、鉄道がないなど、交通アクセスが限られ、観光客数がやや伸び悩んでいる。同じ伊豆でも、地域間で経済の不均衡が生じており、はっきり言えば、団結しにくい素地を抱えた土地であった。

伊豆半島の観光客数は、バブル崩壊以降、2011年まで減少の一途をたどったが、近年は回復傾向にあり、インバウンド客数も伸びている。その一方、65歳以上の人口比率は上昇を続け、下田市を含む南伊豆地域では、優に40%を超えている。住民だけでなく、バスやタクシーの運転手の高齢化も進み、減便や廃業が相次ぐなど、地域交通の弱体化も進んでいる。西伊豆町や南伊豆町では、タクシーは1日1台しか運行しておらず、運転手も高齢のため、運行時間は8~17時に限定されている。自分で車を運転できないと、日常の移動すらままならない。

アンケートによれば、伊豆来訪者の8割が「マイカー」で来ているという。駅まで電車で来ても、目的地までのバスやタクシーを待つくらいなら、自宅から自家用車で来てしまえということだろう。その結果、2~3月の河津桜、ゴールデンウィーク、夏休みなどの多客期には、国道135号線が大渋滞となり、普段なら40分で行ける伊東~小田原が、4時間もかかる。

そんな伊豆半島と東急の関係は、先に述べた、五島慶太の伊豆開発構想に端を発している。1961年の下田ロープウェイ開業や伊豆急敷設にはじまり、1962年開業の下田東急ホテル（開業セレモニーには、五島昇と親交のあった石原裕次郎がヘリコプターで祝辞に駆けつけた）など複数のホテルや会員制リゾート、別荘地開発やリノベーションといった不動産事業、観光事業、東急ストアやケーブルテレビ敷設などの生活サービス事業、変わったところでは温泉を別荘地に供給する事業まで営んでいる。

最近では、2017年から横浜駅〜伊豆急下田駅を結ぶ、豪華特急列車「ザ・ロイヤルエクスプレス」の運行のほか、2019年には富士山静岡空港の運営を開始、2020年には三島駅南口に新ホテルを開業するなど、首都圏に最も近い、東急グループの主要拠点として、ますます事業を多展開しているエリアである。

## 新規事業系？ 私のキャリア

最後に、私自身のキャリアについて、少しだけ触れたい。

私が東急に入社したのは、1999年4月。鉄道を中心とした大規模な街づくりに興味があり、鉄道、不動産、航空、観光、リゾート、流通など、とにかく事業領域の幅が広いので、飽きっぽい私でも向いていると思ったことが入社動機だった。

おりしも東急グループは、バブル崩壊後の地価下落で、大量の銀行借入金の担保にあてた物件価値が目減りし、火の車であった。当時のグループは、東急観光（現在の東武トップツアーズ）、東急車輌製造（現在の総合車両製作所）、日本エアシステム（現在は日本航空に合併）といった大型企業が名を連ねており、全体の売り上げは3兆2000億円ほどあったが、有利子負債額も3兆円を超えていた。売り上げをそのまま銀行に渡さないと、利息すら払えない状況だった。ビジネス誌には「東急、倒産か」という見出しが立ち、入社早々、友人から心配された。

だが、社内の雰囲気は切迫しておらず、当の本人もきわめてのんびりとしていた。大学時代の短期留学の楽しさが忘れられなかった私は、リストラ対象となりつつあった海外事業部門への配属を志し、オーストラリア・パースでの都市開発チームに配属された。帰国子女ではなかったので、英語力を磨くために、週5で英会話学校に通った。

入社3年目だった2001年秋、社内ベンチャー制度に応募し、鉄道、バス、百貨店、ホテル、住宅などのあらゆるグループ施設を、TVドラマや映画のロケ地として貸し出すフィルムコミッション事業を立ち上げた。2002年4月の事業開始とともに海外部門を離れ、事業責任者として3年間牽引した。いまでこそ鉄道会社の撮影協力は当たり前になっているが、当時は先駆的事例として全国から注目を集めた。安全上の理由でロケ撮影を断ってきた東急が、この事業にOKを出した裏には、経営難で広告宣伝費を削らざるを得ない事情もあったはずだ。社内には反対意見も多かったが、それを押し切って「やろう」と言ってくれた当時の上司には感謝しかない。

2006年1月、社内FA制度で、渋谷駅前の高層複合ビル「渋谷ヒカリエ」の計画部署に異動した。当初は施設全体の計画をしていたが、中核施設であるミュージカル劇場「東急シアターオーブ」の計画に専従することとなり、2008~2013年に東急文化村に出向して、新劇場の設計、運営計画、演目交渉・編成、採用など開業準備をすべて取り仕切った。念願だった劇場作りに邁進できた年月は、苦しくも充実していた。

2013年6月、突然、本社の広報部に戻された。私のキャリアで初めて、思い通りにならなかった異動だった。「血湧き肉躍る」演劇の現場の魔力から抜け出て、普通のサラリーマン生活に戻るのは苦痛そのものだったが、お世話になったTBSの方から「異動って、あとから考えると納得できることが多いぞ」と励まされ、携帯電話を握りしめて床に就き、異常事態発生とともに時間を問わず出動する毎日に身を沈めていった。

2014年からは広報課長として、会社の情報発信を司る最前線に立った。ミュージカルが客席より裏側から見た方が面白いのと同じで、広報にいると、会社全体の構造が手に取るようにわかる。過度に会社に期待しなくなるかわりに、物事を進める際のコツや「地雷」のありかがわかり、自分の想いも通しやすくなり、その意味では、会社生活が楽しくなる。

振り返ると、広報以外は、やりたいことをただやってきただけの会社人生だ。一方で、新規事業系の人材と目されてもおかしくない経歴でもあり、MaaSをやってみろと言われたことは不思議ではない。だが、本人としては、違うキャリアを歩もうと思った矢先のご指名だったので、まったく乗り気ではなかったのである。

# 3 運命を変えた無料セミナー

無料セミナーで初めて触れた生の情報。

ＭａａＳが広げる可能性に気づくことで、停滞していたチームが動きだす。

## チームプレイを一番乱しているのは……

４月下旬のある日、本社のフロアを歩いていると、先輩社員から声をかけられた。

「だいじょうぶ？」

「なにがですか？」

「広報の引き継ぎばかりで、新しいオフィスに顔、出していないんだって？」

それは、まぎれもない事実だった。広報課長の後任は私の同期にあたり、丁寧に引き継ぎたい気持ちもあったが、まだ現実を受け入れられず、新しいミッションに心が向かわないというのが本音だった。黙っていると、衝撃的な一言を放たれた。

「君の新しい部下たち、一日中、ネットサーフィンしているらしいじゃない」

まさか、と思ったが、こういうことを外の人に言われるのはまずい。血の気がひいたのを悟られないように、そっと踵を返すと、2階のオフィスを覗きにいった。

岩田と岩瀬が隣同士に座り、冗談を言い合っている。少なくとも、ネットサーフィンはしていないようだ。2人が打ち解けたことに、少し安堵する。

「僕は僕のやり方を貫きます。僕はマグロだから、泳ぎ続けないと死んでしまいます」と、出会った日に言っていた三浦の姿は今日もない。彼は、涼やかな目の奥に、静かな炎を宿していた。「自分のスタイルを変えるつもりはない」とその目が語っていた。一瞬たじろいだが、目をそらせたら負けだ。

「チームプレイで動くべきときに、一緒に動いていただけるなら、何も言いません」

玉虫色の答えと受け取ったのだろうか、三浦は何も言わずに立ち去った。

考えてみれば、チームプレイを一番乱しているのは、この私かもしれない。引き継ぎにかまけて、職場にいないのだから。

私は、3人の部下と向き合うのが怖かった。彼らの目、背中、空気感が「こいつはわからず屋だぞ」という警戒心に満ちていた。「広報課長」という職名がそう思わせたのかもしれないし、社内のきわどい意思決定の場面で、自分の意見を通してきた私の「ブルドーザー」としての悪評が、彼らの耳に伝わったのかもしれない。

それともう一つ。個性的すぎるメンバーと雲をつかむようなプロジェクトを立ち上げろというなら、広報課長時代の苦労を、たった一言でいいから会社に労ってほしいという気持ちもあった。広報の引き継ぎに精を出したのは、そんな自分への「レクイエム」でもあった。関係先を回るたびに異動を惜しまれると、夏の風鈴のように、耳に心地よく響いた。

3人の中で、私が最初に接近したのは、岩田だった。愛想笑いの裏では、何を考えているかわからないが、面倒見もよく、話す内容もクリアだ。ただし日本語で表現できないことがあると、一気に英語でまくし立てるのには、当初は戸惑った。

岩瀬は、本心がわからない点では岩田と同じだが、愛想もなかった。話しかけても「はい」「いえ」と一音節で終わってしまうのが常で、会話になったためしがない。

この日も、私は岩田に話しかけた。彼女の背中から声をかけると、「Hi!」とアメリカ人特有のオーバーリアクションで驚いてみせ、いま調べている内容を報告してきた。

岩田いわく、MaaSを勉強しろというお題は、2月からあったらしい。野本から指示を受けた担当常務が、つながりのあった三浦と岩田に情報収集を命じたという。2人がまとめたMaaSについてのパワーポイントは、広報の挨拶回りで移動する車内で、こっそり目を通していた。海外の事例集としては整理がされていて、知識ゼロの私の役に立ったものの、事業案を組み立てられる厚みはなかった。彼らも、いつどこで実現するかわからないまま、情報だけを拾っていたのだから、中身が薄くなるのはやむを得ない。

先に触れたとおり、2018年4月時点では、MaaSについて日本語で書かれた資料はほとんどなく、「ホワイトペーパー」と呼ばれる、海外のコンサルティング会社がまとめた英語のレポートが、体系化された唯一のものだった。岩田は、それらを読み込んだと見えて、各国の取り組み状況やその背景にある政策も頭に入っていた。しかし、彼女に聞いてばかりでは、この先がおぼつかないし、原本を当たってみたい。岩田に頼むと、出力したばかりのホワイトペーパーを2冊持ってきた。ページを繰ると、1部85ページもある。熱を持った紙の束が重たかった。

「こっちがデロイト、もう一つがアクセンチュアです」

「ありがとう、読んでみるよ」

岩田は愛想笑いをするが、目は「あなたにそれが読めますか」と言っている。

グーグル社との通訳として東急に出向した岩田は、英語のできない社員に囲まれて、さぞ歯がゆい思いを重ねてきたのだろう。しかし、東急社員のすべてが、英語ができないわけではない。短期間で読み込み、自分には英語のハンデはないことを理解してもらわなくてはならない。

「あ、そうそう。5月16日ってヒマですか」

岩田の日常の日本語は堪能そのものだが、ビジネス上の敬語は大いに怪しい。

すかさず岩瀬が、

「岩田さん、それを言うなら、5月16日のご都合はいかがですか、ですよ」

「あ、そうか。ちょっと待って、書いておくから」と言うと、岩田はノートを広げ、本当にメモをしている。岩瀬はノートを覗きこむと、「全部ひらがなかよ」と一瞬笑ったが、私の視線に気がつくと、無表情に戻ってパソコンに向きなおった。

5月16日は、デロイトトーマツが、日本で言うジェトロ（日本貿易振興機構）にあたる「ビジネス・フィンランド」を招聘し、MaaSの無料セミナーを行うのだという。MaaS発祥の地がフィンランドであることは、ネット上の知識で知っていた。世界最先端の事例が聞けるだけでなく、セミナー後には交流会もあるらしい。文字に書かれた情報ではなく、フィンランド人から、MaaSの最前線の様子を聞けるとはラッキーだ。岩田をほめると、

「岩瀬君が見つけたんですよ。岩瀬君、タダのものを見つけるのはうまいんです」

と、頬を紅潮させて答えた。

気の利いたことを岩瀬に言おうと思ったが、彼の目はパソコンから離れなかった。

私は、立ち去るべきだと感じた。

同時に、彼らが暇を持て余さず、一丸となって取り組めるチームの目標を早く定めようと心に決めた。

## 「世界最先端」フィンランドのMaaS

大手町で開かれた、5月16日のセミナーには、三浦と岩田と3人で参加した。ホワイトペーパーは、ゴールデンウィークを使って読んだ。ITに疎い私には、「プラットフォーム」や「API」や「5G」といった耳慣れない単語が並ぶ、2冊あわせて170ページのレポートを読むのは苦行でしかなかったが、グーグルで検索し、知ったかぶりができる程度には読み切った。

目の前を歩く三浦は、英語はさほどできないようだが、ITの世界にも明るく、岩田とも対等に会話していた。私には、2人の話している内容は、半分も理解できなかった。広報時代の自信がぐらついてきた。自分は、広報というオールドエコノミーの中だからこそ、活躍できたのではないだろうか。日本でも実例のない、MaaSのような、最先端のビジネス分野で泳げる知識量も柔軟性もない。こんな自分に事業案が作れるはずがないと、思いはじめていた。

会場に着いた。見渡すと、満席だった。

MaaSという単語は、この1ヵ月で急速に市民権を得てきた。メディアで目にしない日がないほどだ。国内に実例がないから、自然と記者は、先進事例として名高いフィンランドの事例を取り上げることになる。ITを活用し、交通と商業、医療、環境・エネルギーなどさまざまな産業がつながることで、移動を中心とした生活革命が起こるだろう、という期待を煽る論調が目立った。

その当時、フィンランドの実例を体験した記者は少数派だったから、大部分の記者は、その事例を「世界最先端」として神格化させていく。その結果、私と同じように、ＭａａＳを立ち上げろと言われて来場しているに違いない聴衆は、フィンランドというだけで、舌なめずりせんばかりの反応だ。会場は、北欧から布教活動にやってきた「高僧」の法話を心待ちにする、期待感と煩悩で満ちていた。

定刻の14時になった。日本人の司会者が登場した。

「皆さんは、今日会場に来るときに、どの交通手段を使われましたか。スイカやパスモで電車に乗りましたか。バスやタクシーに現金で乗りましたか。交通手段によって、支払い方法が変わるのは面倒ですね。しかし、これからはいつでもこれで」

司会者は言葉を切り、ポケットからスマホを取り出した。

「スマホ一つで、あらゆる交通手段を予約・決済し、目的地にいつでも行けるようになるのです。それがＭａａＳ。今日は、世界最先端の取り組みを、皆さんにご紹介します」

演劇の口上のような、小粋な挨拶は、聴衆の期待を、いやが上にも高めた。

万雷の拍手が、この日の主人公、ビジネス・フィンランドのミッコ・コスクエさんを迎えた。「高僧」と呼ぶには、あまりに気さくなミッコさんは、フィンランド政府がＭａａＳに取り組んだ経緯を、柔らかい英語で語りはじめた。

フィンランドは、国土面積こそ日本とほぼ同じだが、人口は日本の5％にも満たないこと。面積の広さゆえ、ノキアに代表される通信技術が進んでおり、スマホ普及率と自家用車保有率が高かったこと。政府は、国民生活の電子化や$CO_2$削減に向けた脱・自家用車化を推進したかったこと。2015年にマース・グローバル社が、ヘルシンキの公共交通の情報を統合し、予約・決済できるアプリ「Whim」を開発したことで、公共交通の利用率があがっていること。それらは、ホワイトペーパーに書いてあった内容だったが、人から直に聞くと、やはりリアリティが違う。

休憩をはさんだ第2部では、サンタクロースで有名な、フィンランド北部のラップランドの取り組み事例が語られた。雪深い観光地として知られるラップランドでは、道路の積雪状況や路面温度などのデータを分析することで、凍結などの危険性をドライバーに事前提供するほか、目的地の気象予報にあわせたタイヤをドライバーに推奨するなど、データ活用を交通安全に役立てている。

どうやら、交通インフラのデータ収集には、2軸あるようだ。

公共交通の料金・運行情報を統合し、あらゆる移動の足を予約・決済できるMaaSの提供に向けたものと、利用者や運営者の安全性向上や効率化に役立てるものである。交通インフラに関するあらゆるデータをデジタル化すれば、アウトプット方法を変えるだけで、MaaSにも、交通インフラのマネジメントシステムにも活用できるということだ。

## MaaSと交通インフラの保守省力化

しめたと思った。

私には、MaaS以外にも、立ち上げたかったプロジェクトがあったのだ。

2017年秋、田園都市線で停電事故を連発し、多くの方にご迷惑をかけたことはすでに述べた。2回目の事故直後、終電後に電気設備の総点検を行ったが、係員総出で、不眠不休で進めても、1日に100メートルしか進まない。マスコミ各社は、この人海戦術に頼った再発防止策に若干の同情心を示し、必要以上に当社を叩かなかったが、その方法に限界があることは明らかだった。不眠不休の点検など、いつまで続けられるというのか。人手不足が加速する今後も、鉄道の安全安心を守るためには、ITを活用しながら、10人で進めてきた仕事を、6〜7人で進められる仕組みが必要だ。何かないだろうか、と情報を集めていた2018年1月、出会った二つの新技術があった。

一つ目は、首都高のグループ会社などが開発した「インフラドクター」という技術だ。360度カメラと高精細レーザーを搭載した検測車両を路面に走らせることで、いちいち保守員が点検しなくとも、トンネルや橋げたの表面劣化をいち早く感知するというものだ。首都高では、インフラドクター導入により、点検業務の大幅な省力化が実現できた、と同社の監査役を務める副社長が教えてくれた。これを、鉄道のトンネルや線路の保守点検にも応用できないだろうか。

もう一つは、シリコンバレーで出会ったベンチャー企業「フラクタ」の技術だ。同社は、サンフランシスコ市の水道公社から、熟練工が退職する中で、保守点検の質を維持するよい方法がないかと相談を受けていた。同社は、水道管が埋められた場所の土壌成分や人口密度などの環境変数と、水道管の故障有無の関係性に着目し、分析したところ、一定の法則性が見えてきた。その法則性（アルゴリズム）に基づき、これまで熟練工の勘に依存してきた水道管の交換時期を合理化したところ、水道管の破損事故も減り、年間保守費用も大幅に減ったという。

当時、田園都市線で終電後に行っていたのは、線路横の溝を開け、電気ケーブルを目視するといった、文字通りの実測作業であり、時間がかかる割に点検作業は進まなかった。フラクタ社が水道管で成果をあげたように、実測以外の方法で、鉄道設備の保守点検を合理化することができないだろうか。

当時、私は広報課長だったが、鉄道トラブルの再発防止は会社の喫緊の課題であり、広報の異常時対応を減らすことにもつながるから、「この二つの技術を研究させてください」と役員に言っているうちに、新規事業立案の部署に異動になり、めでたく実現できる立場になった、というわけだ。

ゴールデンウィークに、チームの取り組み目標を考えたとき、この2案件がすぐ頭に浮かんだ。10年先、20年先を見据えた新規事業を立ち上げろ、というチームの趣旨には合致していたが、MaaSとの関連性が見いだせなかった。メンバーは私を含めて4人。バラバラの案件に取り組むほどの人的余裕はなく、チームの一体感を作る上でも、案件相互が関連しあっていることが望ましかった。

だが、この日のセミナーに出たおかげで、交通インフラのデジタルデータを、MaaSにも交通インフラ保守の省力化にも活用できることがわかった。

そこで、わがチームの取り組み領域を、「交通インフラのデジタルデータの収集と活用による、利用者と運営業務の快適化・省力化」と定め、MaaSと、交通インフラ保守省力化の二つの新技術に取り組むことにした。大学院で機械工学を専攻した岩瀬は、鉄道の車掌まで経験しており、交通インフラの保守新技術にはうってつけだった。

「来てよかった」

セミナーが終わると、3人は同じ感想を、誰からともなく口にした。情報収集してきた三浦と岩田も、生の情報に触れたのは初めてであり、どことなく顔が紅潮して見えた。懇親会がはじまると、配られたシャンパンのグラスを、お互いに自然とあわせた。

「データとデータをつなぐと、これまでできなかった便利なことができてくるんですね。Ma

aSの可能性って大きいんですね」

岩田が席を外し、三浦と2人きりになったが、アルコールの効用か、素直に本音が出た。

「そう。いろんなものの垣根が、これからはなくなっていくんです」

「そうすると、会社と会社の垣根も、究極的には消えていくんですかね」

「それはまた、別の問題でしょう」

ミッコさんが、懇親会場にやって来た。私は、まっさきに名刺を渡しに行った。

東急の会社説明と、MaaSを立ち上げろと言われたことを話し、「フィンランドの進んだ事例を見学し、事業計画の参考にしたい。近々にヒアリングに伺いたい」と頼みこんだ。この1ヵ月余り、自分を縛りつけてきた、いじけた被害者意識は消え、未知の世界を知りたいという情熱だけで、うまくない英語を操っていた。三浦もじっと聞いていた。

そこへ、トイレから戻ってきた岩田が合流し、ミッコさんの3倍速の英語でまくしたてた。ミッコさんは、熱海駅を通過するのぞみ号を見るような目で岩田を見ると、呆然とした表情を浮かべたが、英語で会話できる相手であるという点は安心材料になったようだ。ニッコリ笑うと、こう言った。

「フィンランド人の夏休みは長い。7月1日から2ヵ月とります。話が聞きたければ、6月のうちにいらっしゃい」

# 4 踏み出した第一歩

「移動は、もっとセクシーじゃないと！」——白熱の議論とともに、「観光型ＭａａＳ」「沿線型ＭａａＳ」「鉄道版インフラドクター」「鉄道版フラクタ」の四つのプロジェクトの輪郭が見えてきた。

## ＭａａＳの舞台は伊豆半島！

セミナーの翌日から、岩田がパソコンに向かう時間が増えた。熱心に資料でも作っているのかと思って、画面をのぞいたら、さにあらず。ヘルシンキ市内のレストランを検索しているのだ。悪びれず「I'm foody（私は食いしん坊）」と言う岩田に、隣の岩瀬は、「日本にいるなら、日本語話してください」と遠慮のない言葉を浴びせる。岩田は鼻歌をうたいながら、グーグルマップを加工し、レストランのレコメンドリストを作っては、「森田さん、初夏のヘルシンキは最高でしょうね」と、周りを嫉妬させるようなことを大声で言い、私を慌てさせる。

セミナーの翌朝、担当常務にヘルシンキ出張を頼み込んだ。社内では、海外出張の費用対効果が厳しく問われていたが、常務には理論武装せず、まっすぐ想いをぶつけた。「ＭａＳの最先端事例を徹底的に学び、計画に活かしたいので、是非行かせてほしい」と言うと、常務は「岩田も連れていけ」とだけ言った。元ＳＥの岩田がいれば、プラットフォームやアプリなど技術面のヒアリングもできるので、出張の効果は何倍にも高まるはずだ。

岩田は出向後、初めての晴れ舞台とあって、嬉しさを隠せない様子だった。ヘルシンキのレストラン検索に加えて、ビジネス・フィンランドやドイツの会社に連絡し、ドイツ経由ヘルシンキ行き、6泊8日ヒアリング13件の旅を、瞬く間に組み立てた。「社内説明する上で自分も見ておきたい」ということで、担当部長も行くことになった。3人でヘルシンキに行く稟議を、海外出張を取り締まる経営企画室にどう通そうかと考えていると、願ってもないオファーが向こうから来た。

私のチームの取り組み内容を、6月14日の役員会議に上程してほしいという。わが「プロジェクトチーム」は、一応は、新中期経営計画の注目株の一つだった。その計画内容を示すことで、新体制下での役員への啓蒙や方向付けを行いたいという趣旨だろう。これはグッド・タイミングだった。

役員会議で、わがチームの方向性が承認されれば、プロジェクトも進めやすくなり、ヘルシンキにも行ける。3人のメンバーの士気もあがるだろう。それに、プロジェクトが具体的に動きだせば、人手が足りなくなるのは目に見えている。人材補強の必要性を認めてもらう上でも大事な場だ。

役員会議まではあと2週間しかない。上程するのは、ＭａａＳに加えて、広報課長のときから温めてきた、「インフラドクター」と「フラクタ」の鉄道保守への応用編だ。これらのプロジェクトの「5W1H」を、半ば強引に決めてしまおう。

最優先は、もちろんＭａａＳだ。野本は北海道をイメージしていたが、当社が狙っていた北海道の民営化7空港の運営権は、仮に取れたとしても、２０２０年まで待たなくてはならない。あと2年間、待つのはさすがに辛い。さっさとどこかで取り組みたい。

ある日、スマホを触っていると、２０１９年4月から、ＪＲ東日本とＪＲ東海が、静岡デスティネーションキャンペーン（以下、静岡ＤＣ）を行うというニュースが出ていた。デスティネーションキャンペーンとは、ＪＲグループの6社が、指定された自治体また地元の観光事業者等と共同実施する大型観光プロモーションのことで、国鉄時代の１９７８年から行われている。

これだ！　私の背筋に電流が走った。静岡ＤＣにあわせて、伊豆半島でＭａａＳをやればよいのだ。考えてみると、この案は、ことごとく理にかなっていた。

伊豆は、東急グループの重要拠点であり、伊豆急などグループ企業が集まっている。それだけ取り組む意義もある地域であり、広報時代のネットワークを使えば、グループ各社は協力してくれるに違いない。

野本は、JR東日本と一緒に進めろと言っていた。特急「踊り子号」など伊豆に直通列車を走らせるJR東日本は、自らが推進する静岡DCにあわせて、伊豆でMaaSをやろうと言えば、きっと賛同してくれるだろう。

そして、JR東日本は、静岡DCに向けて大量の広告投下を行うはずだ。一連のプロモーションとMaaSの展開をあわせていけば、MaaSの送客効果という点でも期待できるはずだ。

こうして「MaaSを、静岡DCにあわせて、2019年4月から伊豆でやろう」という大方針は、その瞬間に決まった。これを、JR東日本の誰に相談すればよいのか。先方にも、私と同じく、経営層からミッションを落とされた人物がいるはずである。野本に聞くと、JR東日本からJR東日本企画（以下、J企）に出向している高橋敦司常務のところに行けと言う。さっそくお会いすると、「4月に突然、東急さんとMaaSをやれと言われたのですが」と当惑気味だった。思わず笑ってしまった。3月下旬の私と同じではないか。

静岡DCにあわせて、伊豆でMaaSをやることは、高橋常務もすでに検討していたようで、期せずして一致した。2019年4月まで、その時点で10ヵ月強あったが、それがMaaSをゼロから組み立てて、実行するのに十分な期間なのかどうか、見当もつかなかった。

場所と時期を決めた後は、中身の検討だ。三浦と岩田が整理した資料を叩き台に、伊豆でどういうMaaSが組み立てられるのか、4人で議論をはじめた。我々のチームの打ち合わせコーナーは、新設部署にふさわしく、引っ越しの段ボールに囲まれた隙間に、小さなテーブル

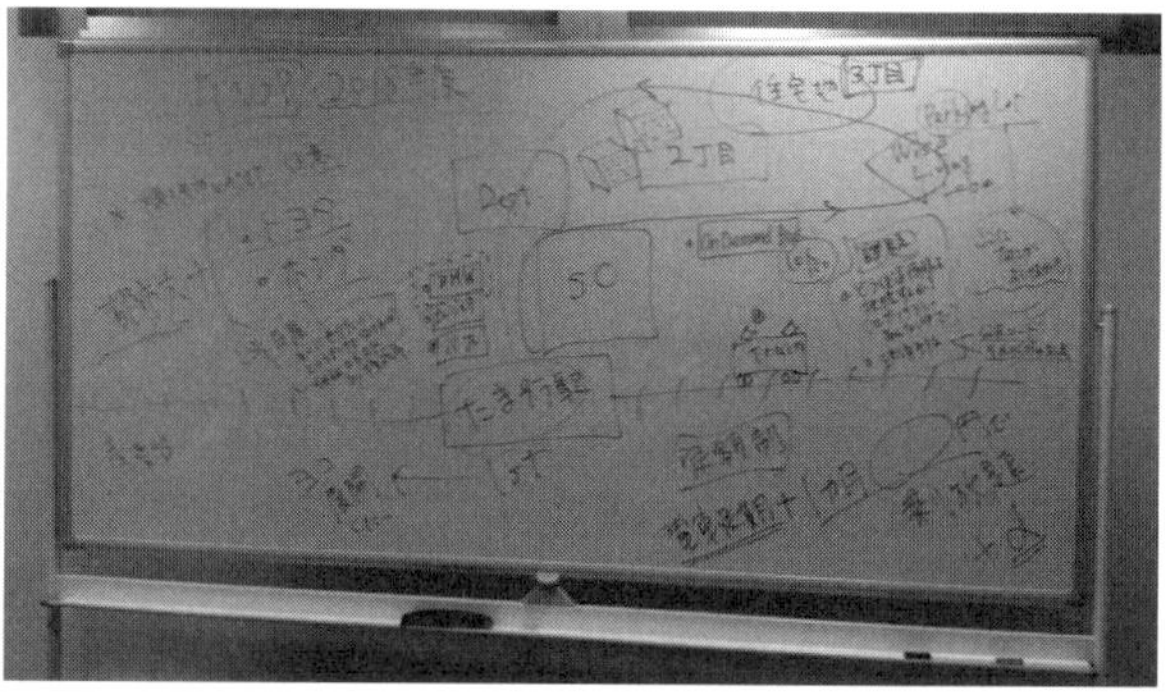

沿線型MaaSブレストのホワイトボード（2018年5月）

と4脚の椅子、壊れかけたホワイトボードが置かれているだけだった。これまでロクに会話もしてこなかった4人が、ままごとのような小さなテーブルで、侃々《かんかん》諤々《がくがく》の議論を急にはじめたのだから、周囲の目をひいた。

議長役の私の声は大きい。「いよいよはじめたな」と笑いながら通り過ぎる社員もいれば、うるさそうに顔をしかめる者もいた。だが、周りに構っている暇はなかった。日本に前例はないのだから、自分たちの頭で考え、ゼロから生み出すしかない。ちょっと力を入れて書くとフレームから外れてしまう、オンボロのホワイトボードから、斬新なアイデアが生まれるものだろうか……議論を繰り広げたホワイトボードを消さずに帰り、翌朝にまた続きをやろうと思ったら、綺麗に消された上、「書いたら消すこと」と貼り紙をされていたこともあった。

2日ほど議論してわかったことは、「自分たちは伊豆をよく知らない」ということだった。伊豆を知らない人間が、事業計画が立てられるはずはない。

ここでよいことを考えた。伊豆を知るという大義名分で、豪華特急列車「ザ・ロイヤルエクスプレス」に乗車しよう。3人に提案すると、これまで一度も見せたことのない、極上の笑顔を見せた。「せっかく乗るなら、一番高いコースがいいですね」と岩瀬が提案し、下田東急ホテルの宿泊付きの1泊2日「クルーズプラン」（1人8万円）に市場調査費で乗ることになった。「ザ・ロイヤルエクスプレス」は、毎週金曜日に横浜駅を発車し、約3時間後に伊豆急下田に着く。翌日は下田から伊東まで運行するというダイヤだった。4人でジャンケンをしてペアを決め、週をずらして1組ずつ乗った。

「ザ・ロイヤルエクスプレス」の伊豆旅は、たしかに快適で贅沢だった。伊豆急下田駅に午後3時過ぎに到着すると、黒塗りのハイヤーが停まっていて、「クルーズプラン」の乗客を待ち構えている。乗客1組ごとに、列車のクルーが同行し、乗客の要望に応じて、即興で観光コースを組み立てる。ハイヤーに同乗し、目的地ではガイドもしてくれる。翌朝も、ホテルのチェックアウトから、列車に乗り込むまでのフルアテンドだ。

たしかに、快適な2日間ではあった。しかし、それはハイヤーサービスとどこにでも連れて行ってくれるクルーがいるからであって、一般的には、伊豆の観光には苦労する面もあると感じた。

まず、観光スポットは、駅から遠く離れている場合が多く、電車やバスも1時間に1～2本と、都会の感覚からすれば頻繁にあるわけではない。毎回タクシーで移動するのもお金がかかるし、タクシー自体が少ないので、都内のように、呼んでもすぐ来ない。

フリーペーパーはあるが、観光地、景勝地、ごはん処、土産物屋といった、各種の目的地を網羅的に検索できる情報基盤は充実しておらず、事前に情報収集しておかないと、下田の駅を降りた観光客が、きまぐれに旅を楽しめる環境ではない。

逆に言えば、ＭａａＳの存在する余地はここにあるのではないか。ふらっと伊豆に行っても、行きたいところを簡単に探し、どこにでも（ある程度）快適に行ける環境を作ることで、伊豆への来訪者を増やすのだ。その方向性で、どんなサービスを考えればよいか、渋谷に戻ったら全員で議論しよう。帰りの電車で岩田に発破をかけようと思ったら、寝息が聞こえる。乗車前に、岩田には「1人8万円だぞ。市場調査費で払うんだから、レポート書けよ」と何度も念押ししたが、彼女の集中力がもったのは、わずか10分だった。

## 「移動は、もっとセクシーじゃないと」

本社に戻ると、伊豆で感じた感想を4人で共有し、欧州のＭａａＳ事例も参考にしながら、サービスのイメージを具体化し、ポンチ絵にした。

その内容は、伊豆半島内の電車、バス、タクシー、レンタカー、自転車といった交通手段に加え、観光客の目的地である観光施設や宿泊施設も、アプリで検索・予約・決済できるというサービスだった。観光客の周遊促進を目的とするので、「観光型ＭａａＳ」と呼ぶことにした。

いま日本で当たり前に使われている「観光型ＭａａＳ」という単語は、このときの話し合いで生まれたのだ。

ホワイトボードに「観光型ＭａａＳ」と書くと、自然と、私は口を開いた。

「じゃあ、都市型ＭａａＳ、っていうのもあるよね？」

岩田も、大きくうなずいた。

「そう、ヨーロッパなんか、都市型ばっかりですからね」

「うちで言うなら沿線か？　東急沿線でも考えてみようか？」

三浦が、すかさず後を引き取った。

「沿線でこそ、やるべきですよ。交通だけじゃなくて、流通とか、物流とか、生活そのものの在り方を変えるのがＭａａＳですから。そういうサービスを、東急グループは全部持っているわけですからね」

10年ほど前に、いち早く物流の「東急ベル」を立ち上げた三浦らしい意見である。

たしかに、当社の課題は、田園都市線沿線の高齢化であった。高齢化による移動制約が深刻化すると、都心への引っ越しなどが増え、地域の空き家率が上昇し、コミュニティーが衰退していく。バス運転手にも限りがあり、移動制約を解消するためとはいえ路線バスを容易に増やすことはできない。

しかし、田園都市線沿線でＭａａＳをはじめることで、たとえば物流の配送車両が空いている時間帯に、高齢者が乗車予約をして目的地に移動することができるのならば、運転手を増やさなくても、移動制約を解消できるかもしれない。

田園都市線沿線には、もう一つの移動課題がある。言うまでもなく、朝の混雑した電車である。最大で180%を超える混雑率には、「痛勤電車」という漢字まで当てられる始末で、日々の通勤にストレスを抱えている人が多い。それならば、電車以外の方法で都心に通勤する方法を提供すればよいのではないか。

そこで、たまプラーザ周辺の郊外住宅地再生に横浜市と取り組む社内部署に相談したところ、運のよいことに、2018年度の横浜市との協働テーマは「地域モビリティ（地域住民の移動可能性）の向上」だという。これはMaaSそのものではないか。このテーマに沿ってMaaS実験を行えば、横浜市の予算も使え、規制緩和などの協力支援も得られるだろう。静岡DC同様、これに乗っかって今年度やるしかない！

さっそく、彼らのチームも議論の輪に加えて、田園都市線沿線でのMaaS実験について、幅2メートルのホワイトボードが埋まるまでブレストした。

実施エリアは、田園都市線の象徴的な住宅街であり、横浜市との共同取り組みエリアの中核でもある、たまプラーザ地区とした。都心への通勤客が多い一方で、高級住宅街として知られた「美しが丘地区」は、高齢化が進行し、空き家率も上昇している。通勤ストレスの軽減と、高齢者の移動制約という二つの移動課題を実験できる絶好の場所だ。

そこで、東急バスにも相談すると、観光客用の豪華な貸し切りバスが、1台使えるという。Wi-Fiを完備し、通常50人の定員を24人にとどめた、ゆったりとした車両で、座席は革張り、綺麗なトイレもついている。移動しながら車中でパソコン作業ができるなど、混雑した電車に代わる、新しい通勤手段として面白そうだ。

一方、高齢化が進むたまプラーザ地区では、駅までの大量輸送を前提にした路線バスだけではなく、医院、商店街、コミュニティーセンターなど、日常生活空間を結ぶコミュニティーバスのような乗り物が欲しい、という声も聞かれていた。

さっそく案を具体化した。たまプラーザ駅から渋谷駅までは豪華貸し切りバスを活用し、新しい通勤手段「ハイグレード通勤バス」を運行する。移動時間もＰＣ作業ができる、画期的な通勤手段になるはずだ。

地元住民向けには、スマホで目的地を入力して乗車する、相乗り型の新交通「オンデマンド交通」を立ち上げる。これは、コミュニティーバスとタクシーの中間タイプの交通で、車両の大きさ（ハイエース）や相乗り型である点は、コミュニティーバスと同じだが、決まった路線ではなく、利用者の需要に応じた乗降場所に行くという点はタクシーに近い。車両側では、各利用者からスマホ経由で入力された乗降場所を、ＡＩを使って組み合わせることで、効率的な走行ルートをはじきだし、異なる乗車場所の利用者を迎えに行き、それぞれの降車場所で降ろす。ヨーロッパの先進事例に加えて、近年は国内でも取り組み事例があり、それを参考にしたものだった。

住宅街のハブとなるコミュニティーセンターには、超小型の電動自動車を数台置き、住民間のシェアリングにより、日常の「ラストワンマイル」の移動をサポートする。

そんな内容を、「沿線型ＭａａＳ実験」と題したポンチ絵に入れ込み、３人に提示しても表情がぱっとしない。思わず、声をかけた。

「あれ、何かおかしい？　こういう話じゃなかった？」

三浦と岩田が顔を見合わせている。

私が、岩田に目で「どうした」と聞くと、三浦がぼそっとこぼした。

「移動は、もっとセクシーじゃないと……」

「セ、セクシー!?」

「そう、セクシー」

岩田は、半ば陶然として、三浦の自信に満ちた表情を見つめている。

この状況で、セクシーという単語が出てくるとは思わなかった。真面目に検討を積み重ねているのに、なんだかおちょくられた気がして、ムッとして言い返した。

「セクシーな移動ってなんですか、具体的に言ってくださいよ」

三浦は、ため息をつくと、説明をはじめた。

「これからはね、格好いい移動じゃなきゃダメですよ。ただのハイエースじゃなくて、用もないのに乗りたくなるような車両じゃないと。革張りの6人乗りくらいの高級車で、コーヒーの香りを楽しみながら、優雅に通勤するスタイルを流行させせないと」

言うだけ言うと、三浦は立ち去った。マグロの泳ぐ時間なのかもしれない。

いまなら、三浦の言っていることの正しさがよくわかる。自分なりに、「セクシーな移動」を翻訳すると、「芯から心地よいと思える移動」になるだろうか。利用シーンによって、「セクシーな移動」は変わってくる。満開の河津桜を愛でるなら、豪華なハイヤーよりも、麗らかな春風を感じながら移動できるトゥクトゥク（東南アジアの三輪タクシー）の方が「セクシー」だろうし、桜並木をゆっくり歩くこともその一つかもしれない。

## 四つのプロジェクトの胎動

ＭａａＳ以外の、鉄道保守省力化の2案件についても、実施場所と時期を決めた。首都高のインフラドクターを、鉄道インフラ保守に応用する実験（以後、鉄道版インフラドクターと呼ぶ）は、首都高を交えて相談した結果、２０１８年度にトンネル耐震診断を予定していた伊豆急線内で行うことになった。伊豆急では、現場係員が終電後にトンネルを歩いて目視検査をしてきたが、サステナブル（持続可能）な方法ではない。新技術による省力効果を試すには、絶好の環境と言える。伊豆のＭａａＳとも、将来的に何か連携できるかもしれない。

鉄道設備を実測せず、環境変数と故障実績の相関性から故障予知を行うフラクタ（以後、鉄道版フラクタ）については、会社がシリコンバレーにあるので、首都高のようにおいそれとは打ち合わせができないと思っていたが、先方の日本人社長に国際電話で「実証実験を一緒にやりたい」と告げると、すぐ渋谷まで来てくれて、実験内容の議論をはじめられた。実測せずに故障予測を行うという、一見博打《ばくち》っぽい手法が、お堅い鉄道本部に受け入れられるか不安だったが、電気設備を所轄する同期の課長が面白がり、2018年夏から東急線の電気設備（ポイント、信号機、架線ケーブル）を対象に実験開始できることになった。

これで、四つのプロジェクトの時期と場所が定まった。2019年4月1日から伊豆半島ではじめる観光型MaaSを除いた3案件（沿線型MaaS、鉄道版インフラドクター、鉄道版フラクタ）は、どれも2018年度中に実験を開始できそうな運びになった。チーム組成から2ヵ月で、ここまで具体化しているとは、役員は想像していないだろう。

いま思えば、壊れかけたホワイトボードの前で過ごした10日間ほどが、4人にとっての自己紹介期間だった。お互いに本気で向き合ってこなかった者同士が、初めて仕事を通じて自己主張をはじめたのだ。話す機会が増えたからといって、わかり合えたわけではない。むしろ、役員会議に向かって突っ走ろうとする私と、私の進め方に納得しているわけではない3人が、衝突することもしばしばだった。私は、3人のマイペースぶりに腹が立ったし、彼らからすれば、表面上は合議制を取るものの、結局は自分のやりたいように進める強引なリーダーと映ったことだろう。

3階の打ち合わせスペースの衆人環視の中で、お互いの気持ちや不満をぶちまけ合ったこともあった。

「いつまで経っても、意見を出すのは俺だけじゃないか」

「待ってくださいよ、意見を言っても聞かないのは森田さんじゃないですか」

反論する岩田は、まだよかった。黙っている三浦や岩瀬の方が不気味だった。私には、彼らの沈黙が怖かったのだ。ホワイトボードの前で口数だけは多かったが、それは自分の考えに確証のない不安を消し去るためだった。立ち止まれば、すべてが崩れる気がしていた。内在する不安を、勢いで突っ走ることで消し去ろうとしていた。

6月14日木曜日の午後2時、役員会議は無事終了した。役員の反応からして、成功と言っていい出来だった。細かい指摘も入ったが、社長の高橋が「今日は細かい話はやめて、新しいプロジェクトを立ち上げる彼らを、どうすればサポートできるか考えよう」と味方してくれたので助かった。上程した4案件はすべて承認され、人材増強も前向きに検討してくれることになった。

同時に、広報の引き継ぎはすべて終わり、私の退路は完全に断たれた。集大成は、新宿のプリンスホテルで開かれた、苦楽を共にした同業他社の広報課長による送別会だった。危機案件が表に出たときだけ怒られ、うまく処理しても誰にも気付かれない、切なすぎる広報課長の苦労は、同じ会社の社員より、他社の広報課長の方がよほど理解してくれる。そんなこともあって、同業同士の結びつきは強いのだ。

彼らは、野球好きの私にちなみ、メッセージを寄せ書きした野球のボールをくれた。送別会の終わりに、早稲田大学応援部にいたJR東日本の課長が、太い足をバタつかせて「チアボーイ」を演じ、心からのエールを切ってくれた。乱舞する彼を見ているうちに、胸が熱くなった。会社から労いの言葉はなくても、この仲間たちと出会えただけで、広報に身を置けて幸せだった。彼らの恩に報いるためにも、自分も新しいスタートを切ろう！

6月21日、私と岩田、それに担当部長はドイツに飛んだ。平均年齢は45・3歳と、薹《とう》はたっている3人組だったが、気持ちだけは天正遣欧少年使節団のように、初々しい使命感に満ちていた。

# 5 「MaaSに共通解はない」

ドイツ経由フィンランド行きの海外出張。MaaSの先進地でつかんだのは、「目的は、各事業者が徹底的に考え、自分で見つけるしかない」という真理だった。そして旅の最後に、思わぬ提案が——。

## アプリ開発会社「ムーベル」との出会い

フランクフルトに着くと、新幹線に似たICE（インターシティ・エクスプレス）に乗り換え、シュツットガルトを目指した。公共交通の発達したドイツは、MaaS先進国の一つなのに、40分も遅れているICEの情報すらロクに表示しない。日本の鉄道会社の常識では、考えられない。駅のカフェでトランクにもたれかかると、12時間のフライトの疲れがどっと出た。

シュツットガルト中央駅に到着すると、街中を歩いた。ここは、ドイツ南西部のバーデン＝ヴュルテンベルク州の州都で、自動車産業の街だ。ベンツ、ポルシェ、ダイムラー、ボッシュなど、世界的な自動車メーカーが本社を構え、中央駅の塔では、ベンツのロゴマークがゆっくりと回っている。ベルリンでもミュンヘンでもなく、人口62万人の地方都市にやってきたのは、ダイムラーの子会社「ムーベル」の担当者と会うためだ。岩田が見つけた海外の記事で、この会社がドイツ国内外でＭａａＳ事業を展開し、アプリも自社開発しているというので、じっくり話すことにしたのだ。

見るものすべてを吸収するつもりで、ここまで来た。ＭａａＳ先進国らしく、街中に乗り物があふれている。シェアカーや小型電気自動車の充電ステーションを見つけ、スマホで撮影して歩く。車道だけでなく、広い歩道もきれいに整備されており、古い建物と近代的なビルディングが調和している。

６月下旬は、一年で最も昼の長い時季とあって、夜９時が近づいても空は明るい。ロシアで開催されているサッカー・ワールドカップの期間中で、歩道に面したカフェというカフェでは、各国のユニフォームを着た男たちが、ジョッキを片手に試合を見ながら歓声をあげている。街の中心部には、ジョルジュ・スーラの点描画に出てきそうな、こんもりとした樹木とあずまやが点在する宮殿広場がある。初夏とビールという舞台装置がととのって、オペレッタにありがちなロマンスの舞台になっても不思議はない。

広場に残る、中世の建物を見ていると、劇場に情熱を注いでいたころを思い出した。自分の劇場でかけるミュージカル作品を探し、世界各国を飛び回ったものだ。小さなプロダクションを観に行くために、ロンドンから５時間離れた、スコットランド国境近くの田舎町を彷徨《さまよ》ったこともあった。教会のような小さな劇場を探し当て、コートを脱いで座った瞬間に、舞台の幕があがった。「自分はこのために生きている」と思ったものだ。突然の異動により、劇場の世界から足を洗うとき、それまで費やした熱量の分だけ、苦しい思いをした。それはまるで、巨大な失恋の痛手のようだった。会社の仕事に二度と情熱など注ぐものかと、38歳の自分は心にちかった。

あれから5年の歳月が流れた。私に、未知なる新サービスであるＭａａＳを立ち上げろというお題が下り、世界の先端事例を見学するために、1万キロ離れた極東から飛んできた。あのころのような情熱を、再び傾けられるだろうか。一度は会社に心を閉じた自分が、リミッターを解き放って走り回り、前例のない事業を立ち上げることができるだろうか。

ふと脇を見ると、一緒に歩いていたはずの岩田がいない。あそこでカフェのメニューを覗きこんでいるではないか。交通の最新動向より、どこでビールを飲むかに情熱を傾けているとは、ドイツ系アメリカ人の血はダテではない。

翌朝9時きっかりに、ムーベルの本社をたずねた。駅前のホテルから徒歩10分ほどの距離だ。歩道には、踏みにじられた各国の国旗が散乱し、昨夜のワールドカップの乱痴気騒ぎを物語っている。昨夜は試合後に喧嘩でもあったのか、真夜中に救急車のサイレンが鳴り響き、時差ボケで眠りの浅かった私には辛かった。

いかにも機能重視な、直方体の建物のブザーを押すと、ドアが開き、営業担当、開発担当、オンデマンド交通の担当の4人が出迎えてくれた。最初の30分間は、お互いの自己紹介、続いてムーベルの事業説明を聞いた。

自動車産業の革命を象徴する「CASE戦略」は、いまや全世界で使われる共通語となったが、もとは2016年に、ムーベルの親会社、ダイムラーのCEO（当時）ディーター・ツェッチェが使いはじめた言葉だ。CASEとは、C（「コネクティッド」：電化製品等との接続化）、A（「オートノマス」：自動化）、S（「シェアード」：シェア化）、E（「エレクトリック」：電動化）の頭文字である。ムーベルは、このうちSの「シェアード」部門を担う子会社として位置づけられている。

日本では若者の自動車離れが進むが、ドイツでも状況は同じだ。

ドイツも、18歳になると自動車免許を持つことができるが、最近は自動車離れが加速し、30歳以上で免許を取る人も珍しくない。世界全体のトレンドとして、都市人口率が、現在の54％から2050年には66％に増える中で、都市の移動手段も、自家用車中心から公共交通やライドシェア（自家用車を使った相乗り交通。世界では「ウーバー」「リフト」「グラブ」などが有名）への依存度が高まると予想される。大自動車会社であるダイムラーといえども、自動車製造だけにしがみついていられないという危機感から、2013年のムーベル設立、そしてMaaS事業の開始に至ったというわけだ。

ムーベルは、「リバブル（住みやすく）でサステナブルな街づくり」を理念に、鉄道やバス、市電といった公共交通と幅広く連携することで、利用者が最適な移動手段を検索、予約、決済できる、ＭａａＳプラットフォームの開発・提供をしている。その際、クライアント要件に忠実に作ったプラットフォームには、「ホワイトレーベル」と呼ばれる、自社の名前を付けないスタンスを取っている。

「ドイツでは、ＤＢ（ドイツ国鉄）やＢＭＷなど、歴史もあり、世界的なブランドを誇る会社が多くて、プライドが高いんです。彼らは、『ムーベル』という聞いたこともない名前が、前面に出るのが面白くないんですよ」と苦笑するのは、営業担当のクリストフ・ストラダーだ。とくにＤＢは難攻不落の相手で、ＭａａＳ実現の上で必須となる、鉄道の時刻表データも提供してくれず、何度も通いつめて頭を下げて、やっと首を縦に振ってもらったという。クリストフの柔和な笑顔を見ていると、ＤＢも、この顔にやられたのかと思う。

一方、クリストフには、なかなか筋の通ったところもある。私が、「親会社のダイムラーから、ＭａａＳで他社と連携するより、自社のカーシェアを売れと言われないか」と意地悪な質問をすると、笑顔を崩さずに彼はこう言った。

「よく言われますよ。でも断ります。利用者にとって、行きたいところに行けることが一番ですから、カーシェアを押し付けたって意味がないでしょう」

日本とドイツの交通政策は似ている。なかでも、既存の交通事業者を守る姿勢が強く、ライドシェア参入に厳しい制約を設け、交通法の規制緩和に厳しい点はそっくりだ。

ムーベルが、本社のあるシュツットガルト市で、「ムーベル・オンデマンド」というオンデマンド交通を試験運行する際も、交通法を規制緩和するためだけに弁護士を雇い、半年かけて理論武装を行った。また市内に2000ヵ所ある「ムーベル・オンデマンド」の停留所のうち、交差点や集合住宅の近くなど、安全上の懸念がある2割の場所（400ヵ所）には、実際に車両を駐停車させ、問題がないことを行政に証明したという。そういう地道な作業を積み重ねることで、厳しいドイツの交通法の下でも、新しい交通を着実に立ち上げてきたのだろう。

オフィスには、MaaSやカーシェアのアプリを開発する技術チームが常駐している。MaaSアプリの開発にあたっては、実際に展開する場所を何度も下見して、その地域にあわせた要件定義を行い、丁寧に設計するのがポリシーだという。「それでも、ゼロからはじめて半年あればできますよ」と技術チームの責任者は胸を張った。6月14日の役員会議で承認された事業案を説明すると、「観光型と沿線型のMaaSは、ユースケース（想定利用シーン）が全く違うから、別々にやった方がいいですよ。仮にムーベルを採用してくださるなら、我々は案件を一つ一つ丁寧に進めたいので、同時に種類の違うものをやりたくないのです」と、なんとも欲のないことを言う。

昼の12時を過ぎてもまだ話し足りず、「ランチにピザでも食べにいきましょう」となった。

表に出ると、初夏の日差しがまぶしいが、時差ボケの脳みそには心地よい。美しく照らされる街中の緑地帯とは対照的に、車の停まっていない駐車場が目立つ。クリストフに聞くと、「この街では、自動車に乗る人が減ったことで、余った駐車場を、商業施設やカフェ、交通シェアリングの拠点に変えています。自動車の利用者は減る一方ですから、時代にあわせて、街も変えていかないと」と言う。

食事を終え、14時半に皆と別れて、1人で昨夜の宮殿広場に行く。何だか、考えたいことがたくさんあった。

まず、ムーベルという会社には、好感が持てた。スタートアップ系の会社というので、もっとガツガツした印象を持っていたが、誠実で控えめだ。同時に、親会社の要求より、利用者目線で便利なサービスを作る理想を優先し、首を縦に振らないところも骨があって格好いい。新しいオンデマンド交通を立ち上げるときに、実際に何百ヵ所も車両を駐停車するなど、泥臭いことを厭わない姿勢も好感が持てる。公共交通や街づくりに向き合う姿勢は、東急のＤＮＡと近い。

あそこもいい、ここもいい、とムーベルに恋したように、彼らとの会話を振り返る。「冷静になれ。ヒアリング13社のうちのまだ1社目だぞ」と自分に言い聞かせる。頭に血がのぼっていると思ったら、鼻血が出てきた。時差ボケのせいだろうか。バッグをあさり、ティッシュを探そうと下を向いたら、鼻の下に血が垂れた。ちょうど右隣に中世の建物があるから、まるでフランケンシュタインだ。さすがにこのまま歩くわけにいかない。ベンチに座り、ティッシュを鼻につめ、上を向くと、雲一つない青空が広がっている。空は広いなと思った。そして、ＭａａＳは、デジタルという手法こそ新しいが、あらゆる移動手段を連携させ、利用者が目的地に快適に行ける仕組みを作り、地域全体を活性化するという哲学自体は、東急がこれまで進めてきた交通や街づくりと全く同じだと感じた。むやみに、「日本で誰も立ち上げたことのない、新しいサービス」などと構えなくても、東急なりの常識を形にするだけで、なんとかなるかもしれない、と漠然と感じた。

## 「ＭａａＳに共通解はない」

翌日、ライン川のゆったりした流れを右に見ながら、ＩＣＥでデュッセルドルフ空港に向かい、ヘルシンキに飛んだ。その日がロシア・ワールドカップのドイツ戦とあって、ＩＣＥは、ドイツのユニフォームを着た酔客であふれていた。すでにグデングデンである。こんなに酔っていて、飛行機に乗れるものだろうか。

そのうち、不可思議な車内放送が聞こえてきた。ＩＣＥではドイツ語、英語の2ヵ国語で車内放送をする。私は、英語しかわからないが、「えー。ヒック。つぎはボンにとまりまーす。車内の食堂車のビールは空、もうなんにもありませんが、サンドウィッチならございます（複数の笑い声）。ま、じゃ、みなさん、よい一日を」と、明らかにシラフではない。車掌が泥酔しているのか、酔客が車掌マイクでいたずらしているのか、どちらにしてもおだやかではない。ムーベルが「超お堅い」と評した、ＤＢのロゴの入った列車検札員が、真っ赤な顔をして、車掌室のある最後尾の車両に大股で歩いていった。放送はぴたりと止んだ。

初めて足を踏み入れたフィンランドは、ドイツよりもさらに高緯度で、日付が変わる時間でも青空が広がっていた。真夏の１日の日照時間は、実に20時間。そのかわり、真冬は３時間しかないという。

ヘルシンキは起伏の激しい都市で、シェアバイク（電動自転車のシェアリング）が発達している。10分歩けば、黄色いロゴの専用駐輪場が目に飛び込んでくる。最初の30分は無料、以後、30分ずつ１ユーロが加算される仕組みだった。自転車の乗り心地はさほどよくはなく、１時間乗るとお尻が痛くなったが、便利なことに違いはなかった。

有名な「Ｗｈｉｍ」も体験した。ヘルシンキ空港に着くと、３人でダウンロードし、クレジットカードを登録した。画面に表示される車のアイコンを押せばタクシー、バスのアイコンを押せば公共交通、自転車のアイコンを押せばシェアバイクというふうに、ＵＩ（ユーザー・インターフェイス）もわかりやすい。

メニューは、無料会員（予約だけできる）、月額49ユーロ会員（一定範囲の公共交通の乗り放題、現在は60ユーロ）、月額４９９ユーロ会員（タクシー以外の公共交通は乗り放題。タクシーのみ制約あり）の３種類があり、すぐに49ユーロ会員に登録した。

市内移動にはタクシーが便利なので、何度か乗っているうちに、数日でモトを取ってしまった。英語に自信のない観光客でも、アプリ経由で目的地がタクシー運転手に伝わるので、確実に目的地に到着する。英語が不自由な、ロシアやエストニアからの移民がタクシー運転手になるケースも増えているから、その点でも安心だ。

ヘルシンキで学んだことはたくさんあるが、最も感心したのは国家戦略の一貫性である。ミッコさんが東京のセミナーで話していた通り、人口550万人の国では、国民生活の電子化が、効率的な国家運営の上で不可欠だ。高いスマホ普及率を背景に、政府主導で、数年前からネットバンキング誘導を図り、国民の銀行口座等の生活情報を把握しつつある。

ＭａａＳはもともと、国民に浸透していた携帯電話の月額請求システムを、公共交通にも適用したらどうなるか、という発想から生まれてきた。さまざまなサービスの代金が一括で口座引き落としになれば、利用者も便利で、政府も国民の口座番号が把握できる。フィンランドの国交省が、ＭａａＳ事業者に規制緩和を認めるかわりに、利用者の請求情報の提出を義務づけ、ＭａａＳアプリに決済機能付加を奨励しているのは、そうした政府の政策が背景にある。ＭａａＳアプリの裏側に回ってみると、一気通貫のフィンランドの国家戦略が透けて見え、感動した。

金言の数々も忘れがたい。

Ｗｈｉｍの生みの親であり、世界初のＭａａＳ運営会社「マース・グローバル社」を立ち上げたサンポ・ヒータネン社長からは、「何を顧客に約束できるかを考え抜け」と言われた。たとえばWhimの月額乗り放題、499ユーロ（6万円強）という価格は、ヘルシンキの月額駐車場料金の相場から来ている。「自家用車を捨てても、いつでも公共交通で快適に目的地に行ける」価値を提供しているのだ。また伊豆半島での計画に対しては、東急系ホテルの全客室の宿泊とMaaS商品を抱き合わせ販売することで、「エリア全体の観光客の2～3％のシェアをいち早く獲得しろ」とアドバイスをくれた。イギリスやシンガポールなどで実証実験した結果、2～3％のシェア獲得が成功の鍵だという。「サービス定着まで、どれだけ辛抱できるかだよ」とウィンクしながら話してくれたのを、いまでもよく思い出す。

フィンランド政府で働くコンサルタントたちから、異口同音に言われたのは、「MaaSに共通解はない」という一言だ。ミッコさんからも「MaaSを行う目的は、各事業者が徹底的に考え、自分で見つけるしかない」と言われた。その言葉を裏打ちするように、フィンランドの各地方には、いろいろなMaaSの実験計画があった（2018年6月時点では、フィンランドといえども、それほどの実例はなかった）。5月のセミナーで私が聞いた、ラップランド地方での観光型MaaSのほかにも、MaaS×商業・医療・宅配など、交通以外のサービスと組み合わせた計画があった。渋谷の小さな打ち合わせスペースで、4人で妄想したことは間違ってはいなかったのだ。

また、予想外に嬉しかったのは、世界のMaaS最前線にいる彼らが、東急の街づくりや公共性を絶賛してくれたことだ。「どうやったら鉄道会社が、自分たちで街を開発し、すべての生活事業を営めるものなのか?」「一民間企業が、公共の概念に基づいて、事業を推進できるの?」など、彼らから矢継ぎ早に質問を受けた。

伊豆半島での計画についても、「1社が主導するMaaSが、これほどの広域エリアを活性化させる事例は、世界でも見たことがない」と驚かれた。社交辞令として半分以下に割り引いたとしても、当社の計画案自体が、世界的な水準から見て、的外れではないことがわかり、大いに勇気づけられた。

フィンランド政府の顧問を務めるサミ・サハラとは、こんなやり取りをした。

「伊豆半島というが、どのエリアでMaaSをやるの? 東海岸? 西海岸?」

「全部です」

「……伊豆半島は縦60キロ以上あるんだろう。ヘルシンキの港からタリン（エストニアの首都）の距離と同じくらいだ。どうやってそんな広域でやるんだ」

「東急は、東海岸に鉄道もホテルも観光施設も持っています。内陸部（三島のこと）にも新しくホテルを作るし、それ以外のエリアは鉄道もバスも他社の運営ですが、日本では交通事業者同士の連携は進んでいるので、全域でやれます!」

サミは、私から目線をそらすと、大きく鼻を鳴らして、こう言った。

「そんな大規模な事例は、少なくとも地方型MaaSでは、世界にも例がないね。本当に実現させるつもりなら、国際会議で話してみたらどうだ。9月にITS（インテリジェント・トランスポート・システムズ）世界会議がコペンハーゲンであるから」

2週間で作った計画案を、世界の舞台で話せだと？

自分の聞き間違えだと思って、岩田を見た。しかし、彼女も啞然としている。サミは「これから海外出張だ。フライトの時間がもう迫っている」と言って、慌てて会議室を出た。

彼を廊下まで追いかけ、「さっきの話、本気ですか」と尋ねると、「当たり前だろ」と鼻白んだ表情をされた。「受けます。ぜひコペンハーゲンでプレゼンさせてください」と食いつくように頼むと、サミは首筋を一通り搔いたあと、「ITSの秘書から君に連絡させる」と言うなり、背中を向けて駆け出した。

# 6 肌感覚でつかめ

電動自転車で伊豆の風を切り、身体で感じるニーズでサービスを組み立てる。そして、ITS世界会議でのプレゼンの日が迫る。

## 観光客のニーズを体感する夏

「ブレーキはここ、速度計はここ、電動アシストの切り替えは……」と観光案内所の係員がする操作説明の台詞も、もう覚えてしまった。曖昧にうなずき、差し出されるヘルメットを受け取り、外に走り出したくて仕方がない。

7月末、場所は伊豆高原駅の観光案内所。電動レンタル自転車「伊豆ぽた」を2時間借りて、伊豆高原の周りを突っ走る。伊豆でMaaSを組み立てる上で、土地の肌感覚をつかむためだ。時計は12時を指している。伊豆急との打ち合わせは、午後2時からだ。それまでの間、かなり走り回れるはずだ。電動自転車が、これほど楽しいとは思いもしなかった。「電気の助けを借りてこぐなんて、高齢者じゃあるまいし」と敬遠していたが、きつい坂道でも、少し力を入れてこぐだけで、時速15キロでのぼっていける。電動アシスト機能のおかげで、移動範囲が劇的に広がっていく。

真夏の太陽が照り付けている。城ヶ崎海岸まで行ってみよう。MaaSを立ち上げようと走り回っているのに、心はどこか冷めている。吊り橋から荒々しい海を見て、ジオパークの名にふさわしい、エネルギーに満ちた溶岩地形に波が砕け散る音を聴けば、自分のエネルギーが覚醒するかもしれない。別荘街を抜け、吊り橋に向かう下り坂で、ぐんぐんスピードを出す。吊り橋のたもとに施錠した自転車を駐めて、枝が敷き詰められた、クッションのような散歩道を早歩きで踏みしめる。

吊り橋に着いた。夏の蒼い海と白い波、岩にぶつかる衝撃音。しかし、自分の何かを揺さぶるには至らない。一生懸命やっているつもりなのに、やれと言われたからやっている範疇を抜け出せず、自分の全力をつぎ込んでいる感じがしない。どうしたら、本気になれるのか。あるいは、もう自分の旬は終わってしまったのか。欧州出張以来、答えのない問いを今日も繰り返す。

吊り橋の鎖につかまりながら、自分は何を探しているのだろうかと思う。きっかけは、7月初旬の野本との会話だ。

「何やっているんだ、さっさと伊豆のMaaSを発表しろ」

フィンランドの出張報告をしようと思ったら、いきなりそう言われた。

「観光庁は、出国税を財源にした補助金の使い道をこれから考えるはずだ。そういったものを活用する手もあるぞ」

「……伊豆ですか」

「そうだ、伊豆だ」

「ＭａａＳ先進国のフィンランドでは、生活空間の快適化という文脈で、取り組みが進んでいます。当社のＭａａＳも、高齢化している沿線地区で先にやるべきではありませんか。グループの本拠地ですし、東急らしさも活かせます」

それは、出まかせではなかった。フィンランドで、交通×商業・医療・物流といったＭａａＳ事例を学んで以来、あらゆる生活サービス事業を網羅するグループ力を活かすには、東急沿線での取り組みこそ、先行させるべきだと考えたのだ。東急沿線は、グループの生命線。ＭａａＳで沿線生活を快適化すれば、グループ全体の成長にもつながるはずだ。

だが、野本は、私の顔をじっと見ると、こう言った。

「東急だけのことを考えたらダメだ。日本全体が便利になることを見据えて、まずは伊豆でしっかりやれ。ＪＲ東日本や楽天と相談して、伊豆の概要を早く固めるんだ」

耳元で大きな波がはじけた。踵を返して、大室山に向かう。

もと来た道を戻り、国道１３５号を越えて、別荘街を貫く桜並木の坂道を登りきって左折すると、県道１１２号線にぶつかる。交通量も少なく、一本道から見える海は、絶景中の絶景で、スピードを出すにはもってこいだ。

急勾配に身を任せ、海から吹く夏の風と、自分を同化させる。速度計が時速70キロを示した。車体が激しく揺れはじめたが、このまま覚醒しないなら、死んでもいいのではないかとすら思ってしまう。2018年の夏は、自分にとって、そんな賭けのような季節であった。

とはいえ、刹那的な気分だけで、電動自転車で伊豆高原を走り回ったわけではない。伊豆のMaaSを対外発表するには、6月の役員会議で承認された事業案を、伊豆の実態に即した、血の通った内容に昇華させなくてはならない。

ポンチ絵に過ぎない現状の事業案に命を吹き込むには、自分なりの伊豆の肌感覚をつかむしかない。近道はない。ひたすら伊豆を走り、観察し、身体で感じる感覚やニーズをもとに、サービスを組み立てよう。フィンランドのみんなも、MaaSに共通解はない、と言っていたのだから。

まずは、伊豆急の本社のある伊豆高原を電動自転車で走り回ることからはじめたが、別荘街に行くたびに、よく迷子になった。迷う原因は、案内標識の向きにあった。別荘街の道路は、自動車の速度を低下させるために、激しく曲がりくねって設計されている。湾曲した道路沿いにある標識は、さっきまで左を指していたものが、しばらく行くと右を向いていたりする。観光案内所で渡される地図にも、別荘地の入り組んだ道路の詳細は描かれておらず、自分がどこにいるかすらわからず、住民に聞かないと目的地にたどり着けない。

夏の伊豆高原では、欧米系の観光客を多く目にする。城ヶ崎海岸でロッククライミングや絶景を楽しむのだ。しかし、スマホを片手に歩く彼らが、迷ったときに頼りにしたいはずのバス停や交差点の名前が、日本語表記しかないことも多い。ただでさえ、別荘街は迷いやすいのに、余計に困るはずだ。

城ヶ崎海岸、大室山、伊豆ぐらんぱる公園など、周辺観光地を電動自転車で回っていると、ヘルシンキのシェアバイクを思い出した。ヘルシンキでも、都心だけでなく、住宅街や港湾部など、ずいぶん走り回ってみたものだ。だが、伊豆高原でシェアバイクをやればよいかというと、答えはＮＯだ。

多くの観光客は、駅から出て駅に戻るから、駅でレンタル電動自転車を借り、乗り回した上で、駅に返せばよい。それに、ヘルシンキならいざ知らず、伊豆高原で、自転車をシェアできるだけの人口密度はない。回収経費のかかるシェアバイクより、アナログに見えるレンタサイクル型の方が、伊豆高原では合理的なのだ。

伊豆高原駅や下田駅の観光案内所にも何度か立ってみた。接客をする中で、外国人も含めた、観光客のニーズや困りごとを肌でつかむためである。これは勉強になった。

伊豆の観光客は、旅館の送迎バスが来るまで、または帰りの電車に乗るまでの間に、手軽に観光したい「数時間需要」が大きい。とくに、下田でこの傾向が強い。

伊豆は、一大決心でやってくる観光地というより、「伊豆にでも行ってみようか」と気軽な気持ちで足を運ぶ場所である。とりあえず伊豆に来たが、目的地は決めていないという層も多い。「数時間需要」は、ここから来ている。また伊豆の観光客には、シニア層が多く、徒歩以外の方法で、観光地を効率よく回る移動手段が求められている。

当時は、「ジャパンタクシー」（日本交通）や「MOV」（DeNA）など、タクシーアプリの導入が急速に進んでいたから、伊豆でも導入しようかと考えたが、下田で夏季休暇を終え、英気を養った岩田から、猛反対された。

「だめだめ、下田は観光地が駅から離れていて、タクシー台数も少ないから、タクシーアプリで呼んだって、駅に戻ってくるのに何十分もかかりますよ。森田さん、せっかちだから、待てないでしょ」

たしかに、その通りだった。それに、宿の送迎バスや帰りの電車までの数時間を楽しく過ごしたいのなら、駅から遠く離れた場所でなく、駅から2～3キロ圏内にある観光地を回りたいニーズの方が、多いはずである。それならば、タクシーよりも大きい車両で、異なる目的地に向かう利用者同士を相乗りさせる、オンデマンド交通を駅の周りに走らせればよいのではないだろうか。

こうして、肌感覚をもとに、実現すべきサービスのイメージを洗い出していった。

・別荘街の湾曲した道でも迷わないデジタル地図

・外国人でも迷わないランドマーク表記の英語化
・シェアバイクではなく、レンタサイクルでよい
・下田駅周辺で、観光客の「数時間需要」を満たす、オンデマンド交通を走らせる

次に、迷ったときに原点に立ち戻れるように、伊豆ＭａａＳの目的、ターゲット、商品構成などをチームメンバーと議論した。

伊豆ＭａａＳの目的は、「伊豆を訪れる観光客に、スムーズな移動環境を提供することで、快適で楽しい伊豆体験をプレゼントする」こととした。「プレゼント」というクサい言葉を使うあたり、Ｗｈｉｍの生みの親であるサンポさんに、だいぶ私もかぶれている。オンデマンド交通は地域住民も利用するかもしれないが、メインターゲットは、基本的に、日本人観光客とした。伊豆のインバウンド率は、増えつつあるとはいえ、まだ1割前後であった。

商品構成は、一定地域の電車とバスが乗り放題となる「デジタルフリーパス」、観光施設に割引入場できる「デジタルパス」、下田の「オンデマンド交通」の3種類と決めた。この3種類は、バラバラに存在するのではなく、デジタルフリーパスを使って観光施設に行き、デジタルパスで割引入場する。下田の駅周辺ではオンデマンド交通で観光施設に行くという、各商品が結びつくことで周遊促進につなげるイメージだった。

基幹商品は、広域を周遊できる「デジタルフリーパス」である。東伊豆なら伊豆急を降りる

**デジタルフリーパス**　●鉄道と路線バスが乗り放題　●２日間有効

駅係員に画面提示

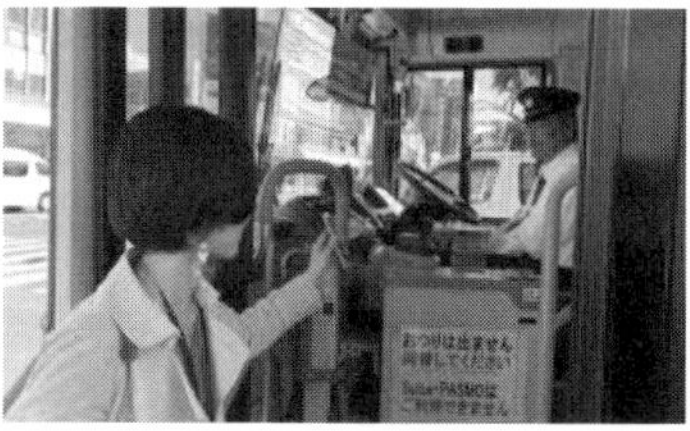

バス運転手に画面提示

**デジタルパス**

●観光施設の割引入場
●１日間有効

施設入り口で画面提示

**オンデマンド交通**

●下田市内のジャンボタクシー車両（乗車地点と目的地をスマホで選ぶ）

運転手に画面提示

各デジタル商品

と東海バスが、中伊豆なら伊豆箱根鉄道を降りると伊豆箱根バスと東海バスが走っている。伊豆は、鉄道とバスがあれば、ある程度は周遊できる。デジタルフリーパスでの乗り降りは、Ｗｈｉｍを参考に、決済画面を駅の改札口やバスの運転手に見せるだけで乗車できるスタイルを目指すことにした。駅やバスに、ＩＣカードやＱＲコードのリーダーを設置する必要もなく、手軽にはじめることができる。

　レンタカーやレンタサイクルについては、鉄道やバスと

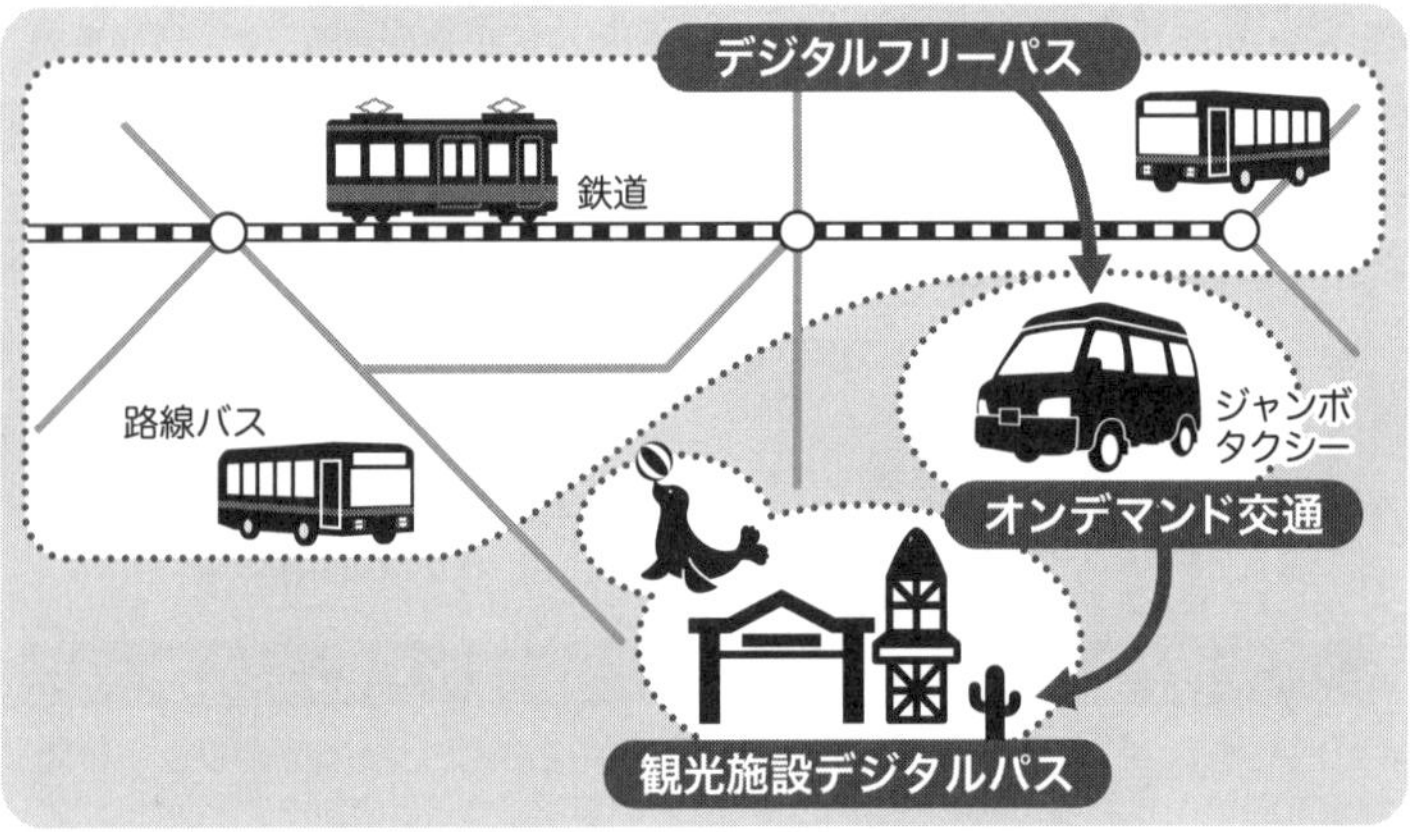

各デジタル商品と周遊効果

比較すれば、一部の観光客しか使わないので、まずは既存の予約サイトとのリンク連携からはじめることで割り切った。

ＭａａＳアプリは、今後も継続して機能改善することを前提に、複雑に作りこまず、極力、既存商品を活用し、伊豆にあわせてカスタマイズする方針を決めた。

### 4社分科会の推進

野本から「さっさと伊豆のＭａａＳを発表しろ」と言われて1ヵ月。夏休みも全く取らずに、なんとか概要らしきものが固まった。

この内容を、8月21日のＪＲ東日本・Ｊ企・楽天との4社分科会に提示した。もともと野本からは「ＪＲ東日本や楽天と相談するように」と言われていたこともあり、Ｊ企の高橋常務と相談し、4社で方向性や内容を議論する場として、分科会を7月初旬に立ち上げていたのだ。

分科会の議長は私だったが、ＭａａＳのことなど何もわからないのに、議論をリードしていくのは、勇気のいることだった。突然招集された各社のメンバーも、何を発言すればいいのかさえわからず、最初のうちは、沈黙が支配する時間も長かった。そんな空気を救ってくれたのは、楽天トラベルの代表として出席していた藤本直樹さんだった。陽性キャラの彼は、空気が重たくなると、独特の関西アクセントで、「まあ、やってみないとわかりませんからねえ」と言って、場を救ってくれた。私と同い年の藤本さんは、父上が東急建設の社員で、五島慶太や五島昇の話を小さいころから聞いてきたという大の東急ファンであり、ムードメーカーとして分科会を盛り上げてくれた。

8月21日の分科会では、提示した伊豆ＭａａＳの概要は、あっさり受理された。分科会で合意を取れれば、この概要を、ニュースリリースに仕立てればよいだけだ。年間20件以上のニュースリリースを添削し、作成する仕事をしていたのだから、ここから先は朝飯前だ。

ポイントは常に「５Ｗ１Ｈ」だ。

静岡ＤＣがはじまる２０１９年４月１日から（When）、伊豆半島で（Where）、東急・ＪＲ東日本・楽天の３社が（Who）、日本初の観光型ＭａａＳを（What）、ＩＴを活用した新しい地域創生への挑戦として（Why）開始する。実験期間、商品内容、ＭａａＳアプリの詳細は今後決定する（How）とした。

記事の見出しになるキーワードとして、「日本初の観光型ＭａａＳ」を前面に出した。「地方型ＭａａＳ」というよりも、ＭａａＳで観光客を増やそうというメッセージが明確で、２０２０年のオリンピックに向けて訪日客を増やしたい省庁等にも受けがよさそうだった。「デジタルフリーパス」という言葉も、このときのリリースが初出だった。

ニュースリリースの配信日は、９月26日と決まった。

## ＩＴＳ世界会議でのプレゼンテーション

野本からの重たい「夏休みの宿題」が終わり、フィンランド政府顧問のサミ・サハラから提案された、ＩＴＳ世界会議でのプレゼン準備に、やっと取り掛かることになった。

ＩＴＳ世界会議は、９月17日からデンマークの首都・コペンハーゲンで、５日間の日程で開催される。私の出番は、初日、それも１コマ目のセッション「地方型ＭａａＳ：その定義から実践について」に決まった。ＩＴＳの電子プログラム内に掲載された、セッション登壇者の中にある私の名前を、信じられない気持ちで見つめた。５ヵ月前までＭａａＳという単語すら知らなかった私が、世界の舞台に登壇するのだ。それも、世界最大級の規模である、伊豆ＭａａＳの実行責任者として。

ＩＴＳでは、プレゼンのほかに、アメリカ、ヨーロッパ、アフリカ、北欧の登壇者との１時間にわたるパネルディスカッションも組まれている。もちろん、何を話すかなんて、その場にならないとわからない。ＭａａＳの専門用語が飛び交う、丁々発止のやり取りに耐えられるよう、英語力を磨かねばならない。

追い打ちをかけたのは、プレゼン資料だ。「国際会議の場で、ビシッと決めてもらわないと」と言って、三浦が、ソニー時代の同僚が営むという制作会社を紹介してくれた。誰もが知っている超有名な日本人経営者たちが、国際会議でプレゼンする資料をいくつも手掛けているとあって、サンプル資料を見ただけでも、よだれが出そうだった。しかし、格好いいプレゼン資料というのは、キーワードしか書かない。あとは、発表者のしゃべり、つまりスムーズな英語力にかかっているのだ。

マンツーマン型の英会話学校には、広報時代から通っていたが、登壇が決まってからは週3以上のペースでレッスンを受けた。それとは別に、毎日1時間、ユーチューブで英語のテレビ番組を漁るように聴いた。いろんな国の英語で、いろんな話題を聴いた方がいいということで、アメリカのおバカな番組も含めて、岩田にバリエーションを推薦してもらった。

悩んだのは、伊豆の概要をどこまで話すか、という点だった。異国の地とはいえ、ニュースリリースの内容を、配信の9日前に、フライングで話すことになる。聴衆の中に、日本のメディアがいたら、その場で報じられ、ニュースバリューを落としてしまう。だが、サミ・サハラが私に声をかけたのは、伊豆ＭａａＳの話をさせるためだから、一部でも話さないわけにはいかない。結局、プレゼン資料で内容の頭出しだけを行い、残りの概要は口頭で説明することにした。

「ラーメン1杯が、4000円もするぞ！」

9月15日、プレゼン当日の体調を万全で迎えるため、本番の2日前にコペンハーゲン入りした私と岩田は、名物とも言うべき狂乱物価におののいた。

全参加者には、ITSの5日間の会期中、使い放題となる、コペンハーゲン市内の公共交通のデジタルフリーパスが交付された。電車やバスに乗るたびに、慣れないクローネ硬貨を数えなくてよいのだから、使い勝手は最高で、伊豆での参考にもなった。会場となったコンベンションセンターの前庭では、自動運転の走行実験の最終調整を進めており、開幕に向けて静かに準備をする様子が、私のテンションを高めた。

登壇前日には、会場にこっそり入り込み、岩田の前でプレゼンの予行演習をした。岩田には、パネリスト役として、いくつも質問を投げかけてもらった。「これなら大丈夫」という岩田の太鼓判を聞き、初めて安堵した。

迎えたITS初日、9月17日の本番は、開幕セッションということもあり、200人収容の会場で、立ち見客が20人以上出るほどの熱気だった。その熱気に助けられ、私のプレゼンもまずまずだった。プレゼンの締めくくりに、満員の会場に向かって、「来年、伊豆でお待ちしています。皆さん、ぜひお越しください」と言い切った。退路を断たれたという覚悟と爽快感を同時に味わった。

ITS世界会議でのプレゼンテーション（2018年9月17日）

パネルディスカッションでは、「これから1年、どんなことがKFS（Key For Success：成功の鍵）になりますか」と問われ、「やったことがないのでわかりません。いま言えることは、自分にできることはすべてやろうと思っています、ということくらいです」と答えた。それは、私の本心だった。1年間、自分にできることはすべてやろう。

満場の拍手を浴びて、ステージを降りるとき、来年のITSでも登壇することができたなら、自分は、どんな実績を、どんな表情で話しているだろうと、1年後を想像した。よいイメージが湧けば、励みになると思ったが、何一つ、具体的な像は結ばなかった。

# 7 伊豆の雨と夕陽

「日本初の観光型MaaS」のニュースリリース。
実証実験のスケジュールも決まり、アプリ開発業者も確定。しかし、
伊豆では、計画段階では想像できなかった重たい空気が立ちこめる——。

## 「日本初の観光型MaaS」ニュースリリース

コペンハーゲンから帰国した直後の9月26日、伊豆MaaSのニュースリリースを配信した。配信日には、国土交通省記者クラブで、リリースの記者レク（記者向け説明会）を行った。国交省記者クラブは、鉄道会社が所属する記者クラブであり、広報時代は毎週来ていた懐かしい場所だが、記者会見場では、鉄道のトラブル案件で謝罪しながら説明した記憶しかなく、その日は会見場の雛段に座るときに「今日は謝罪しなくていいんだぞ」と自分に言い聞かせた。

来場した記者には、「日本初の観光型MaaS」というキーワードは、あまり刺さらなかった。デジタルフリーパスの乗り放題区間、タクシーアプリ等との連携、MaaSアプリの開発

会社や移動データの活用方法など、多くの質問が出たが、それは記者の高い関心度を示すというよりも、ニュースリリースの内容が具体的でないことの証左であり、悔しさが残った。

しかし、この日を境に、これまでの計画段階から、実行段階に移行するのだ。私には、その隔たりがどれほどあるのか、想像もつかなかった。ここから先は、何を決めるにも、相手がある。リリース内容に具体性が足りなかったことは認めた上で、「実行段階になれば、ガンガン動いて、具体化してみせる」という気持ちと、入社以来初めて経験する交通事業の難しさにきっと自分は直面するだろうという、不安が入り交じった。

週が明ければ、もう10月だ。実証実験の開始までは、あと半年しかない。記者レクでも質問された、デジタルフリーパスの鉄道・バスの乗り放題区間、デジタルパスに加盟してくれる観光施設、下田のオンデマンド交通の走行エリアなど、まずは商品構成の詳細を決めていくことが先だ。そもそもの実験期間も決めねばならない。

とくに、デジタルフリーパスとオンデマンド交通は、中部運輸局への許認可申請が必要であり、1月末には内容を確定させなくてはならない。しかし、実証実験に向けたToDoを並べてみたところで、企画乗車券の造成や路線バスの申請といった、参考になる業務経験もない私には、各業務のボリューム感や重要性、緊急性の判別がつかなかった。中部運輸局への許認可申請が、何を意味するかもわからなかったが、伊豆急に相談しながら、その期限である1月末から逆算して、ラフなスケジュールを引いていった。

10月3日、4社の分科会を開き、その場で決められることはすべて決めてしまった。

実証実験の期間は、2019年4月1日〜6月30日の「フェーズ1」と、9月1日〜11月30日の「フェーズ2」の3ヵ月ずつ、計2期・半年間行うことにした。伊豆の夏は繁忙期であり、交通事業者や観光事業者もかき入れ時なので、期間から外した。夏の休止期間に、フェーズ1で露見したアプリの不具合等を、つぶすこともできるだろう。

次に、4社メンバーの役割分担を決めた。優先検討課題に設定した、商品企画、アプリ開発、推進体制の検討分科会を作り、短期間でも多くの事柄を決めていける体制を作った。事前に相談したとはいえ、自分の名前が書かれた役割分担表に目を落としたメンバーは、一様に不安そうな表情を浮かべた。私と同じく、MaaSなど未経験なのだから、無理もない。重たくなった空気をかき消そうと、私は言った。

「背負えるものは、すべて私が背負います。検討が進まなかったら、わんこそばのように引き受けますから、どんどん私に回してください」

虚勢を張ったものの、背負える自信など、何一つなかった。

その翌日、静岡県の修善寺で、伊豆半島の13市町の観光課長や観光協会、観光事業者や交通事業者が集まり、静岡DCの分科会が開かれた。その席上、J企の高橋常務が実証実験の概要を説明すると、51名の出席者から予期せぬ拍手まで起きたという。

19年ぶりの静岡DCにあわせた、伊豆の観光客を増やす新しい取り組みに、地元が期待してくれている証であり、嬉しかったが、「こういう取り組みは、総論は賛成されても、各論に入ると難しいことが起こるだろう」と漠然と感じた。

そう、実行段階に入ることは、まさに「各論」に入っていくことなのだ。そして、交通事業者との「各論」の協議こそ、交通事業の水になじんでいない私が、もっとも不安を感じていた領域だった。

## 楽観と不安……地元交通事業者との協議

ニュースリリースの前日のことだった。

伊豆急ホールディングス（株）社長の小林秀樹が付き添ってくれて、伊豆の2大交通事業者である、東海バスグループ（小田急系列）と伊豆箱根グループ（西武系列）にご挨拶に伺った。ニュースリリースの内容を説明し、デジタルフリーパスなどでの協力を依頼するためだ。

小林とは、伊東駅の改札口で待ち合わせをした。小雨が降るロータリーで、「これからが難しいと思った方がよい」とポツンと言われた。

小林いわく、地方の交通事業者は、厳しい市場環境や人手不足の中で、単年度での事業判断を強いられることが多く、ＭａａＳのような中期的な視点に立った取り組みには、手を伸ばしにくいという。

「日々の運営に追われながら、将来を見据えた変革を同時に進めるのは、至難の業なんだよ」

どのように難しいのかを尋ねようとすると、伊豆急の社用車が、東海バスの本社前に到着した。話はそこで途切れた。

東海バスは、伊豆半島のほぼ全域で運行する、地元では最大のバス会社で、昭和36年に伊豆急が開通するまでは、国鉄伊東駅から先の輸送は、すべて東海バスが担っていた。ゆえに、伊豆急開通直後は、緊張関係にあったというが、現在では、伊豆急線のダイヤと接続を取り、観光客のスムーズな移動に協力するなど、良好な関係にある。運行エリアが広いので、路線の事業採算性と地元の足の維持の狭間で悩む、大手ゆえの苦しみもある。

一方の伊豆箱根グループは、中伊豆エリアで鉄道・バス・タクシー業を中心に営んでいる。主要幹線は、三島〜修善寺を結ぶ鉄道（駿豆線）で、沿線に工場や学校が多く、定期利用客数が安定している。駿豆線には、JR東日本の踊り子号が直通するが、東伊豆とは異なり、三島経由でやってくる中京圏からの観光客も多い。伊豆縦貫道の延伸に伴い、中伊豆の通過化が懸念されており、観光需要の喚起が喫緊の課題だ。

しかし、そうしたことは後になってわかったことだった。そのときは、「伊豆の2大勢力に仁義を切り、伊豆ＭａａＳに協力してもらおう」という意識しかなかった。

私は、楽観視していた。伊豆ＭａａＳは、観光客増加策であり、全実験費用は、東急とJR東日本で負担する。地元の交通事業者や観光事業者には、一円の費用負担もない上、デジタルフリーパスが売れれば、乗り放題区間内の鉄道会社やバス会社には一定のお金が落ちるので、悪い話ではないはずだ。

2社からは、「ご協力しましょう」という前向きな回答をいただいた。だが、2社の反応にはそれぞれ違いがあった。

東海バスでは、翌日配信するリリース内容を説明すると、親会社の東海自動車（株）早川弘之社長以下、幹部の方から、若干の重苦しさを感じた。いま思えば、それは大手として事業基盤を維持しようとする保守性かもしれないし、伊豆急開通以来の、薄まりつつはある緊張関係の残り香かもしれなかった。この形容しがたい何かが、交通事業者と「各論」を詰める難しさである気がした。

伊豆箱根鉄道（株）の伍堂文康社長からは、矢継ぎ早に質問をいただいた。

「デジタルフリーパスは、鉄道の改札をどう突破できるのか、IC投資は不要なのか」

「MaaSによって、どうやって（伊豆箱根鉄道が走る）中伊豆の観光客を増やすのか」

「観光客の位置情報をどうやって取得し、どう活用するのか」

「JR東海とは、どう付き合っていくのか」

次々に繰り出される質問に、たじたじとなった。会議室の長テーブルの向こうには、伊豆箱根グループの幹部が勢ぞろいしている。答えられなければ、私の負けだ。口頭試問だと思い、平然とした表情を取り繕い、必死に答えた。私の掌は汗でびっしょりだった。

しかし、社長自らによる質問こそ、中伊豆への危機感と、伊豆MaaSを通じて中伊豆の観光需要を喚起したいという必死さの表れだったのだと思う。

伊豆箱根鉄道を辞し、天城山を抜けて伊豆高原へ向かう道中、さっきまでの小雨が一転、バケツをひっくり返したような土砂降りになった。小説『伊豆の踊子』にも出てくる、天城名物のドカ雨だ。伊豆急の社用車も路肩で停車し、雨が小止みになるのを待った。

私は、その激しい雨を、机の上で考えていた計画段階から、交通事業者の琴線に触れざるを得ない実行段階へと切り替わる、大きな変曲点のように感じた。

## ムーベルと見た夕陽

一方、ＭａａＳアプリの開発ベンダーの決定も、喫緊の課題だった。半年足らずで、要件定義から開発、テストまでをすべて終えられる会社など、そう存在するはずもない。

6月下旬、シュツットガルトの本社で、ムーベルの技術チームの責任者はたしかにこう言った。

「ゼロからはじめて半年あればできますよ」

営業担当のクリストフとは、あれから2回、顔をあわせていた。1度目は8月末に東京で、2度目はＩＴＳ世界会議が開かれたコペンハーゲンで。彼には、最新の状況を共有していた。残り時間は半年を切っていたが、彼への情報共有のアドバンテージを見れば、まだ間に合うはずだ。

アプリの機能要件は、乗換検索機能、デジタル地図機能、決済機能（デジタルフリーパス、観光施設に割引入場できるデジタルパスなど）、外部連携機能（オンデマンド交通の配車アプリ、レンタサイクルとレンタカーの外部サイトのリンク）の四つだった。

アプリの構成として、各機能を統合し、作動させるプラットフォーム（基盤システム）は、ムーベル社のソフトを使い、プラットフォームに統合する各機能は、言語上の問題や性能のよさから国内製品を使い、両者をシステム連携させようと考えた。

ベンダー候補は、正直な話、ムーベルしかなかった。

理由は単純で、「わずか5ヵ月という短い期間で、要件定義から最終テストまで終えることを保証してくれる会社を、他に知らなかった」からである。

当初、ＪＲ東日本は、ムーベルの採用に、首を縦に振らなかった。同社は、ＭａａＳの推進部署を立ち上げ、自社アプリ「Ｒｉｎｇｏ Ｐａｓｓ」の開発など、具体的に動きだしたところであり、彼らの経験からして、海外のベンダーと組み、精度の高いアプリが短期間で作れるのかという、一抹の懸念も抱えていたのだ。たしかに、懸念だらけのプロジェクトであるが、残り時間は、砂時計のように刻一刻と減っていく。

10月2週目に、ムーベルの技術チームを来日させ、彼らのプラットフォームの機能、実績、開発の進め方などを、ＪＲ東日本の技術部隊に詳しく聞いてもらった。それでも、彼らは慎重な姿勢を崩さなかったが、お尻に火がついている私は、

「未来永劫、ムーベルのアプリを使うわけでないし、よい製品が出たら切り替えるつもり。ま

ずは4月に開始することを第一に考えたい」

と迫った。アメリカでのSE経験やその洞察力から、JR東日本の技術部隊から一目置かれていた岩田も、ムーベルを推薦した。結局は彼らも、ムーベルと組むことを黙認した。

「私、ドイツ系アメリカ人なので、ドイツの会社と仕事するのは燃えます」

相手がムーベルに決まると、岩田は嬉しそうにそう言った。まるでこの瞬間のために、エネルギーを溜めていたのではと思うほど、彼女は獅子奮迅の活躍を見せた。母国語の英語と、米国でのSE（正確には、営業とSEをつなぐ「ブリッジ」という職種らしいが）経験を活かし、我々とムーベルとの強力な橋渡し役を務めた。過ぎ去った時間を取り返すように、ドイツとの7時間の時差をものともせず、テレビ会議を重ね、要件定義を詰め、3月末までの開発スケジュールを作り、岩瀬を使って、基本合意書などの契約作業も進めていった。

誰も経験のないMaaSアプリの開発を、短期間で進める上で、岩田の強力な援軍になったのが、J企のシステム開発部隊の責任者・八城康彦さんだった。

八城さんは、10月中旬からこのプロジェクトに投入されるや、あっという間に内容に追いつき、アプリの各機能の国内パートナーを、いずれも有利な経済条件付きで、次々と決めていった。電光石火の早業だった。

岩田と八城さんは、要件定義と並行し、観光客の伊豆での利用シーンを想定した、アプリの画面遷移やデジタルチケットの運用方法を検討していった。岩田は、渋谷の東急本社よりも、J企の恵比寿本社に行く回数がぐっと増えた。急速な検討内容についていけなくなった私は、岩田が頼もしくもあり、置いていかれたような気持ちにもなった。

ドイツとのテレビ会議やメールのやり取りが増えたことで、岩田から愛想のよさが消え、私は、容赦なく岩田に追いまくられるようになった。

「森田さん、いい加減にしてください。さっさと商品を決めてくれないと、要件定義できません。残り時間ないですよ！」

こういう火の出るような催促の言葉を毎日のように投げかけられ、気が付いたら主従が逆転していた。あのころは腹が立つこともあったが、いまとなっては懐かしい想い出だと言っておこう。

11月に入ると、ムーベルの技術スタッフ3人とクリストフが再び東京にやってきた。岩田、八城さん、アプリ各機能のベンダー会社、それにムーベルの4者で、アプリの要件定義、開発スケジュール、留意点を、3日間で集中して打ち合わせるためだ。

ムーベルとの協議開始からわずか3週間で、要件定義と開発スケジュールが、日独双方でほぼ摺りあわせられたのは、奇跡的と言うべきスピードだった。

前半は、アプリの各機能を担う国内企業をムーベルに引き合わせ、ムーベルのプラットフォームとのシステム連携について打ち合わせたほか、岩田や八城さんとデジタルフリーパスやデジタルパスといった各商品のシステム上の実現方法を確認した。

後半は、日独両チームで伊豆高原や下田に行き、実際にMaaSを行う場所を歩き回り、駅とバス乗り場の距離感や、街の大きさや起伏などを体感することで、ムーベルが大事にしているという、アプリ開発の上での肌感覚をインプットしてもらった。もちろん、伊豆観光を楽しんでもらうことで、ムーベル側のやる気を喚起する意味合いも込められていた。

ムーベルの4人は、ホテル伊豆急の和室に泊まり、生まれて初めて体験する畳や布団、温泉に興味津々だった。彼らにとっても、我々とのプロジェクトがアジア初案件だった。クリストフいわく、アジア展開を狙っていたムーベルは重要案件と位置づけ、先行投資をかねて、優秀なエンジニアたちを付けてくれたという。

11月6日の夕方、ムーベルの一行を引き連れ、下田の寝姿山頂上から見た夕陽は忘れがたい。日独連合軍8人で肩を寄せ合って眺めた、オレンジ色の光の輪が渦巻く太陽は、交通やあらゆるサービスをシームレスにつなげるMaaSの可能性と、同じ目標があれば国籍や考え方の違いも乗り越えられるという希望の象徴のようだった。

自分がMaaSを通して取り組んでいることの本質は、異質なものを融合し、新しい可能性を切り開くことにあると感じ、使命感に胸を熱くした。単純な私でも、さすがに綺麗にまとめすぎているなと感じたが、それでもいいやと思えるほど、それは美しい夕陽だった。

# 8 共感と軋轢

考えるほど可能性の広がるオンデマンド交通、次々とテイクオフするプロジェクト、そして「Izuko」というキャッチーなネーミング。しかし、「割賦額革命」と意気込んだデジタルフリーパスは、交通事業者とのあいだにかえって火種をはらむことに。

## 広がるオンデマンド交通の可能性

ムーベルのメンバーを、伊豆に連れていったのは正解だった。彼らのやる気のギアは、たしかに入ったようだった。岩田と八城さんと毎日やり取りしながら、我々の要件の実現方法を必死に考えるようになった。

岩田は、契約書の準備を急いだ。12月からアプリの開発をはじめないと、4月1日の実証実験に間に合わなくなる。11月中に、伊豆ＭａａＳの実現要件を完全に固め、一刻も早く契約を締結し、開発を本格化させなくてはならない。

11月中に実現要件を固める上では、いくつか判断に迷う事項があったが、岩田が赤鬼のような形相で「時間がないですよ」と私を脅迫し続けたおかげで、それらの未決事項を強制的に処理することができた。

まずコールセンターは、月額経費がそれなりにかかるため、設置すべきかどうかを悩んでいたが、伊豆の観光客には、スマホ操作が得意でないシニア層が多いので、設置することにした。コスト面で無理が言える、かつオペレーターに伊豆の土地勘がある、グループ会社の伊豆急ケーブルネットワーク社に委託することにした。

下田のオンデマンド交通は、運行委託先を悩んでいたが、「伊豆急下田駅構内組合」に所属する、伊豆急東海タクシー・栄協・ヒフミタクシーの地元タクシー3社に委託することにした。東海バスも選択肢にあったが、決められた路線を決められた時間に走るバスの運転手には、利用者のニーズにあわせた柔軟な運行が難しそうな気がした。同時期、たまプラーザの「沿線型MaaS実験」で準備していたオンデマンド交通は、東急バスに運行委託したものの、「タクシーのような運行形態はできない」という理由で、路線バスに近い形になった経緯があったからだ。

下田のオンデマンド交通については、詳細を詰めていった。

走行エリアは、「旧町内」と呼ばれる下田の中心街にした。旧町内は、街並みが江戸時代からあまり変わらず、道幅も狭く、東海バスの車両が入れない箇所も多いが、下田条約を締結した了仙寺など、多くの歴史遺産に加え、地元住民が利用するスーパーや郵便局、銀行や医院が集積していた。観光客も住民も足を運びたい施設があるのに、旧町内をカバーする交通がなかった。駅から2キロ程度の距離だから、道さえわかれば歩けるが、土地勘のない観光客の「数時間需要」を考えても、効率よく回れるような乗り物があれば便利なはずだ。

オンデマンド交通には、10人乗りのジャンボタクシー車両を使うことにした。普通免許で運転できるのは、定員10人まで。大きい車両の方が相乗りもさせやすい。オンデマンド交通の心臓部分である、利用客同士を相乗りさせるアプリは、たまプラーザの走行実験でも採用したベンチャー企業「未来シェア」のものを使うことにした。

仕組みは簡単だ。利用者がスマホの専用アプリで乗降場所を入れると、その情報は運転手の「ドライバーズ・アプリ」という専用端末に飛んでいく。運転手が予約を受け付けると、利用者のアプリに「あと○分で車が来ます」という表示が出るのだ。

その利用者を迎えに行く途中で別の利用者が乗車予約を入れた場合は、ドライバーズ・アプリに内蔵されたAIが、2人の利用者の乗降場所と道順を瞬時に計算する。その結果、2人目を拾っても遠回りにならないと判断すれば、2人目は拾われ、遠回りになるなら1人目を乗降させた後に拾われる。

車両が2台走っている場合は、AIが車両の位置と利用者の乗車場所を勘案し、どちらの車両を配車すべきかを判断する。タクシー会社の配車センターを電子化したのと同じことである。オンデマンド交通を委託する3社も、各自で配車センターを構えているが、利用者がスマホを持つようになれば、電子配車センターとして統合することで、配車オペレーターを違う仕事にまわすことができる。タクシー会社の人手不足対策にもなるのだ。

このときは、考えれば考えるほどに可能性の広がるように思えたオンデマンド交通が、東海バスと摩擦を起こすとは、想像もできなかった。

## 各プロジェクトのテイクオフ

10月から、新しいメンバーが加わった。長束晃一という30代前半の男性社員で、隣のチームで空港民営化の仕事をしていたが、私のチームの繁忙化に伴い、増員されたのだ。長束は、鉄道の運転士経験があり、乗り物全般を愛する男だった。鉄道部門での販促業務も経験しており、伊豆ＭａａＳのプロモーションでも期待できる上、性格的に図太いところもあり、前例のない新規事業でも物怖じせず進められそうだった。

私のチームのプロジェクトは、次々にテイクオフしていた。

8月には、「鉄道版フラクタ」の実証実験に向けて、フラクタと田園都市線の電気設備の調査を開始。9月には、首都高と共同で行う「鉄道版インフラドクター」の実証実験として、伊豆急線のトンネル等の鉄道設備を、専用検測車両で3Ｄ図面化していた。どちらの現場も岩瀬が仕切っていた。たまプラーザでの「沿線型ＭａａＳ」実験では、自由人の三浦が、信じられないマメさで精緻な資料を作り、地域住民と丁寧に調整しながら準備を進めていた。

鉄道版インフラドクター　報道公開（2018年9月27日）

　さらに、励みになるニュースがあった。広報時代からよく知っている、日本テレビの猪子華さんという記者が、伊豆ＭａａＳの立ち上げを追跡し、10分ほどの特集コーナーとして、フェーズ1開始直後の翌年4月に放送してくれるという。当時は実証実験の影も形も見えず、五里霧中としか言いようのない状態だったが、猪子さんから「大丈夫。きっとハッピーエンドになっていますよ」と言われ、そんなものかなと思いながら毎日を生きていた。

　さっそく、テレビカメラに追われる毎日がはじまった。11月に、伊豆箱根鉄道に打ち合わせで伺った際、最寄りの大場駅を降りると、改札口にテレビカメラが置いてあった。「今日はロケでもあるのかな」とあたりを見回したら、カメラは私を向いていた。駅の改札口から伊豆箱根鉄道本社までの数百メートルを、「普通に歩いてください」と猪子さんに言われたものの、その歩きにくさといったら！　広報時代、記者の取材には散々立ち会ってきたものの、取材される立場は慣れないことだらけだった。

その一方で、ムーベルとのアプリ要件定義を、嵐のような勢いで進めてきた岩田の負担が、目に見えて増えていた。母国語が英語ということで、テレビ会議での通訳を含めた、ムーベルとのやり取りは、すべて岩田の仕事だった。その一方で、八城さんや我々と要件を詰め、資料化して英訳する。毎日がその繰り返しだった。

岩田は、時差や言語の違いによるタイムロスを最小化するために、夕方まで東京側で詰めた内容を、そのころ朝を迎えたベルリンのムーベル本社（当時、本社はシュツットガルトからベルリンに移転するところだった）に伝え、ムーベルの検討結果をベルリンの夕方すなわち東京の真夜中に聞いて就寝する生活をはじめた。幼い一人娘を育てながら働く44歳になった岩田にとって、その疲労はボディーブローのように効いてきていた。

彼女にとって、ムーベルと合意した開発スケジュールは、一日たりとも遅らせてはならない、絶対的な物差しだった。私も、そのスケジュールにあわせて、交通事業者と商品企画の調整をしていたが、相手のあることでもあり、こちらのスケジュールばかりを押し付けてもいられない。岩田も、ガンとして譲らない。おのずと言い合いになる。

「こっちだって一生懸命やっているんだ。岩田の都合ばかり押し付けないでくれ」

「私の都合じゃない！　このスケジュールで進めないと、間に合わないいんですよ」

「相手は他社だ。無理ばかりも言えない。時間がかかるのはしようがないじゃないか」

「交渉に時間がかかるなら、スケジュールから逆算してやってくださいよ！」

「初めて交渉するんだ。どれくらい時間がかかるか、前もってわかるもんか」

と、こんな光景が日常茶飯事になった。

いまなら、わかる。お互いの心の中にあったのは、4月1日に実証実験を絶対にはじめるという想いだけだった。いま振り返れば、後悔することもたくさんあるが、あのころの我々は、国内初の観光型ＭａａＳを実現させることに、ただ必死だったのだ。

## 「Izuko」誕生

遅れていたのは、交通事業者との交渉だけではなかった。11月になっても、伊豆ＭａａＳの推進組織、予算額、商品名称が決まっていなかった。対外交渉をはじめる際の基礎事項だから、大急ぎで決めてしまった。

まず、推進組織は、今回は実証実験ということもあり、組成も解散もさせやすい「実行委員会形式」を取ることにした。パートナー企業であるＪ企は、大手広告代理店として、実行委員会の運営に慣れていた。構成メンバーは、東急、ＪＲ東日本、Ｊ企、楽天という4社を軸に、鉄道、バス、タクシー、レンタカー、自転車、それに観光施設といった、商品を構成する交通事業者や観光施設に入ってもらうことにした。

また、ＭａａＳは、少子高齢化が一層進む中で、交通事業者等の省力化を通じて、地域のサステナブル化を目指すものであるから、実験結果を行政の交通計画に反映させてほしい。そこで、地域の交通計画を所管する中部運輸局（静岡支局）と静岡県庁（交通基盤部）にも声掛けした。補助金や規制緩和が受けやすくなる、という期待もあった。

実行委員会の人選は、Ｊ企の高橋常務と相談した。

会長は、伊豆半島13市町から構成される地域連携ＤＭＯ（観光により地域を活性させる法人）である、「美しい伊豆創造センター」の三好信行専務理事（当時）にお願いすることにした。２０19年度の実証実験の範囲からは、西伊豆や南伊豆は外れてしまうが、いずれ伊豆全域に広げるつもりだった。13市町すべてに当初から当事者意識を持ってもらうには、美しい伊豆創造センターが実行委員会の頂点に立つ必要があった。

実行委員長は、一番最初から関わってきた私と高橋常務が共同委員長として就くことになった。伊豆に地縁がなかった私にとって、実行委員長という肩書は、伊豆で仕事をする上ではありがたかった。

実行予算は、参考になるものは何一つなかった。高橋常務とは、目の子で「総額1億円を両社で折半」と話していたが、アプリ開発費、広告宣伝費、外注委託費、調査費などを積み上げると、どうやってもそれでは収まらなかった。

なかでもアプリ開発費が、全体を大きく圧迫していた。

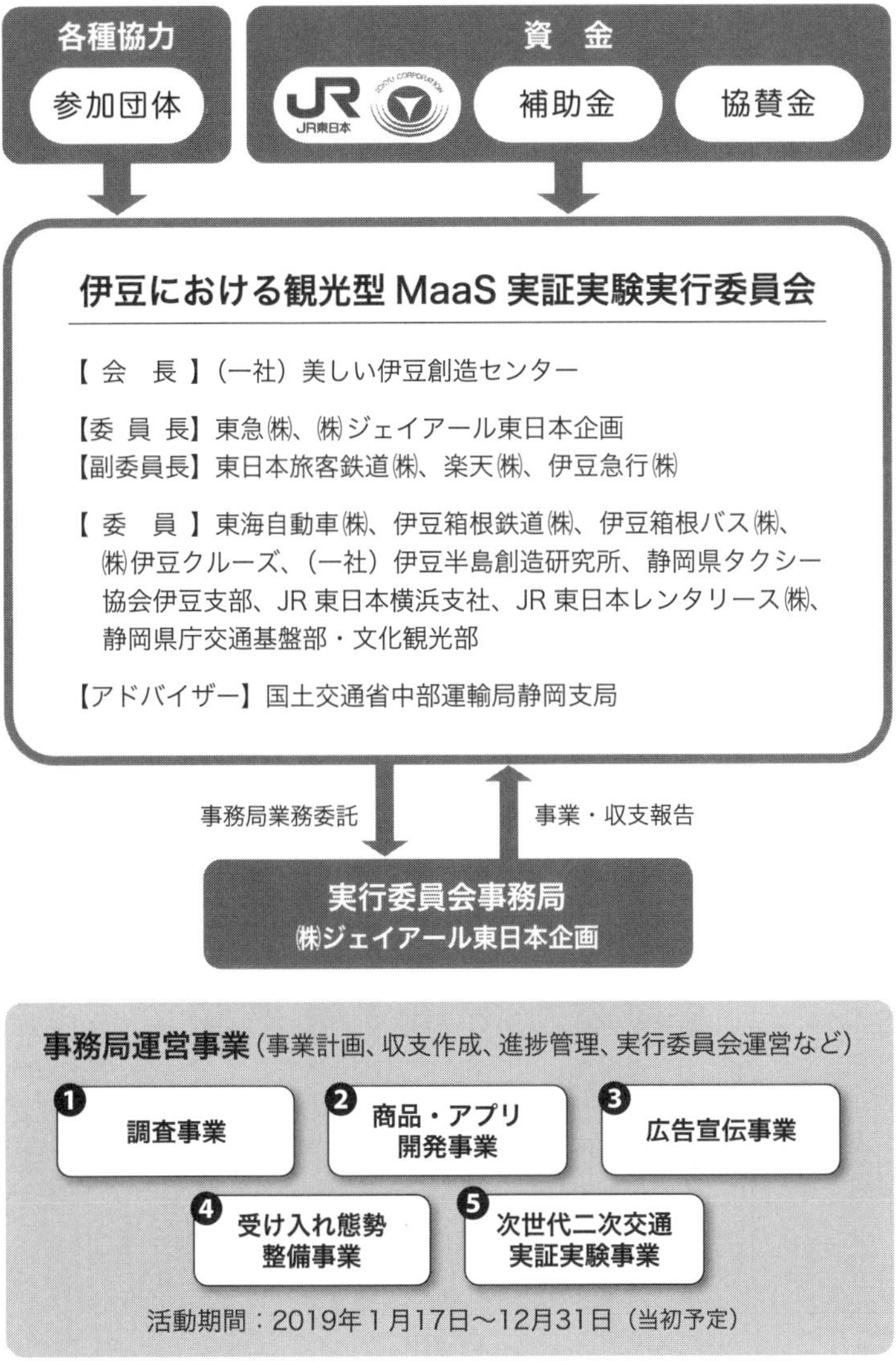
各種協力
参加団体
資　金
JR東日本
TOKYU CORPORATION
補助金
協賛金
伊豆における観光型 MaaS 実証実験実行委員会
【 会　長 】(一社) 美しい伊豆創造センター
【委 員 長】東急㈱、㈱ジェイアール東日本企画
【副委員長】東日本旅客鉄道㈱、楽天㈱、伊豆急行㈱
【 委　員 】東海自動車㈱、伊豆箱根鉄道㈱、伊豆箱根バス㈱、㈱伊豆クルーズ、(一社) 伊豆半島創造研究所、静岡県タクシー協会伊豆支部、JR 東日本横浜支社、JR 東日本レンタリース㈱、静岡県庁交通基盤部・文化観光部
【アドバイザー】国土交通省中部運輸局静岡支局
事務局業務委託
事業・収支報告
実行委員会事務局
㈱ジェイアール東日本企画
事務局運営事業 (事業計画、収支作成、進捗管理、実行委員会運営など)
1 調査事業
2 商品・アプリ開発事業
3 広告宣伝事業
4 受け入れ態勢整備事業
5 次世代二次交通実証実験事業
活動期間：2019年1月17日〜12月31日 (当初予定)

実行委員会の推進体制

11月中旬当時、ムーベルとの要件定義はほぼ終わり、開発工程を積算した結果の見積もり金額も提示されていた。クリストフは「まだ下がる」と言ってはいたが、予想額の1・5倍だった。だが、いきなり値引き交渉をするのも、これから大事なアプリ開発工程を控えているのに、開発メンバーの士気を下げかねない。一か八かで、私はクリストフに国際電話をした。

「ムーベルは、これからアジア進出を狙っているんだよね」

「そうだよ」

「伊豆ＭａａＳをきっかけに、ムーベルという名前を売りたいわけだ?」

「まあ、そういうことになるかな」

「僕は広報課長だったから、記者会見で、ムーベルという名前を宣伝することは朝飯前だ。そのときのパブリシティ効果によって、値引きを検討してくれないか」

やぶれかぶれの交渉だったが、ムーベルには響いたようで、本当に、記者会見での露出度によって最終金額を決めてくれることになった。伊豆ＭａａＳの詳細を発表する記者会見は、1月31日にセットした。わずか2ヵ月先に、詳細が発表できる自信はまるでなかったが、自分で自分を追い込んでいくしかなかった。

「そういえば、アプリに名前がありませんね」

Ｊ企の部長と交わした会話がきっかけで、11月16日、アプリのネーミング案のプレゼン提案を受けた。

数々の候補の最後の方で、「Ｉｚｕｋｏ」という名前が読み上げられた。その語感を聴いて、プレゼン資料に目を落としていたメンバーの顔が、一斉にあがった。

「何処《いずこ》」と「伊豆」を掛けあわせており、覚えやすい上に、語尾に「コ」とついていて、女子旅にもぴったりだ。「伊豆で、何処《いずこ》に行くのにも、便利なＩｚｕｋｏ」というキャッチーな説明もできそうで、満場一致で決まった。

ロゴも、Ｊ企のデザイナーが作ってくれた。女子っぽさをピンク色で表現し、背景に富士山をあしらったデザインは、いまでも気に入っている。

各商品の名称も決めた。デジタルフリーパスのうち、東伊豆（伊東～伊豆急下田間）の鉄道・一部バスが乗り放題のものを「イースト」、それに中伊豆も加えたものを「ワイド」と名付けた。

商品総数は、デジタルフリーパスが2種類、デジタルパスは6～7種類、これに下田のオンデマンド交通を加えた、3タイプ・約10種と決まった。岩田は、商品種別、名称、内容をエクセルシートにまとめ、安堵した顔でベルリンに飛んだ。ムーベルと、アプリ開発に向けた技術打ち合わせを行うためである。

## デジタル「割賦額革命」の思い違い

「デジタル商品って、必要？　いまある商品で十分じゃない？」

そのころ、交通事業者や観光施設と商品企画の交渉をはじめると、そんな言葉をよく投げかけられた。ＭａａＳといって新しがっていた私にとって、冷や水を浴びせるような問いかけだったが、たしかにデジタル商品を既存商品と比較してみると、大して内容の変わらないものがいくつもあった。

デジタルフリーパスは、ＪＲ東日本等が販売する「南伊豆フリー乗車券」のような周遊切符と、機能上、変わらない。観光施設のデジタルパスも、値引き入場という点では、紙の割引クーポンや旅行代理店の電子チケットと同じだ。

改めて考えてみると、デジタルだからこそ実現できる価値って何だろう。

下田のオンデマンド交通は、利用者と車両の需給マッチングで成り立つから、デジタルだからこそ実現できるものと言えそうだった。運転手も車両も足らない地元のタクシーにとって、スマホで呼ばれたときだけ配車し、目的地に応じて乗客同士を相乗りさせる点で、少ない台数で多くの需要を取り込める、これまでにないサービスになるはずだ。

デジタルフリーパスやデジタルパスは、買いやすさや売りやすさでは、既存の紙商品にかなわない一方、アプリの登録情報やＧＰＳ機能により、観光客の属性や移動履歴が把握できる点は、デジタルこその強みだ。観光客はどこから来て、どこに向かうのか。その商品が売れる文脈を知ることは、顧客の潜在ニーズを知り、販売確率を高める上で重要なことだ。その強みを磨くことでのみ、デジタル商品は生き残っていけるだろう。

そこで、まずは既存商品より安くすることで、デジタル商品の利用を増やし、データを蓄積しようと考えた。蓄積したデータを分析し、事業者にとって価値ある情報に加工できれば、事業者へのデータビジネスで商売ができるかもしれない。

割安感で勝負するというのは、デジタル商品の普及期だけに許された、長続きはしない方法だ。デジタルフリーパスの「イースト」は、ただでさえ安い「南伊豆フリー乗車券」をベンチマークにしていた。同程度の値ごろ感を出すために、「イースト」は3700円、「ワイド」は4300円と、乗り放題エリアの広さや路線バス数の割には、かなり値段を抑えていた。

だが、デジタルフリーパスには、デジタルならではの強みを活かして、無理なく値引きする方法が一つだけある。

デジタルフリーパスは、一定エリアの鉄道やバスが乗り放題となる商品である。紙の企画乗車券では、実際の乗車履歴が追えないから、乗ろうが乗るまいが、企画乗車券が1枚売れるたびに、乗り放題区間に含まれる各社に一定額（割賦額）が支払われる。それに対して、デジタルであれば乗車履歴がわかる。各路線への実乗車ベースで割賦額を払うようにすれば、無理なくデジタルフリーパスの売り値を下げることができるのではないか。

紙の企画乗車券では、割賦額交渉は、路線ごとの乗車確率や正規料金等をベースに行われるが、時としてシビアになり、各社に禍根を残すこともある。しかし、デジタル化によって得られる乗車履歴をもとに割賦額交渉を行えば、感情的な交渉も避けられるのではないか。

何のデータも取れていないフェーズ1では、紙の企画乗車券と同様に、事前に割賦額を定めておくしかないが、乗車履歴データが蓄積できた暁には、「割賦額革命」が起こせるかもしれない。

そんな希望を持って、デジタルフリーパスの割賦額交渉をはじめた。

「イースト」は東海バスと伊豆急の2社、「ワイド」は伊豆箱根鉄道、伊豆箱根バス、東海バス、伊豆急の4社が交渉相手となる。

割賦額の交渉は、なかなか微妙なものである。フリーパスの値段は抑えたいので、各社の割賦額を抑えたいのが本音だが、あまりに低い金額を提示すると、「馬鹿にするな」ということになる。遠慮して真ん中くらいの金額を提示し、「それでいきましょう」と言われたら、引き返せない。金額提示のさじ加減が難しいのだ。

「トータルで2000円くらいの商品にしたくて、各社さん、4割引き前後でお願いしたいのですが……」という感じで、探りを入れる。「くらい」とか「前後」とか、ファジーな言葉を入れて、それを交渉のバッファーにしていくのだ。

身内の伊豆急には、他社次第では、泣いてもらうつもりだったが、私は楽観視していた。この実証実験は、伊豆の観光客を増やすために、東急とＪＲ東日本が費用負担するのだから、各社も割賦額には協力的な姿勢を取ってくれると信じていたのだ。

しかし、私は、思い違いをしていた。

各社は、実証実験をありがたいと思うのではなく、新たな利用者を獲得できてはじめて、実証実験に意義を感じてくれるのだ。その要諦は、観光客が魅力を感じる商品造成にかかっている。商品に魅力がなければ、利用者は増えず、実証実験の意味は半減する。

デジタルフリーパスの「イースト」も「ワイド」も、そうした魅力に欠ける商品だった。特にまずかったのは、「イースト」と「ワイド」の乗り放題区間に、伊東市内と下田市内の東海バスを10路線以上加えたことだ。２日間の有効期間内に、10本のバス路線に乗る人が何人いるだろうか。当時の私は、乗り放題区間の多さが、利用者のインセンティブに必ずしもつながらないということすら、理解できていなかった。

乗り放題区間が多いのだから、東海バスが主張する割賦額は、おのずと高くなる。その理屈がわからない私は、商品性の乏しさを棚に上げて、「こちらが手弁当でやる実験なのに、もう少し金額をまけてくれてもいいのに」と思うことすらあった。東海バスとの割賦額は容易にまとまらなかった。もう少し時間をかけて、東海バスの路線実需を調べた上で、乗り放題路線数を適切に定めておけば、交渉の展開も変わったはずだ。

何より私は、数多く存在する、既存の企画乗車券をよく研究してから、デジタルフリーパスを設計するべきだった。売れている企画乗車券は、それなりに考え抜かれて作られている。また、交通事業者にとって、企画乗車券の乱立はありがたくはない。新しい乗車券を確認する駅員やバス運転手の手間が増え、売れ筋の商品を干渉することもあるからだ。その点でも、新しい商品を作るときは、よく考えるべきだったのだ。

交渉開始から3週間で割賦額を確定させるという、タイトなスケジュールにも問題があった。翌年2月から商品パンフレットを配布し、伊豆ＭａａＳのプロモーションを行うつもりだった。パンフレットの校正・印刷から逆算すると、12月初旬には金額確定が必要だったが、初体験の割賦額交渉なのだから、揉めるリスクがある分だけ、もっと時間をかけて丁寧に行うべきだった。

そのころの私は、無鉄砲さと紙一重のフットワークの軽さを、自らのアイデンティティとしていた。ＭａａＳの仕事に自信が持てない分だけ、表面的な動きに、優越感を見出そうとしたのだろう。

そのころ、周囲の人が繰り返していた「そのスピード感はあり得ない」という私に向けられたセリフ。その真意は「拙速」という意味であることを教えてくれる人は、まだ誰もいなかった。

# 9 補助金ください!

国交省、静岡県庁、下田市役所には、MaaSを通じて実現すべき交通と暮らしを見据える「同志」たちがいた。そして東海バスとのタフな交渉で学んだ、地域の交通事業者を尊重することの重要性。でもこれだけは言わせてほしい——補助金ください!

## 「金が足りない……」

2018年の12月は、異常な暖かさで、20度を超える日が続いた。そのせいで、2月に咲くべき河津桜が、早くも12月には花をつけてしまった。伊豆にとって、忌々しき事態である。当然のことながら、花は早く咲くと、早く散る。2月10日~3月10日に開かれる河津桜まつりも、2月末に花が散ると、繁忙期のはずだった3月が閑散期になってしまう。付近を走る東海バスや伊豆急の、売り上げを直撃する事態になるのである。

この季節に、交通事業者同士が出会うと、花の話題でもちきりだ。12月は下田・爪木崎の水仙、1月は土肥桜、2月は河津桜に南伊豆の桜、熱海の梅など、毎月どこかで花が咲き誇る。普段は空気を運んでいると陰口を叩かれることもある電車やバスも、花が満開ともなれば、観光客が酸欠になるほどのすし詰め状態になる。その年度、不調だった会社は、花に命運を託し、第4四半期に勝負をかける。しかし、ひとたび花の時期が狂えば、旅客輸送のアテが外れ、上昇する気温と対照的に、震えながら決算時期を待つことになる。天候には逆らえず、結局のところ、伊豆の交通事業者や観光事業者は、花に笑い、花に泣くのである。

伊豆の12月の季語である「早咲き」は、私にとって、4月1日のフェーズ1開始が迫っていることを意味しており、一段と焦りを感じていた。

「金が足りない……」

この時期、何度ため息をついたことだろう。開業準備が具体化してくると、当初予算項目で見えていなかった経費が、次々に顕在化してくる。電卓を何回叩いても、かかるものはかかる。

一方で、デジタルフリーパスやデジタルパスを売って得られる手数料収入は、雀の涙だ。今後の継続性を考えると、少しでも持ち出しを減らすために、国や県からの補助金を狙うしかない。秋も深まれば、国も県も、2019年度予算を固める段階である。「日本初の観光型MaaS」という称号を活用して、いただけるものはいただこう！

11月6日、国交省主催のMaaSの有識者会議（正式名称「第2回　都市と地方の新たなモビリティサービス懇談会」）が開かれた。その場には、いち早くMaaSに取り組む事業者として、JR東日本、小田急電鉄、みちのりホールディングス、それに東急の4社が呼ばれた。

国を代表する有識者と、国交省の総合政策局・鉄道局・都市局・道路局・自動車局の各幹部など、総勢30人以上が居並ぶ会議室で、私は伊豆の実験概要を説明した。MaaS立ち上げに向けた国交省の本気度を、痛切に感じた。30人の視線が私のマイクに集まると、私は、その本気度に負けないように、マイクをどけて地声で話をした。

国交省がMaaSに期待を寄せるのは、運転手不足や少子高齢化で交通網維持が難しくなる中で、ITを活用し、交通事業の省力化と快適な輸送サービスが両立できる可能性ゆえであった。これまで各地方運輸局では、鉄道は鉄道、バスはバス、と輸送モードごとに個別管理してきたが、その垣根をシームレス化していこうというのだから、国交省にとっても、MaaSは、歴史的大転換にあたる挑戦だった。

そんな国交省の本気度を感じ、「こりゃ、失敗できないぞ」と気を引き締めたものの、先立つものがなければどうしようもない。こうして、生まれて初めて国庫補助金なるものを調べたが、さっそく自分の無知を思い知った。

国交省のMaaS関連の補助金は、年度明けの4月下旬に公募を開始し、5月末に締め切り、6月末に確定するというのが大まかなスケジュールだ。ということは、伊豆の実証実験のフェーズ1（4月1日～6月30日）は、公募をはじめるタイミングにあたり、補助対象期間外となってしまう。

常識的に考えて、アプリや宣伝物など、ゼロから立ち上げるフェーズ1に、全体予算の大半が割かれるはずだ。その大部分に、国庫補助がつかないというのは、予算計画が大きく狂ってしまう。ダメもとで、国交省総合政策局に問い合わせたものの、

「事情はよくわかるのですが、ルールはルールですので……」

と気の毒そうに言われた。

結果としては、国交省の「令和元年度・新モビリティサービス推進事業」の先行モデル事業として、全国19事業の一つに選ばれ、補助金も交付してもらえたが、このとき肝を冷やした経験から、補助金獲得を前提に実証実験を組む際は、補助のスケジュールを踏まえて、実験時期を設定すべしとの教訓を得たのだった。

## 未来を見据える地元の「同志」たち

一方、静岡県庁からは福音がもたらされた。9月26日の伊豆ＭａａＳのニュースリリースを見て、連絡をくれたのは、県内の公共交通を所管する交通基盤部だ。

11月に面会すると、静岡県の交通調査事業の一環として、私が予算化していた効果測定調査の補助を検討する、というありがたい話であった。フェーズ1が国庫補助の対象外であることがわかった直後だったので、その提案に飛びついたのは言うまでもない。

効果測定調査とは、ＭａａＳの導入により、伊豆での観光客の周遊範囲がどれほど広がったかを評価するものだった。周遊範囲が広がった場合は、複数の交通事業者をシームレスに利用できるという、ＭａａＳの有用性を証明することにもなる。

この調査を静岡県が支援することの意味は、調査結果を将来の公共交通網計画の参考にするということだ。伊豆ＭａａＳを実験だけで終わらせたくはなかったから、静岡県が「実証実験のその先」を見据えていることは心強かった。そんな経緯もあり、静岡県庁交通基盤部には、実行委員会メンバーに名を連ねてもらったのだ。

最初に彼らと会って驚いたのは、自動運転を含めた、交通のデジタル化に関する知識の豊富さだ。それもそのはず、静岡県は、わが国有数のデジタル先進県であり、ＭａａＳが目指す、交通や社会のデジタル化について、深い理解と洞察、そして熱意を持っていた。

静岡県は、東海地震に備えて、県道の７割を３次元点群データ（３Ｄデータ）化しており、地震で道路が壊れた場合でも、データ化した土壌の質や工法をもとに、素早く復旧できる準備を整えていた（ちなみに２０１９年４月の火災で焼け落ちたフランスのノートルダム大聖堂も、あらかじめ図面や建築素材を３Ｄデータ化していた）。

また、温暖で路面が凍結しにくい気候と、デジタル化した県道のデータを活かし、公道を含めた自動運転実験にも積極的に取り組み、成果をあげていた。

デジタル化の取り組みが早い分だけ、職員の専門性もあがり、国内有数のノウハウを持つ各企業や研究所との協働案件では、互角以上にわたりあっている。職員は、専門領域だけでなく、その周辺領域にも正確な理解を持っており、視野が広い。公務員というより、シンクタンクの研究員と話をしているような感じがした。

県の交通基盤部は、そうしたプロフェッショナル集団だった。交通事業にもデジタルにも造詣が深い彼らは、地元の足を維持するため、補助金を投入しながら、乗客の少ないバス路線を運行し続けるやり方に、ジレンマを抱えていた。デジタル化により、もっと運営効率をあげる方法があるはずだと考えていたからだ。

その中心人物である山崎友寛さんは、そうした問題意識と変革意欲を強烈に抱えている人物だった。彼の第一印象は、「公務員なのにガツガツしているな」というものだったが、彼ほど自分の担当業務に深く向き合い、勉強を貪欲に重ねる県庁職員に会ったことがなかった。交通事業の経験がない私にとって、MaaSの可能性を正しく値踏みし、公共交通の未来像を構想できる彼は、うらやましくもあり、頼れる伴走者であった。

県の交通基盤部が、MaaSを通じて実現すべき交通や暮らしの快適化について、具体的なビジョンを持っていたことは、私にとって幸運だった。MaaSの方向性に迷ったときは、彼らと話をすれば、進むべき一歩が見える気がした。五里霧中の日々を送る私にとって、自分が進むべき道を照らす灯台のような存在だった。後ほど書くが、自動運転などMaaS以外の領域でも、彼らと協働する関係になったのは、必然の結果だった。

「年間100人の子供が生まれ、500人が亡くなり、900人が引っ越し、700人が転入してくる。合計するとどうなるか？」

正解は、「年間600人減る」だが、これは算数の例題ではなく、下田市の現状を表したものだ。人口2万1000人の下田市で年間600人ずつ減ると、どうなるか。計算してみてほしい。

伊豆MaaSの中心地区である下田市は、「消滅可能性都市」の一つであり、このまま推移すれば、市制が維持できなくなる日も、遠い未来のことではない。だからこそ、MaaSの中心地区に選んだのだ。伊豆急線の終点であり、ホテルなどのグループ施設も集まる下田は、東急グループにとっても大事な拠点であり、何とかしなくてはならない。

多少なりとも補助金をという淡い期待は、駅から徒歩1分の下田市役所の建物を見た瞬間に、はかなくも消えた。築60年を超える2階建ての市庁舎は、財政不足を雄弁に語っていた。下田市の名誉のために付け加えると、2022年には、隣駅の蓮台寺駅前に、市庁舎が移転・新築される予定である。

補助金はともかく、下田の街でMaaSを推進するには、地元の商店街や各事業者、住民との交渉役が必須である。

伊豆半島南端の下田市は、江戸幕府が鎖国を終えた、開国の街として全国にその名を知られる。江戸幕府の直轄領だった下田には、奉行所が置かれ、江戸に向かうすべての船の荷を改めていた。その数は、年間3000隻とも言われ、花街としてにぎわった当時の名残は、ペリーロード沿いにいまでも見ることができる。

古くから、よそ者にも寛容で、ペリー提督が上陸した際も、衝突らしい衝突は起きなかったという。廻船航路の要衝であり、いち早く最新の情報に触れられることで、進取の精神に富んでいたと言われるが、近年は過疎化が進み、保守的な空気が街を覆っている。

その下田で、最新の産業であるMaaSを浸透させるのは、たやすいことではない。地縁のない私には、強力な水先案内人が必要である。さっそく市役所に掛け合うと、役所全体を横断的に調整する、統合政策課（企業でいう経営企画部門にあたる）が、窓口を務めてくれることになった。

市役所で待っていると、私の前に、戦前の文学青年のような風貌をした、福井廉さんという、30代後半の職員が現れた。小学校の国語の教科書に載っていた、新美南吉の写真にそっくりだった。力強さとは無縁に見える福井さんだが、足に羽でも生えているのかと思うほど、フットワークが軽い。実証実験にあたっての、仁義切りのアポ取りをあっさり済ませた上、それ以外の関係者には「自分から説明しておきました」とこともなげに言う。

福井さんも、私と出会ってからMaaSを勉強したというが、下田市郊外の高齢化が著しい地区で、いかに地域の足を維持するかという課題意識を従前から持っていたので、その点では、MaaSは彼にとっても、可能性を拓くカギになったというわけだ。

東急は、1961年の伊豆急の敷設以来、伊豆半島でさまざまな事業を営んできた。その地縁を考えても、MaaSに地元貢献の視点は外せないが、下田の課題や空気感を理解せずに、また地元の協力体制なくして、具体的に展開することはできない。何も持たずに下田にやってきた私が、曲がりなりにも、MaaSの取り組みを広げることができたのは、福井さんの地ならしのおかげである。

山崎さんと福井さんに共通するのは、この土地をもっとよくしたいという熱い気持ちであった。実証実験の内容が、世間から見てMaaSと言えるのかという外形的なことを気にしていた当時の私は、目が覚める思いがした。一番大事なことは、その地域を強くするビジョンと、それに基づく具体的努力だ。MaaSを含めた街づくりは、すぐに成果が出ないからこそ、現実を直視し、未来を信じて、一歩一歩粘り強く取り組むほかはない。

これまで何度となく取材で聞かれた「どうして半年間で実証実験が立ち上げられたのか」という問いに対する答え。それは、彼らがいてくれたからだ。

## 地域の交通事業者には最大限の配慮を

さて、静岡県や下田市からは、補助金以上に心強いパートナーを得ることができたが、伊豆での仕事は、相変わらずスムーズにはいかなかった。

12月は、下田のオンデマンド交通のエリア設定をめぐり、東海バスとちょっとした摩擦を起こした。

既述のとおり、オンデマンド交通は、道幅が狭くてバスが入れない箇所もある市内の中心部（以下、旧町内）を、10人乗りのジャンボタクシー車両で走らせようと考えていた。旧町内には、観光名所のほか、市民の生活利便施設もあるから、市役所の福井さんに手伝ってもらい、歩き回りながら、観光客と住民視点でニーズのある20ヵ所ほどの停留所を計画した。

20ヵ所の中には、東海バスの路線が通っている、下田メディカルセンターという下田で一番大きな病院と、遊覧船に乗れて海鮮丼も食べられる道の駅（正式名称は「道の駅開国下田みなと」）の2ヵ所が含まれていた。どちらも、市民と観光客がよく利用する停留所だから、交通事業の肌感覚に乏しい私ですら、難しい調整になりそうだとの予感はあった。一方で、3ヵ月の実証実験だから、大目に見てくれるかもしれないという甘い期待もあった。

彼らの方が、昔から路線を引いているのだから、こちらがお願いするのが筋だ。市役所2階の会議室で、市役所の福井さんと東海バスとで話し合うことになった。先方の課長に、計画内容を説明し、丁重に頼んだ。

「このエリアで、実験期間中、走らせていただけないでしょうか」

「有料ですか、無料ですか」

「…………」

「それによって、こちら（東海バス）の回答も大きく変わってくるのです」

なるほど、初乗り170円の東海バスが走る横で、無料のオンデマンド交通が走ったら、それは営業妨害に近い行為だから、有料の方が望ましいのだろう。

一方で、有料化にはハードルがあった。オンデマンド交通を委託するタクシー会社3社のうちの1社が、乗合事業の免許を持っておらず、フェーズ1のはじまる来年4月までに取得できそうにないことがわかったのだ。選択肢としては、フェーズ1はそれ以外の2社で有料運行するか、3社で無料運行するか、どちらかだ。

悩んだが、フェーズ1は技術検証の側面も強く、また伊豆急下田駅構内組合の3社で、新しい交通形態に挑戦するという一体感を優先し、無料運行することにした。東海バスにその旨を伝えると、数日後、回答が来た。

「バス路線に抵触する二つの停留所は、オンデマンド交通から外してほしい」

これにより、オンデマンド交通の走行ルートは、狭い「旧町内」に限られることになり、利用客にとって商品価値の低いものになった。市民にとっては、メディカルセンターにも行けない。観光客にとっては、道の駅に行けない。それでは利用意欲もあがらない。

東海バスの回答は、予期されたものではあったが、11月のデジタルフリーパスの割賦額交渉でもそうだったように、私は「伊豆のためにひと肌脱ぐのだから、もっと協力してくれてもいいのに」と思い、東海バスに対して疑心暗鬼になった。

伊豆の交通事業者の中でも、一番やりあい、しかし、誰よりも会話したのは、現・東海バス専務取締役（東海自動車（株）取締役と兼務）の朝倉亮介さんだ。オンデマンド交通のルートをめぐって、私が不満を口にすると、朝倉さんは苦笑した。

「勘違いしないでくださいよ。私は、ＭａａＳの流れには、むしろ賛成なんです」

「………」

「ただ、我々は、長い歴史の中で、バスの事業基盤を築いています。守らねばならない部分も大きい分だけ、何かを変えるときは丁寧に進めていただきたいのです」

「丁寧に進める、ですか」

「そうです。たとえば、オンデマンド交通の路線、観光型ＭａａＳと言いながら……」

朝倉さんは、机の上の、走行ルートの図面を指でなぞった。

「メディカルセンターを走ろうとしています。ここは、当社（東海バス）の停留所もある、地元住民向けの施設です。これでは、観光型のオンデマンド交通と言われても、当社の路線バスと競合するようにしか見えませんよ。無料運行ならなおさらです」

私は、無言で立ち上がった。

オンデマンド交通のルートは狭くなり、実験価値は大きく下がってしまった。それは、絶対に失敗できないというプレッシャーの中で、実験の体裁ばかりを整えようとしていた当時の私にとっては、ショックな出来事だった。

東海バスの社屋を出るとき、朝倉さんから声をかけられた。

「東急さんと当社の歴史をご存じですか」

私は、首を振った。

「歴史は絶対ではないけれど、それなりの重みはありますよ。歴史があって、今の姿があるわけですからね」

歴史？　歴史って何だろう。

私は、渋谷の本社に戻り、凶器のように重たい『東京急行電鉄50年史』（昭和48年編纂）を書庫から引っ張り出し、かび臭いページを繰ってみた。

かいつまんで内容を説明すると、こうだ。

東急は、１９５９（昭和34）年に、伊豆急の前身である「伊東下田電気鉄道」を設立した。それまで伊豆の陸上交通の大部分を掌握していた東海バスにとって、鉄道開通は脅威だった。東急からすれば、伊豆急の乗客を目的地に運ぶ上で、東海バスから協力を得ることは必要不可欠だったが、東海バスとの関係構築は進まなかった。最終的には、東急は伊豆半島でバス事業を行わないかわりに、東海バスは伊豆急線に協力することが取り決められ、現在に至っている。

朝倉さんは、下田のオンデマンド交通は、その取り決めに反すると言いたかったのだろうか。

いずれにせよ、地域交通には歴史の重みがあり、あらゆる交通をシームレスにつなぎ、軽やかに見えるＭａａＳも、歴史の磁場から自由になれないということだ。交通事業の怖さを感じた。「数ヵ月の実証実験だから協力してくれ」という軽いスタンスは、あまりに無防備だったと反省した。

もし読者の中で、これからＭａａＳを立ち上げようとする方がいれば、これだけは申し上げたい。ＭａａＳにより、利用者に快適な移動を提供するために、異なる交通各社の運行エリアをシームレスにつなごうとするなら、交通各社が何十年と守ってきた運行エリアについて、最大限の配慮をしなければならない。

国や行政が運営する欧州とは異なり、日本の交通事業は、民間事業者が運営しているのだから、その事業基盤である運行エリアを守るのは当たり前のことだ。

また、ＭａａＳは、ＩＴで交通事業を省力化し、交通や社会のサステナビリティを担保しようとするものだ。そのサステナビリティには、交通各社の経営も含まれる。ＭａａＳを立ち上げるなら、各社が事業継続していける仕組みを考えることが必須である。決して、アプリやデジタルフリーパスを作れば済む問題ではないのである。


こうして２０１８年は暮れようとしていた。

いまから見れば、自分の無知に起因する、落ち込むに値しない日々であるが、当時の私にとっては失意の連続で、「どうして、自分がこのプロジェクトに選ばれたのだろう」とまで自問自答するようになった。ＩＴに疎く、交通事業もわからない、伊豆での仕事もうまくいかない。自分には、何の適性もなさそうだった。

負けん気だけで、あらゆる存在にぶつかりながらも、自分のやり方が受け入れられないことに傷つかないわけではなかった。

ちょうどクリスマスのころだった。観光施設のデジタルパスの交渉のため、伊豆稲取のアニマルキングダムに行った帰り、高台から見下ろした稲取漁港の夜景があまりに綺麗だった。思わず私は足を止め、その夜景に見入った。

1年前を、無意識に思い出した。広報にとっての花形である社長交代会見の準備を、野本と進めはじめたころだった。自信のある仕事で、温かな人間関係に囲まれ、「あのころは幸せだったな」と思ってしまった。伊豆の寒空の下、自分はどこに行けばよいのだろう。目の前の夜景がにじんだ気がした。「負けるものか」と思い、すり減った革靴で、伊豆稲取駅への坂道をどしどしと下っていった。

# 10 大臣とインフルエンザ

石井国交相（当時）へのプレゼンは首尾よく終わるも、まさかのインフルエンザ発症。そして記者会見で言い放った目標は——「ダウンロード2万件、販売枚数1万枚」！

## 国土交通大臣へのプレゼンテーション

2019年1月4日、正月気分が一瞬で吹き飛ぶような依頼が国交省からやってきた。石井啓一大臣（当時）に、MaaSの説明をしてほしいというのである。事情はこうだ。

大臣は、1月下旬のダボス会議に日本代表として参加し、「グローバル自動運転・都市交通カウンシル」で共同議長を務め、各国代表とMaaSについて議論する。

しかし、国交省の幹部がいくら内容を説明しても、「イメージがわかない」とおっしゃって、とうとう「実際にやっている人間を連れてくるように」となり、なぜか私に白羽の矢が立った、というわけだ。

説明日時は、1月17日の午前10時に決まった。

その日は、午後から修善寺で、伊豆ＭａａＳの第1回実行委員会がある。委員長としての初仕事だ。そこでは、1月末の記者会見内容を一足先に委員に説明することになっていたが、デジタルパスの協力施設数など、未確定内容も多かった。せめて実行委員会までには確定させようと、大急ぎで調整している最中だった。

そこへ、大臣へのプレゼン準備が加わった。業務量は増えるが、頑張るだけの価値はある。そもそも、大臣にプレゼンできる機会など滅多にないし、大臣を味方につけることができれば、ことあるたびに、東急のＭａａＳを例で出してくれるかもしれない。パブリシティ上の効果も期待できる。

私は、広報時代から、毎年1月に風邪をひいていた。1年間突っ走ってきた疲れが、正月前後に数日休むと、どっと出るのだろうか。

だが、今年は、絶対に休むわけにいかない。フェーズ1開始まで2ヵ月半しかないが、やるべきことは山積しており、4月1日までノンストップで仕事を続けても、片付くかどうかわからなかった。とても床に臥《ふ》せっている暇はない。

労働時間は一貫して長く、疲れは溜まる一方だが、マスク、手洗い、うがいなど、考えられる予防は一通りしていた。

こうして迎えた17日の大臣プレゼンは、いたってスムーズに終わった。

相手が大臣であっても、大事なことは、わかりやすく具体的に説明することである。広報課長の経験が生きたのか、全く緊張はしなかった。

広い大臣室で、大臣の右隣に座り、ムーベルと開発中のアプリ画面をモニターで映しながら、伊豆ＭａａＳと、1月下旬からたまプラーザで開始する沿線型ＭａａＳの実験内容を説明した。私の話をうなずいて聞いていた大臣も、次々に質問してきた。

「なぜ下田では、タクシーアプリと連携せず、オンデマンド交通を立ち上げたのか？」

「西伊豆は、バスとタクシー頼みだが、エリア拡大するときはどうしていくのか？」

「たまプラーザから渋谷までのハイグレード通勤バスは、需要がありそうだが、1日何本くらい走らせるのか？」

一つ一つに回答していると、約束の30分間はあっという間に過ぎてしまった。

大臣は、最後に「ＭａａＳの最適解は、その地域によって違うことがよくわかった」と総括すると、満足げに立ち上がった。私を説明役として招聘した、国交省総合政策局の幹部が安堵したのがはっきりわかった。

## 伊豆ＭａａＳ第1回実行委員会

美談は、ここで終わった。

大臣室を出た私は、東京駅で新幹線「こだま651号」に飛び乗り、修善寺に向かった。新幹線の中で、キーボードを叩いていると、悪寒がした。嫌な予感がした。新幹線は速い。「まもなく三島です」という車内放送が入った。

修善寺に着くと、震えが止まらなくなった。「インフルエンザだろうか」と内心思ったが、口にすると周りを心配させるだけだ。コンビニで、缶入りの温かいお茶を何本も買いこみ、カイロ代わりに握りしめて、実行委員会が開かれる総合会館に向かった。震えはいっこうに治まらない。

総合会館に着くと、初対面の実行委員会のメンバーたちと、ご挨拶のオンパレードだ。「はじめまして」と言いながら、歯がガクガク言いはじめた。

追跡取材をしている日テレの猪子さんも、伊豆ＭａａＳの船出を撮影しようと、カメラマンを伴ってきてくれた。委員会の終了後に、私もインタビューを受ける予定だった。「どうですか。いよいよですね」と話しかけた彼女に、「体調、だめかも」と告げた。私の土色の顔を見て、何かを悟ったらしく、立ち去っていった。

もはや、私がインフルエンザにかかったことは、疑いようがなかった。しかし、実行委員会の初回に、委員長が不在というわけにはいかない。ステージを背にした、皆の視線が集まるど真ん中が、私の席だ。質疑を入れて90分。少しでも震えをおさえ、堂々と話をして、さっさと帰って、泥のように眠ろう。カイロ代わりのお茶はもう冷めてしまった。失礼を承知で、コートを着たまま席に座った。

時計が定刻の15時半を指した。会長の「美しい伊豆創造センター」の三好専務理事、共同委員長であるJ企の高橋常務の挨拶が終わると、私の出番だ。私は、机につかまりながら、ふらふらと立ち上がると、震える口を開いた。

「1917年に東海バスさん、伊豆箱根鉄道さんができて、今年で102歳。伊豆急の前身である伊東下田電気鉄道は、設立からやっと60年。経済が右肩あがりの時代は、伊豆への観光需要も高まる一方で、各社が競ってお客様を奪い合うこともありましたが、いまはそういう時代ではありません。各社が連携して観光基盤を整えて、伊豆への観光客を増やしていかないと……」

その出だしの下敷きになったのは、正月休みに読んだ、獅子文六作の『箱根山』だった。昭和36年ごろの、西武グループと小田急グループの「箱根山戦争」をコミカルに描いた小説だ。小田急グループの背後には、大東急時代の名残か、東急も控えていて、五島慶太とおぼしき人物も登場する。脚色もあるにせよ、私鉄同士の、壮絶一色の観光戦争に驚いた反面、「これに比べれば、自分の苦労などちっぽけだ。適性がないと言う前に、粘り強くやってみよう」と思うきっかけになった。

当日の議事録によれば、伊豆ＭａａＳの内容を説明した私は、5問の質疑のうち3問に答えているが、全く記憶にない。

覚えているのは、17時に実行委員会が終わると、岩田がタクシーを呼んでくれたことと、三島駅でとうとう歩けなくなり、駅で見かけた伊豆急の某氏に助けを求めたところ、「今日はおつかれさまでした！」と言うなり、競歩のようなスピードで立ち去られたことだ。朦朧とする意識の中で、「人情とはこういうものだ」と悟った。

かろうじて新幹線のホームにたどり着き、小田原から東海道線のグリーン車を2席使い、ひじ掛けをあげて、ベッドのようにして、膝を抱えて寝た。グリーン・アテンダントも、今日ばかりは何も言わなかった。20時前に自宅のある鎌倉に着くと、病院に直行した。判定は陰性だったものの、40度近い体温を見た医者は、即座にインフルエンザと断定し、私は大量処方された薬をその場で飲んだ。

5時間で平熱にさがったが、気になるのは石井大臣のことである。右隣30センチの距離にいた説明者が、インフルエンザにかかっていたとは夢にも思わないだろう。ダボス会議への出発は数日後に迫っている。「たった30分間だから大丈夫だろう」という気持ちと、「移してしまったら大変だ」という不安が入り交じり、数日間、悶々とした。

床に臥せながら、国交省のホームページに毎日アクセスし、「大臣、インフルエンザのため、ダボス会議参加取りやめ」という情報が出ていないか、目を皿のようにして探し回った。ついにインドのテレビ局がダボスでの石井大臣にマイクを向けている映像を見つけたときは、霞が関の方向に向かって万歳三唱した。

## 目標は「ダウンロード2万件、販売枚数1万枚」！

5日間の自宅待機期間をやり過ごし、社会復帰した私を待ち受けていたのは、1月31日の記者会見の準備だった。都心が一望できる、セルリアンタワー東急ホテルの39階「ルナール」で行う会見は、伊豆ＭａａＳの詳細内容に加えて、Ｉｚｕｋｏという名称・ロゴ、ムーベルとの提携や開発中のアプリ画面、ＣＭ映像など、盛りだくさんの発信内容を予定していた。

日本初の観光型ＭａａＳの名に恥じない露出を稼ぎ、フェーズ1開始への弾みにしたかったし、ムーベルとは、彼らの社名を多く露出させれば、アプリ開発費用を割り引いてくれる話になっていた。あらゆる意味で露出量が必要で、元広報課長の腕にかかっていた。病み上がりの割には、かなりハードな局面だった。

準備期間は1週間しかなかった。復帰初日の23日午前に、会場を下見し、当日の段取りを打ち合わせた。その上で、ニュースリリースと記者会見用のスライドを作り、関係者に内容確認を取り、ＱＡを作った。

露出量を稼ぐには、ニュースリリースやスライドに、記者が記事を書きたくなるキーワードを入れるに限る。すなわち、伊豆ＭａａＳの定量・定性目標を書くことだ。

五つの定性目標は、修善寺での第1回実行委員会で、インフルエンザでふらふらになりながら発表していた（次頁表参照）。伊豆ＭａａＳを通じて、実現したい内容が言語化できたことは

| 定量目標 | |
|---|---|
| ダウンロード数 | 2万件 |
| デジタル商品販売枚数 | 1万枚 |

| 定性目標 |
|---|
| ① シームレスな移動実現による周遊効果と地域活性化 |
| ② IoT活用による交通・観光事業などの最適化・スマート化 |
| ③ キャッシュレスや多言語対応など観光拠点としての課題解決 |
| ④ オンデマンド乗合交通など新規施策を通じた地域課題解決 |
| ⑤ 本取り組みを支える新たな担い手の育成・協働 |

2019年度　実証実験の目標

プラスだった。困ったときに、立ち戻れる原点にできるし、新しい取り組みを検討するときも、この五つに照らして判断すればよい。

五つ目に入れた、「新たな担い手の育成・協働」は、高橋常務からアドバイスを受けて盛り込んだものだ。「伊豆を改善し続ける取り組みだから、伊豆の人に引き継いでいくべき」という原理原則に基づくものだ。まったくその通りだと思った反面、実証実験を立ち上げるだけで汲々としている現状からして、誰かに引き継げる日など、本当にやってくるのだろうかと思った。

ＪＲ東日本やＪ企からは、定性目標はともかく、定量目標を出すのは慎重にした方がよいのでは、という意見も出た。その考えもわかるが、広報は「言ったもの勝ち」の世界であり、今回は露出が欲しい。私はこう言った。

「記者が見るのは、我々の心意気です。堂々と宣言すれば、そういうものかと思って書くのです。達成できなくても、記者は追及してこない。それに定量目標を掲げれば、実行委員会メンバーの結束を高めることにもなる。ぜひ入れましょう」

慎重派も、最後は納得してくれた。

定量目標の指標は、アプリのダウンロード数とデジタル商品の販売枚数にした。掲げる以上は、根拠も必要だ。当時、国内にあった唯一のＭａａＳ事例は、西日本鉄道とトヨタ自動車が福岡市で行う都市型ＭａａＳ「マイルート」だった。西日本鉄道いわく、アプリのダウンロード数は、１日平均１００件という。

人口１６０万人の大都会・福岡と、地方観光地である伊豆は、同列に論じられないが、仮に伊豆ＭａａＳに当てはめると、フェーズ１とフェーズ２の合計日数は半年間（約１８０日）だから、１万８０００ダウンロードとなる。キリよく「２万ダウンロード」にしよう、となった。

デジタル商品の販売目標枚数は、ああでもない、こうでもないと悩んだ。

デジタルフリーパスの類似商品である「南伊豆フリー乗車券」や「伊豆ドリームパス」の販売実績を参考に、スマホでしか購入できない点を考慮すると、「半年で５０００枚」というあたりが妥当と思われた。アプリをダウンロードしても、デジタル地図や検索機能だけ使って、デジタル商品を買わない人も多くいるはずだ。

利用者の大半が福岡市内在住者で、リピーターも多い「マイルート」ですら、当時の販売枚数は月間１０００枚弱（半年間で６０００枚弱）である。たいていの人が、数ヵ月に一度しか足を運ばない観光地の伊豆が、それよりも多いはずがない。むしろ、５０００枚でも、かなり高い目標だと言える。

一方で、記者目線で言えば、インパクト勝負というところもある。5000枚という数字は、現実的ではあるが、インパクトはない。語感で言えば「ダウンロード2万件、販売枚数1万枚」の方がわかりやすく、書きたくなる。

かといって、1万枚という目標は、どう考えても現実離れしている。さすがに、無鉄砲な私も躊躇した。「達成できなくても、記者は追及しない」と言ったくせに、決める段になると、達成できなかった自分が、記者から批判されている絵が浮かんだ。

私を思い切らせたのは、楽天の藤本さんの一言だ。記者会見の数日前、セルリアンタワーのラウンジで、藤本さんと打ち合わせをしていた。まだ迷っていた私は、「販売枚数の目標、思い切って1万、堅く5000、藤本さんならどっちにします?」と意見を聞いた。

藤本さんの答えは明快だった。

「絶対、1万枚ですよ。高い目標の方が、必死になって頑張るじゃないですか。5000枚にしたら、5000枚しか売れないけど、1万枚と言えば、5001枚でも、5002枚でも売ろうとするじゃないですか。数字の力はバカにならないですよ」

恐るべし、楽天パワー。しかし、藤本さんの言うとおりだ。いつの間にか、弱気になっていた自分を恥じた。これで迷いは消えた。

記者会見で公開したアプリ画面

1月31日の記者会見は、テレビ東京の「ワールドビジネスサテライト」やフジテレビの「ＦＮＮニュース」、新聞・雑誌・ウェブなど、53人の記者が来場した。私は前日から札幌出張で、当日朝のフライトで羽田空港から駆けつけた。雪で飛行機が遅れたので、到着したのは会見開始の10分前だった。

会見は、国交省公共交通政策部の蔵持京治課長のご挨拶で幕を開けた。日本初の観光型ＭａａＳとして、伊豆の取り組みが全国に広がることを大いに期待する、という内容だった。

Ｊ企の高橋常務の概要説明のあと、この日に出来上がったばかりのＩｚｕｋｏのＣＭ映像が流れ、詳細を説明する私にバトンタッチされた。

私が、「ダウンロード2万件、販売枚数1万枚」という定量目標を勢いよく言い切った瞬間、記者たちがペンを走らせ、手元のＰＣのキーボードを叩く音が聞こえた。露出の第1段階はクリアだ。ふと、ＩＴＳ世界会議での登壇を思い出した。自分は、こうして退路を自ら断ち、現実化していく流れの中に飛び込むのだ。

会見での最大の見せ場は、Ｉｚｕｋｏというアプリ名の発表と、開発中のデモ画面の公開だった。

記者がシャッターを切る瞬間は、最初からわかっていた。ロゴに合わせてピンク色にした、「Izuko powered by moovel」という文字が配されたアプリのトップ画面を公開する瞬間に決まっている。

私は、トップ画面のところでスライドを止めた。満場の記者が、一斉にフラッシュをたいた。私は、フラッシュを浴びながら、「もっと撮れ、もっと撮れ」と念じた。カメラの放列が加速する向こう側に、会見のためだけにドイツからやってきた、クリストフの満足そうな笑顔が見え、私にうなずいたように見えた。それが、開発費用を割り引いてくれるサインだった。

# 11 まだ見ぬアプリはIzukoにぞある？

ムーベルとのアプリ開発追い込み合宿では文化の壁に悶絶し、オンデマンド交通の研修ではてんやわんや。フェーズ1開始までのカウントダウンがはじまった。

## 各サービスの運営ルール確定

河津桜は、知らぬうちに散った。

花盛りの時期は、普段は3両編成の伊豆急線を6両に増結しても、田園都市線並みの大混雑となる。熱海から座っている私は、人垣に阻まれて、川沿いの満開の花を目にすることはできない。見えはじめるころには、花は盛りを過ぎ、電車も空きはじめる。

だが、私には、花鳥風月に心を傾ける余裕など皆無だった。フェーズ1開始まで50日を切ってからも、大枠はともかく、運用面は全く詰められていなかった。あれほど大量に決めることがありながら、5人程度のメンバーで、よくぞ倒れずに乗り切れた。その過酷さといったら、当人の私でさえ、思い出しながら、息苦しくなったほどだ。

まずは、運営ルールを固めていった。

最初に手をつけたのは、他社に影響する、デジタルフリーパスやデジタルパスの運用ルールである。デジタルフリーパスの区間外となる、JR東日本やJR東海の駅で降りた場合の精算方法や、急な天候不順で観光施設が休業した際の、デジタルパスの払い戻し方法などだ。このあたりは、JR東日本からの出向社員が多く、払い戻しを含めた運営事務局を担うJ企が詰めていった。

デジタルパスは、加盟する六つの観光施設ごとに、詳細な運営フローを決める必要があった。入り口で決済画面を見せた利用者を入場させるだけでは、再入場できてしまう。不正防止策として、画面に表示されるシリアル番号を現場職員に記録してもらうか、紙のチケットを渡して普通にもぎるか、2案あるが、このあたりは、細かい作業が得意な岩瀬に任せた。

オンデマンド交通は、新規のサービスとあって、うんざりするほど決めることが多かった。運行を担うタクシー3社のシフトや運行時間、運転手の休憩時間、各社の配車センターと車両の連携方法、車いすや大きな荷物の扱い、忘れ物対応などである。あわせて、下田中心街の停留所16個の位置を確定させた。伊豆急東海タクシー社長の大戸敏弘の車で、16ヵ所の停留所を繰り返し走り、駐停車に問題がないかを何度も確認した。停留所には、下田市役所や地権者の理解を得て、Izukoのロゴマークが入った、30センチ四方のシールを路面に貼った。これ

オンデマンド交通の停留所の位置決め

らの詳細は、長束に任せた。

運営ルールが固まると、アプリに記載する利用規約と商品説明に手をつけた。

岩田は、「早く決めてくれないと、英訳する時間がなくなりますよ」と耳元でシャウトし続けたが、慣れというのは怖いもので、いつの間にか私の耳は、聞き流す術を覚えたようだった。

福岡の「マイルート」のものを参考に、長束が素案を作り、抜け漏れがないか、岩瀬が確認していった。

こうして決まった内容は、パンフレットに反映させた。

デザインと校正を行ったのは、2月中旬に広報から異動してきた永山栄美だった。広報時代からの部下である永山は、社内報やグループ報を長年担当し、編集作業はお手のものだ。パンフレットをもとに、中吊り・駅貼りポスターも作り、実行委員会に加盟する交通各社に掲出枚数を聞いて配送するなど、フェーズ1開始が近づくにつれ、細かい販促面の仕事がどんどん増えていった。彼女には、2万ダウンロードの達成に向けた宣伝販促の仕事も任せた。4月以降の伊豆のイベントを洗い出し、ダウンロードキャンペーンができるよう、関係団体と調整を進めていった。

## 温泉マークは鉄アレイ？　文化の壁に悶絶する追い込み合宿

運営面とは対照的に、3月の声を聞くころになると、ムーベルのアプリ開発の遅れが明らかになってきた。彼らにとっても、自社のプラットフォームを、これほどローカライズ（現地化）する案件は初めてで、言語や価値観の違いも含めて、戸惑うことの連続だった。技術メンバーの士気も下がっているようだった。

そこで、ドイツ人スタッフを下田に呼び、岩田やJ企の八城さんと膝詰めで不明点をつぶして遅れを取り戻しながら、夜はうまいものを食わせる「アメとムチ」作戦に出ることにした。そんな子供だましの戦法が通用するのか自信はなかったが、このままでは事態は好転しないのだから、数日間の下田合宿にすべてを賭けようと思った。ペナントレースで逆転優勝をかけた、最後の首位攻防戦に臨む、プロ野球の監督のような心境だった。

3月11日、ムーベルの技術メンバー3人が、重たいトランクを転がしながら、下田東急ホテルにやってきた。下田合宿は全4日間。前半は、ムーベルのプラットフォームと、オンデマンド交通の予約・配車を管理する未来シェアのアプリとの結合テスト。後半は、開発の遅延原因となっている問題点を洗い出し、その場で解決策と対応期限を決める、ストレスのかかる技術ミーティングだ。

ムーベルの3人は、荷物を置くなり、画面下に表示させるデジタルフリーパスやデジタルパスの購入ボタン（以下、ベンディングマシン機能）が、4月1日に間に合わないと言いだした。売り上げに直結する重大事項だ。「事前の約束と違う」とつっぱねたが、こちらも実装時期を書面で縛っておかなかった。あとの祭りだった。

岩田は「ここまで来たら、彼らをおだててやらせるしかないですよ」と、肩をいからせる私をなだめた。「お前はどっちの味方なんだ」というセリフが喉まで出かかったが、飲み込んだ。彼女は、一人娘を家に残し、これから4日間、下田でムーベルと行動を共にするのだ。一方のムーベルは、「そんな怒るようなことかい？」と涼しい顔である。

ただし、ムーベルと話す中で、日本人と欧州人では、旅行するときの感覚に大きな差がある、ということがわかった。

日本人は、旅前の予約が主流であり、伊豆に到着する前に、デジタル商品を買っておきたい。だから、ベンディングマシン機能が必須なのだ。一方の欧州人は、旅の最中に商品が買えれば十分であり、それはUIの思想にも色濃く反映されている。デジタル地図を見ながら旅をして、そこに現れた観光施設のマークを押せば、チケットが購入できれば構わないのだ。彼らにとっては、ベンディングマシン機能はさほど重要ではないのだ。

こうした文化の差は、いくら言葉を尽くしても、なかなか埋まらなかった。

合宿の3日目に、ムーベルから、デジタル地図上のPOI（ポイント・オブ・インタレスト：施設表示マーク）を確認してほしいと言われ、岩田と見に行った。

すると、平地しかない下田の中心街に、「山」のマークがたくさん並んでいる。不思議に思ってクリックすると、「了仙寺」「宝福寺」と書いてある。どうも、「山」は寺のマークのつもりのようである。穏やかに聞いてみた。

「どうして寺のマークが山なの？」

「だって寺は、山の中にあるじゃないか」

あまりに自信満々に言うので、思わず吹き出してしまった。

「いや、そうとも限らないよ。日本人にとっては、このマークは『山』を意味するんだ。日本人がこのPOIを見たら、下田の街が森の中にあると誤解してしまうよ」

最も長身で、タトゥーを腕に入れた技術スタッフが、不機嫌そうに口を開いた。

「だったら、どんなマークにすればいいんだ」

「このマークにしてくれ」

と言って、画用紙に卍マークを描いた。向きを間違えると、ドイツ人にとってたいへん不愉快なマークになるから、神経を使った。

この調子では、他のＰＯＩも怪しいと思い、デジタル地図をスクロールしていくと、東伊豆の海岸線に「鉄アレイ」のマークが大量に並んでいる。

クリックすると、これは「温泉」のマークだという。

「どうして、温泉が鉄アレイなの？」

今度は先回りして、画用紙に温泉マークを描いた。

「日本では、温泉マークはこれだよ」

ここで、長身のタフガイは、意味不明の三段論法を展開してきた。

「そんなマーク、見たことないよ。ドイツでは、温泉（スパ）はフィットネスジムの中にある。フィットネスジムと言えば鉄アレイ。だから温泉は鉄アレイだ」

頭がくらくらしてきた。こんな調子で、4月1日に間に合うとは思えない。外の空気を吸って冷静になろうと会議室を出たら、岩田が追いかけてきた。「森田さんからガツンと言ってください。私が言っても、もう聞いてくれない」と言う。

そこへ、さっきのタフガイ君が、タバコを吸いに出てきた。

１７９センチ80キロの私が見上げるほどの大男だ。「こりゃ、喧嘩になってもかなわないだろうな」と思う。丁寧に、彼の目を見ながら、ゆっくり話した。

「いろいろ苦労をかけてすまないと思っている。でもこのアプリは、日本人が使うものだから、日本の記号にあわせて、ＰＯＩを作ってほしい」

「…………」

彼は、物も言わずに立ち去った。

翌日、デジタル地図を見ると、山のマークも、鉄アレイのマークも見当たらなかった。

## てんやわんやのオンデマンド交通&アプリ操作研修

私が、下田東急ホテルで文化の壁に悶絶しているころ、6キロ離れたホテル伊豆急の会議室では、オンデマンド交通の運転手20人を対象に、長束が机上研修を行っていた。限られたチームメンバーしかいないのに、アプリ開発の追い込み合宿と、オンデマンド交通の研修を同日程に組むことは本来あり得ないが、そうでもしないと、間に合わないところまで追い込まれていた。がけっぷちの毎日だった。

研修は、午前と午後の1日2回、3日間行った。私は、両ホテルをタクシーで往復し、研修の冒頭に挨拶してから、ムーベルとの打ち合わせに舞い戻った。往復するタクシーの運転手から、「明日は、よくわかんない研修に呼ばれてさ」とこぼされ、返事に窮したこともあった。

研修では、オンデマンド交通の予約アプリと直結する「ドライバーズ・アプリ」というカーナビに似た予約画面のデモ機の操作からはじめた。平均年齢は60歳以上、スマホには触ったことのない人が大半だったが、「お客を乗せてから降ろすまでに、3回ボタンを押せばいいんだな」と、勘をつかむのも早かった。長束は第3子が産まれるころで、夜中に下田から旗の台の病院までタクシーで急行した。その間、岩瀬が代打講師を務めあげた。

机上研修の次は、実地研修に入ったこともあった。「ドライバーズ・アプリ」を、ジャンボタクシー車両に搭載し、走行ルートを走りながら、乗車予約を入れた利用客役の我々を、16ヵ所の停留所に送り届けられるかどうかを確認した。

机上研修では、呑み込みの早かった運転手たちも、慣れない画面操作でトラブルの連続だった。利用客の乗車予約を承認する際の「乗車ボタン」の代わりに、電源を消してしまい、訓練が中断するなど、てんやわんやだった。研修の様子を取材に来た日テレの猪子さんのカメラが、運転手の誤操作に苛立った長束の様子までを捉え、後日、見事にオンエアされた。

残り2週間を切ると、実証実験に協力してくれる交通事業者・観光施設をまわり、アプリの操作方法を説明した。肝心のアプリが出来ていないので、操作マニュアルとアプリ画面のイメージ図を配り、「この画面を見せたお客様は通してください」「不明点は、コールセンターに振ってください」と説明した。

だが、紙の画面イメージを見せられても、彼らも実感など持てるはずがない。彼らの目には、不安感しかなかった。こちらは、輪をかけて不安だったが、それはおくびにも出さなかった。

「アプリは、ちゃんとできるんですね？」

「大丈夫です」

「わからないことは、コールセンターに電話すれば、大丈夫なんですね?」

「大丈夫です」

不安そうに念押しする彼らに、コールセンターへの教習をこれから行うとは、口が裂けても言えなかった。


残り10日。

ついにテスト用のアプリが出来上がった。

アプリをダウンロードしたスマホ端末を、最も理解度が求められる、コールセンターと伊豆急トラベル(伊豆高原駅と下田駅の観光案内所)のスタッフに配り、操作研修を行った。

やっとまともな研修ができるようになった、と安堵したのもつかの間、デジタル地図を触っていた伊豆急トラベルのスタッフが、遠慮がちに顔をあげて言った。

「下田のメディカルセンターが、下田南高校になっているよ。10年以上前に廃校になっているけど。古い地図だな、こりゃ」

スタッフたちから、くぐもった笑い声が聞こえ、私は顔が真っ赤になった。

テストアプリ用の地図はグーグルマップで作っていたが、ちょうどグーグルが地図メーカーのゼンリンと契約を打ち切った直後であり、地図データが一時的に古くなっていたのだ。本番環境の地図は、オープンストリートマップをもとに作っていたので大丈夫なはずだが、ここまで来ると何が起きても不思議はなく、いっそう不安が増した。

テスト用アプリは、お世辞にも使い勝手がよいとは言えなかった。スタッフたちは「困ったね」と目で会話していた。不安な雰囲気を断ち切ろうと、「本番では、操作性はもっとよくなります」と笑顔で言い切ったが、その保証は全くなかった。次週に本番を迎えることを考えると、この言い訳が使えるのもこれが最後かと思い、恐ろしくなった。

## 実証実験の最終確認「全体テスト」

フェーズ1開始3日前の3月29日。

全交通事業者、全観光施設、コールセンターに参加してもらい、運用ルールの理解度を確認する「全体テスト」を行った。これは、東急・JR東日本・J企・楽天の社員が、サービスエリア内の駅、バス、観光施設、コールセンターに、それぞれ質問を投げかけ、現場係員が正しく案内できるかを見極めるものだった。万が一、不徹底事項があれば、本番までの2日間で、再徹底を依頼するのだ。

すべてのシナリオは、私が作った。易しい質問から、不規則な質問やクレームまで、硬軟を織り交ぜた。トリッキーな質問としては、

「オンデマンド交通を待っているが、到着予定時刻になっても来ない。コールセンターから、早く迎えに来るように指示してくれ」（回答例は「アプリに表示されている待ち時間は、利用規約にぁ

る通り、日安時間ですので、交通渋滞によって前後する場合があります。ご了承ください」）

「デジタルフリーパスを使って下田に来たが、急遽帰京することになった。1日分しか使っていないので、払い戻してほしい」（回答例は「利用規約にある通り、いったんお使いになったデジタルフリーパスは、お客様都合の場合は、払い戻しの対象外になります」）

コールセンターには、英語の問い合わせにも慣れてもらおうと、楽天の外国人従業員2人に電話してもらった。英語の問い合わせは、まずは岩田、次に私の携帯電話に転送するというルールにした。この日の岩田は、J企のセキュリティルームに詰めており、携帯電波が通じなかったので、2問とも私が対応することになった。私の英語を、楽天の外国人従業員が褒めてくれたそうで、うれしかった。

同日14時、全体テストは終了した。ドタバタ続きの研修の割には、運用ルールの浸透度は良好だった。16時から、利用客を演じてくれた4社のスタッフを集め、最終徹底事項を確認した。40分間でそれも終わった。


とうとう、すべての開業準備が終わった。

もう1回やってみろと言われても、乗り切る自信はない、怒濤の日々だった。

各メンバーは、タイトなスケジュールと役割分担に忠実に、自然に助け合い、任務を全うした。メンバーとうまくいかず、どうやって仕事を進めていけばよいか、途方にくれていた昨春がウソのようだ。

それにしても、アプリなしで、よくぞ研修をやりきったものだ。いま考えれば、めちゃくちゃな話だ。しかし、まだ見ぬアプリは、我々一人一人の心の中にあった。必ず4月1日にフェーズ1をはじめるのだという、各メンバーの想いが、研修を受けてくれた各事業者に届いたのだと思う。各事業者も、我々の心もとない研修に、よくぞ付き合ってくれたものだ。MaaSというデジタルなサービスも、結局のところ、人の輪で支えられて成り立つのだということを、最後の最後で思い知った。

この1年間を振り返った。さまざまな想いが、走馬灯のように過ぎ去り、五臓六腑に沁み渡った。感無量になると、ポケットの携帯電話が鳴った。進捗状況を心配したクリストフが、ベルリン時間の早朝に電話をくれたのだ。「皆のおかげで、全体テストも問題なくこなせた、ムーベルの皆にも感謝を伝えてほしい」と言うと、胸がつまってしまった。

いよいよ明日から本番だ。どんな困難が待ち受けていようとも、きっとこの絆で乗り切っていける。そのときは、そう信じていた。

# 12 フェーズ1開始：4月1日の狂想曲

フェーズ1初日の朝になっても改善されないアプリの不具合。

さらに当日に発生した新たな問題。怒濤のような一日がはじまる。

## 初日の朝にも改善されないアプリの不具合

２０１９年4月1日、午前3時45分。

ベッドサイドのアラームの電気音が、真っ暗な部屋に、か細く鳴り響いた。

実証実験のサービスイン初日の真夜中に起きるのには、わけがある。

日本時間の午前4時に、８時間遅れのベルリンに本社を構えるムーベルと、遅れに遅れているアプリの進捗状況を電話会議で確認するためだ。この数日間、毎日この時間に起きている。電話会議を終えた岩田が、すぐ私に報告し、対応方針を相談することを繰り返してきた。3月の「アメとムチ」合宿を終えても、進捗は好転しなかった。とっくに出来上がっているはずの機能で、この期に及んで目途がつかないものもある。私は、４月１日時点で想定される不具合状況にあわせ、マニュアルに注釈をつけ、交通事業者等との運営ルールの変更調整を行ってきた。

だが、この日の切迫状況はレベルが違う。いよいよ今日から、伊豆ＭａａＳ実証実験がはじまるのだ。午前5時29分には、修善寺駅から伊豆箱根鉄道駿豆線の始発電車が発車する。アプリが完全であろうがなかろうが、Ｉｚｕｋｏをダウンロードした一般の利用者が、鉄道やバス、観光施設を実際に利用する。運営上、支障を来す不具合が残る場合は、電車やバスが動き、観光施設が開く前に、全事業者に連絡し、対応依頼しなくてはならない。

多少の不具合なら目をつぶろう。しかし、日本初の観光型ＭａａＳの初日に、笑いものになることだけは避けたい。私も岩田も消耗しきっている。笑いものになっても、跳ね返す意地も元気も残っていない。そのまま立ち直れないかもしれない。

昨日時点で、改善されていない不具合が四つあった。

最も深刻な不具合は、アプリの乗換検索機能で、「現在時刻で検索」をすると、1本前の電車が表示されるというものだった。たとえば午前7時に伊豆急下田から熱海に行くとして、「現在時刻で検索」をすると、「午前7時以降の下田発の熱海行の電車」が表示されるはずが、「午前7時の一本前の電車」が表示されてしまう。これはクレームにつながる重大な欠陥だ。

次にシリアスな不具合は、デジタルフリーパス「ワイド」で、乗り放題となる伊豆箱根鉄道駿豆線が、決済画面の乗り放題区間に表示されないという事象だった。しかし、これは伊豆箱根鉄道の駅係員が、その不具合を認識した上で、改札を通してくれれば済む問題でもあった。

残りの二つは、影響度は限定的であった。

アンドロイドの一部機種でユーザー登録画面の情報更新ができないという不具合は、私のスマホで発生した不具合だったが、三浦や永山など他のアンドロイドユーザーで試したところ、問題はなかった。ごく一部の機種に限られるものかもしれなかった。

チケットを上限枚数いっぱい（大人5枚、子供5枚の計10枚）まで買うとエラー表示が出たという情報もムーベル側から寄せられたが、日本のメンバー全員でテストした限り、その不具合は再現されなかったから、これは忘れてもいいくらいだった。

伊豆に泊まり込んだメンバーが、本番環境と同じテスト環境に触れられたのが、31日の午後8時。そこから徹底的にアプリを触り、各自で動作確認した。見つかったバグはいくつかあったが、先ほどの四つの不具合を超える、重大な不具合は見当たらなかった。

バグ対応の優先順位分けをした上で、まずは実験初日を無事に迎えるべく、影響度の大きな不具合である、乗換検索の不具合と伊豆箱根鉄道の非表示だけに絞って対応してくれと、岩田とムーベルに0時過ぎに告げた。そこから、不具合が解消されなかった場合の各社への依頼文と、Ｉｚｕｋｏのホームページ用の通達文をしたため、Ｊ企とホームページ掲載の段取りを確認した上で、一旦ベッドに入ったのが2時前。2時間も寝ていない。目をつむって岩田からの連絡を待っていると、ベッドについ引き込まれそうだ。

そこへ電話が鳴った。飛びつくように出た。

「おはよう」

一瞬の間があった。

「おはようございます」

私もつられて、黙る。互いの沈黙には、互いの睡眠不足への労りが含まれている。

眠たそうな声で岩田が言うには、電話会議の結果、「おそらく」検索結果の不具合は解消しているはずという。おそらくというのは、プログラミング上は解消しているものの、実際の始発電車を使って試してみるしかないということで、「一発勝負ですね」と不安そうに言う。

伊豆箱根鉄道が非表示になる不具合は、現時点では直らないという。クレームにつながる検索機能が直っているのなら、とりあえずはヨシとしなければならない。

4時25分には、山手線の始発電車が池袋から出る。山手線を対象に「現在時刻で検索」して、正しく表示されれば、伊豆でも問題ないはずだ。時計を見ると、あと10分ほどでその時刻だ。

「検索して結果を知らせるよ」

そう言い残して電話を切った。

冷静になろうと、スマホを机に置き、夜の明けていないバルコニーに出た。風は冷たいが、寝不足で膨張気味の脳を冷やすには、ちょうどいい。実験当日までこれほどバタバタするとは思わなかった。目の前に広がる海では、荒々しい波の音だけが響いている。降り注ぐ月光が、波をさらに白く照らしている。自分の悩みなど、自然の摂理の中で見れば、なんとちっぽけなことか。

山手線の始発の時間が来た。ドキドキしながら、Ｉｚｕｋｏの「現在時刻で検索」を押してみる。正しく表示された。念のため、数分経って再度検索してみる。次の電車がキチンと表示されている。

よし、これならなんとか、今日から実証実験を開始できる！

安堵した私は、プロジェクトメンバー全員に、検索機能の正常化をアナウンスした。その時点で4時51分、伊豆箱根鉄道の始発電車まで残り40分しかない。

間髪を入れず、伊豆箱根鉄道の各管区長あてに一斉メールした。デジタルフリーパスの「ワイド」の画面に、伊豆箱根鉄道が非表示となるお詫びと、不具合期間中はそのまま改札を通してほしいという依頼だ。午前6時半までには、Ｊ企が、Ｉｚｕｋｏのホームページにも、不具合の告知文を掲載してくれるはずだ。タイトな時間の中で、テキパキと関係各所に情報を届けるのは、広報時代の訓練が活きているると、キーボードを叩きながら思った。

開け放ったカーテンの向こう側から、オレンジ色の光が差し込んできた。朝がやってくるのは、こんなにも早いものだろうか。時間に追われて、必死にパソコンに向かっていると、「夜よ、どうか明けないでくれ」というオペラの台詞のようなことを思う。6時を過ぎると、部屋の中はすっかり明るくなった。早朝にもかかわらず、伊豆箱根鉄道の関係者から「必要な協力は惜しまない」というありがたい返答をいただいた。

## 新たなトラブル発生！

シャワーを浴びて、ワイシャツを着る。10時になると、下田でオンデマンド交通が走りはじめる。その事前準備に向かわなくてはならない。10時前には伊豆新聞も下田駅に取材に来る。8時50分下田着の電車を降りて、事務局の控え室として使っていた、伊豆急物産のビルの3階に向かっていたら、岩田からの電話が鳴った。

「悪いご報告です」と、のっけから医者みたいなことを言う。声を聞いただけでわかるよ、と普段なら軽口をたたくところだが、たしかに深刻な情報だった。

アンドロイド機種で、全商品の決済処理ができないという。商品が買えないのだから、アンドロイドユーザーは事実上、Ｉｚｕｋｏのサービスを使えない。日本人のアンドロイドユーザー比率は5割前後というから、半分の人がサービスを利用できないことになる。実験開始からわずか3時間で、早くもがけっぷちに追い込まれたわけだ。

「どういうことだよ」

つい、私の声もとげとげしくなる。ドイツはいま深夜1時のはずだ。午前4時の電話会議のときには、そんなこと一言も言っていなかったではないか。岩田の説明によると、検索機能の不具合を修正したときに、正常に動いていた機能が狂ってしまったという。不具合を解消するたびに、新しいバグが発生していては、キリがないではないか。

「どうしましょう」

岩田が、電話の向こうで泣いている。無理もない。ムーベルの開発状況が思わしくなくなってからというもの、4月1日に実験が開始できるかどうかは、技術的なバックグラウンドと英語力を持つ岩田の頑張りにかかっていた。見かけによらず気の小さい岩田は、そのプレッシャーと、この数日間の睡眠不足で、すっかり弱気になっていた。

「大丈夫だよ」

「大丈夫って、森田さん、半分の人が使えないんですよ」

鼻をすする岩田に、たしかに大丈夫ではない、と私も思う。

しかし、深刻めいたからといって、何が解決するというのだ。口から出まかせが出た。

「アンドロイドで、ユーザー登録ができなかったのは俺だけだったじゃないか。君の言う不具合だって、アンドロイドの機種次第かもしれないぜ」

仮にそうだったとしても、なんら事態の解決にならないが、半分の人が使えないというよりは、「一部機種での不具合」という方が印象はよい。思考能力を失いつつあった岩田は「そうですね。試してみましょう」と素直に従った。昨夜同様、チーム内のアンドロイドユーザーで同時に試してみるという。

岩田の電話が終わると、私はJ企の部長に電話した。新たな不具合を告げた上で、機種によらず、全アンドロイドユーザーがサービスを使えない場合は、実験の一時休止も考えざるを得ないと話した。部長も「仕方がないですね」と明るく言った。彼も、きっと無理しているのだ。

ビル3階の会議室に陣取り、各所への連絡や情報収集をしていると、うつらうつらしてくる。この日は正午に新元号が発表されるとあって、世の中はその話題で持ちきりだった。長束が、パソコンのスピーカーをオンにして、首相官邸からのネット中継を流していた。自分にとって大勝負のこの日が、歴史的な瞬間と重なったことで、一生忘れないだろうと思った。窓の外に、春の陽光があふれていた。

伊豆高原のコールセンターには、午前10時の開業と同時に、問い合わせ電話が殺到し、対応に苦慮しているようだった。指導役で張り付いていた永山からも、「混乱しているので、至急来てほしい」と出動要請の電話が入った。伊豆高原に向かうべく、踊り子号に飛び乗ると、全座席にピンク色のＩｚｕｋｏのチラシが刺さっていた。多くの人にＩｚｕｋｏが知られることが嬉しくもあり、きわどい現状を考えると、恐ろしい気もした。

岩田からの電話をデッキで受けた。チーム内のアンドロイドユーザーで試した結果、登録画面の必須入力情報である郵便番号をハイフン付きで入力すると、無事に決済できたそうだ。「たぶん間違いないですが、もう一度、試してみますね」と言う岩田の声には、少しだけ力が戻っていた。格好悪いが、「郵便番号にはハイフンを入れてください」と頼めば、実験は継続できるのだ。伊豆高原までの40分間、わずかな仮眠をとった。

コールセンターに着くと、お昼時ということもあり、問い合わせの電話は落ち着いていた。

プロジェクト経験の最も浅い永山が、円滑に指示が出せずに、一時的に混乱したようだ。落ち込む永山を励ますと、私がお客役となって、2人いるオペレーターを質問攻めにした。アプリが使いづらい分だけ、「どうやって使えばいいのだ」という操作方法の問い合わせが予想される。回答能力を鍛え上げなくてはならない。訓練すればするほど、コールセンターの案内能力は向上するのだ。

さきほど下田で、伊豆新聞の取材を受けたことを思い出した。コールセンターの電話番号を記事に入れてもらおう。伊豆での同新聞の閲覧率はかなりのものだ。記事に電話番号を入れれば、たくさん電話がかかってきて、オペレーターの訓練にもなる。時計を見ると、伊豆急との打ち合わせの時間である。伊豆急本社まで歩きながら、記者に電話をした。電話番号を記事に入れる件は、快諾してくれた。

18時。チームメンバー全員は、河津駅そばの居酒屋に集合した。実験初日のこの日は、スタッフを東伊豆、中伊豆の各地に分散させ、Wi-Fiが途絶しそうな山間部で、スマホでデジタルフリーパスの画面が表示できるか、乗り放題区間とそうでないところが混在する区間で正しく乗務員が案内できるかなど、サービスエリア内での細かい確認点を分担して潰し込んだ。

アルコールが入る前に、各自の確認内容を共有し、明日以降の課題を明確にした。三浦は、下田の遊覧船のサスケハナ号など、天候に左右される施設の運休条件を調べてきた。サスケハナ号は、15メートル以上の風で出航停止となるが、現状のアプリの仕様では、運休していてもチケットが買えてしまう。運休が疑われるときは、施設側とコールセンターで密に連絡を取り合って、ひとたび運休になったら、コールセンターから払い戻し業務を行うJ企に連絡し、利用者への払い戻し態勢を整えてもらうしかない。

岩瀬は、デジタルフリーパス「ワイド」を使って、下田、河津、修善寺、三島と抜けてきた。河津から修善寺の「天城越え」区間には、Wi-Fiが途絶する地点が2ヵ所あったが、問題なくパスの画面が表示できたそうだ。また画面に「伊豆箱根鉄道」が非表示となる不具合に対しても、今朝依頼したばかりであるにもかかわらず、駿豆線の駅員はスムーズに対応してくれたという。

岩田は、ドイツ系アメリカ人のビール好きの血が騒ぐのか、居酒屋に入ったとたんに血色を取り戻していた。「あれから新しい不具合の連絡はありません」と言いつつ、血走った目は、壁にかかるメニューしか見ていない。

「アンドロイドユーザーは、郵便番号にハイフンを入れること」など、今日判明した不具合と対処法を、管理者側の操作マニュアルに追記しておくべきだと私は言ったが、岩瀬はすでにメニューを手に取り、今日のおすすめを読み上げている。多勢に無勢だ。

19時以降は、ただの飲み会になった。睡眠不足がアルコールの回りを加速させるが、チームの絆を深める上では、意味のある時間だ。伊豆は食べ物がうまくてよかったと改めて思う。河津は、下田と伊豆高原の中間点であり、どこに出るのにも便利で、メンバーが逗留する今井浜東急ホテルにも近かった。河津周辺で夜営業している居酒屋は片手ほどしかないので、何度も行くうちに全店舗のメニューを制覇した。あれほどピリピリしていたメンバーがウソのように、よく食べ、よく笑った。

ホテルに戻って、酔いをさますと、温泉に入る。脱衣場の前にあるハーゲンダッツの自動販売機で抹茶アイスを買う。寒空に吹かれて、バルコニーでアイスを食べる時間が、つかの間のリラックスタイムだった。部屋のパソコンをひらくと、各種のトラブル報告のメールが山積しており、たちまち現実に引き戻される。

技術上の課題と運用上の課題、すぐに解決できるものとそうでないものを分類し、緊急度に応じた優先順位を振り、対応者を決める。並行して、岩田とムーベルとのやりとり状況も確認する。あっという間に日付が変わる。3時45分にアラームをセットし、翌朝4時のベルリンとの電話会議で、新たな「魔物」が誕生しないことを祈って、ベッドに倒れ込んだ。

こうしてエープリルフールにふさわしい、怒濤の4月1日が終わった。

# 13 ショー・マスト・ゴー・オン

報道公開前日、またしても致命的エラー発生の報告が。
そのときふと口から出たのは、演劇時代からの座右の銘
――「ショー・マスト・ゴー・オン」。

## またも致命的エラーの発生！

4月2日の午前4時、岩田からの電話が鳴った。

デジタルフリーパス「ワイド」に、伊豆箱根鉄道が表示されない不具合は、まだ解消されなかった。同社の管区には、「もう一日、昨日同様の運用をお願いします」とメールを送った。もう一日、と言い切れる根拠はどこにもなかったが、今日より明日はよくなると信じることでしか、疲労とストレスでいっぱいの自分を、ニュートラルに保つことはできなかった。

4月5日には、Ｉｚｕｋｏの報道公開を下田で控えていた。マスコミは、伊東駅から伊豆急下田駅まで、デジタルフリーパス「イースト」を買ってやってくるに違いない。しかし、その買いづらさといったら、笑うほかなかった。乗換検索の画面で、デジタルフリーパスの乗り放

題区間、「イースト」なら「伊東~伊豆急下田」を検索すると、検索結果の推奨電車とともに「3700円イースト」というボタンが表示される。そのボタンを押すと、パスが買える仕組みなのだが、こんな方法、説明なしでわかるはずがない。さっそく「イズコに行けば、パスは買えるのだ?」と皮肉交じりの陰口をネットに書かれた。

本来なら、画面下に現れる自動販売機のマークを押せば、デジタルフリーパスやデジタルパスが簡単に買えるはずだった。だが、そのベンディングマシン機能は、4月1日には間に合わず、4月20日まで実装が遅れた。まずは実証実験をはじめることを優先したが、実際にアプリを操ると、買いづらいことこの上ない。マスコミに何と言われるか、反応が気になって仕方なかった。

せめて、「ワイド」に伊豆箱根鉄道が表示されない点と、郵便番号にハイフンを入れないと商品が決済できない不具合は、4月5日朝までに直してほしい。マスコミに笑われるのは絶対いやだ。クリストフにも「その日までに直さないと、おたくの評判が傷つくことになるぞ」と脅かしのような電話をした。営業担当である彼に言っても、何を保証できるわけでもないのに、八つ当たりのような、嫌な電話をしたものだ。

私のストレスに、最も敏感に反応していた岩田は、誰よりも状況に責任を感じており、限界すれすれの心理状態だった。「3ヵ月の開発期間では、誰にもできるわけない」と開き直ったかと思うと、数時間後には「迷惑をかけて申し訳ない」とベソをかいて詫びてきた。ミスをしたら即解雇というプレッシャーにさらされた、アメリカ時代のトラウマもあっただろうし、プロパー社員ではない引け目もあったのかもしれない。

4月2日の夕方、大仁での打ち合わせを終えた私は、大仁駅の改札口で「ワイド」を見せた。わざわざ駅員さんから、「伊豆箱根鉄道と表示されておらず、ご迷惑おかけします」と声をかけられた。一瞬、素性を明かしたくなったが、心の中で土下座して、うつむいて電車に乗った。翌日の始発電車から、正常に表示されるようになり、ほっとした。

報道公開前日の4月4日、またも致命的なエラーの発生報告があった。

クレジットカードで商品を決済しようとすると、エラーメッセージが出るが、デジタルフリーパスやデジタルパスが正常に作動する、という第一報だった。「またかよ」と頭を抱えたが、決済は正常に済んでいるとのことだったので、エラーメッセージを無視すればコトは済むのだと思っていた。

しかし、1時間後に来た追加情報は、私を打ちのめすに十分だった。決済処理が済んでいないのに、商品が作動するという。最初、岩田が何を言っているのか理解できなかった。

「決済されてないのに、パスが動くなんて、あり得ないだろう」

「いや、それが、そうなっちゃっているんですよ」

「それじゃ、タダ乗りじゃないか」

「そうです。タダ乗りです」

タダ乗りと聞いて、薩摩守忠度《さつまのかみただのり》を思い出した。電車やバスの不正乗車を「薩摩守」と言うんだよ、と教えてくれたのは、高校時代の国語の先生だった。四半世紀以上前のシーンを思い出すほど、頭が一瞬、真空状態になった。決済されずに商品が買えるなら、全額タダだということだ。商品が売れた分だけ、事務局から関係事業者に補塡することになる。そんな実験、続けられるはずがないではないか。

「それじゃ、大変じゃないか」

「深刻なんですよ」

広報から連絡があり、明日の報道公開には、20媒体30人のメディアが来場予定だという。だが明日以降もその不具合が続くならば、今度こそ実験中止に追い込まれることは間違いない。

「どうしましょう」と言う岩田の声から感情が消えた。一番やばい兆候だ。ここでつぶれられるわけにはいかない。ムーベルとのコミュニケーションは、岩田にかかっているのだから。

「どうしましょうって、一旦中止にするしかないだろ」

「そんなことしたら、大変ですよ」

「大変だけど、命まで取られるわけじゃないだろ」

ついに岩田は黙った。7歳の娘を置いて、いつまでも伊豆暮らしを続けるわけにはいかない。2日から自宅に戻っているが、そのことで闘志が弱まったのだろうか。しかし、ここであきらめたら、終わってしまう。とっさに一言が飛び出した。

「ショー・マスト・ゴー・オン」

「え」

「どうあっても、明日は来るんだ。やるだけやってみよう」

「そうですね。ショー・マスト・ゴー・オン」

魂の抜けた声で岩田はそう言うと、電話は切れた。

## ショー・マスト・ゴー・オン

「ショー・マスト・ゴー・オン」

それは、演劇時代からの私の座右の銘だった。直訳すると、「ショーは続けなくてはならない」。そこから転じて、「人生に何が起きたとしても、毎日は続いていく。あきらめずに生きていけ」という、逆境に置かれた人を励ます言葉として使われている。

私には、この言葉をめぐる原体験がある。

2012年9月に、私が日本に招聘した「ミリオンダラー・カルテット」というブロードウェイ・ミュージカルで、舞台演出に使うバトンという昇降棒が突然故障し、降りてくるはずの衣装が降りてこなかったことがあった。物語のエンディングを飾る、重要な場面での出来事だっただけに、観客席から見ていた私は心底肝を冷やした。だが俳優たちは何事もなかったかのように、最後まで踊り、歌い切った。

招聘責任者として、終演後、俳優たちに詫びに行くと、彼らはウィンクしてこう言った。

「ショー・マスト・ゴー・オン」

彼らの笑顔には、何があっても演じ切るのが一流の役者だという、静かなプライドがのぞいていた。本場ブロードウェイの、第一線の役者やスタッフが揃ったあの作品は、チケットセールスには苦労したものの、本物とは何か、ということを感じられる貴重な経験をさせてくれた。

そう、何があっても人生は続いていく。だけど、ここまで進めてきて、実験を中止にしたくはない。このプロジェクトの評判に大きな傷がつき、1年間の苦労が水の泡になってしまう。明日、マスコミの前では、強気な森田創を演じ切ろう。岩田やJ企の八城さんが何とか対策を見つけてくれると信じようじゃないか。


翌日の報道公開は、朝10時から下田の「道の駅」で行われた。下田港に面しているそこは、朝からものすごい突風に見舞われていた。見学に来てくれた上司は、なんと強風で財布を飛ばされ、紙幣入れから、1万円札がひらひらと舞っていったという。

私は8時50分に下田に着く電車で、会場に向かった。6時すぎに大船駅から東海道線に乗ると、さっそくデジタルフリーパスのイーストを買ってみた。エラーメッセージも出ずに、すんなり決済できた。パソコンを開くと、八城さんからメールが入っていた。決済処理の不具合は、前日夜の時点で解消されたという。

しかも、不具合が起きた十数時間の間に、購入行為を行った（タダで買えてしまった）外部ユーザーは一人もいなかったという。それだけ売れ行きがよくないということだが、外部にこの事象が漏れて、評判を落とすことにはならない。まさに、首の皮一枚、つながった。思わず座席でガッツポーズした。

定刻の10時になり、記者に実験概要の説明をはじめた。記者のうちの何人かは、私の話を聞きながら、Ｉｚｕｋｏのアプリ操作をはじめていた。

「日本初の観光型ＭａａＳ」と咆《ほ》えたところで、アプリを触れれば、違和感のある箇所が多々あり、記者に内心どう思われているのか、気になって仕方なかった。オンデマンド交通の配車画面も、少しでもわかりやすく映るように、説明の仕方を工夫した。オンデマンド交通が下田の街中を走り回るシーンなど、記者が撮影したくなる要素を多く作り出すことで、出来の悪いアプリに目が向かないようにした。

伊豆急下田駅から踊り子号に記者を乗せ、伊東の小室山観光リフトに案内する車中では、Ｉｚｕｋｏを宣伝する車掌放送や、座席に刺さったＩｚｕｋｏのチラシを案内しながら、立ち上げの苦労話を語ることで、アプリの使い勝手や利用実績など、こちらとして踏み込まれたくない事柄に踏み込まれぬよう、防御線を張った。

すべては、小手先の細工にすぎなかったが、毎日をいかに乗り切るかだけが、そのころのすべてだった。小室山観光リフトに到着して、風速が15メートルを超え、リフトが動かなくなったと聞いた瞬間、天罰がくだったのだと思った。気の毒に思った現地の支配人が、ニューサマーオレンジのソフトクリームを記者全員に振る舞ってくれたおかげで、暴動にならずに済んだ。

そういえば、この日の報道公開に登壇する直前、ある女性記者から、ホテルの櫛を渡された。

「あまりに髪型がひどいです。さすがに直してきた方がいいですよ」

いま思い返しても、この一言が、一番胸に響いた。

# 14 寝姿山とスマホの壁

ＭａａＳをきっかけに、ＩＴ化の波が、高齢化率４割を超える下田に来たっていい。そうして企画された市民向け説明会は……。
「スマホの壁」は統計以上に高かった！

## 下田にＩＴ化の波がやってくる？

文字通り、髪の毛を振り乱した怒濤の立ち上げ期が過ぎると、アプリに多々問題はあるものの、コールセンターを含めた全体の運営は、まがりなりにも回りはじめた。フェーズ１の開始当初こそ、下田に張り付いていたが、もうその必要もなさそうだった。

そのころは、「日本初の観光型ＭａａＳ」というだけで話題を呼び、全国から視察団が絶えなかった。日常を回すだけでもそれなりの満足感に浸れた状況ではあったが、理想とは程遠い現状に慣れてしまうことが怖かった。実証実験開始がゴールではない。新しい挑戦をはじめることで、状況を改善させ続ける努力を忘れたくなかった。

伊豆ＭａａＳの定性目標として、「ＩｏＴ活用による交通・観光事業などの最適化・スマート化」を掲げていた。ＭａａＳを含めた、ＩＴ先進国であるフィンランドですら、政府主導でＩＴ化を数年前にはじめたときは、高齢者から大ブーイングを食らったらしい。

「結局のところ、慣れの問題ですよ」

フィンランドの国交省でＭａａＳを推進する、私が「官僚君」と名づけた、アルッティ・イースコラは、ずり落ちる眼鏡を押しあげ、胸を張った。

「いまでは80歳を超えるお年寄りも、ネットバンキングを自在に操っていますからね」

重厚な会議室の窓には、初夏のヘルシンキの緑がよく映えていた。さわやかな彼の自信は、1年近く経ったいまでも、胸に焼き付いていた。世界中、どの地域にも訪れるＩＴ化の波が、高齢化率4割を超える下田には、ＭａａＳをきっかけにやってきたっていい。

ということで、4月13日の土曜日、下田市民文化会館の2階会議室を借りて、市民向けのＭａａＳ説明会を行うことにした。下田市役所も協力し、永山がデザインしたチラシを市の広報誌に挟み込み、市内の全1万世帯に配布した。

伊豆新聞は、大きな紙面を割いてＭａａＳを報じていた。ＩＴにアンテナが高くない人であっても、多少の関心はあるに違いない。市役所の福井さんとも相談し、80人入る会議室をおさえ、さらに足りない場合に備えて、椅子20脚を用意してもらった。「1万世帯にチラシを入れたのだから、１００人くらいは来るだろう」と読んでいたのだ。

来場者の半分以上は、65歳以上の高齢者とみていた。この日は、「ＭａａＳをきっかけに、スマホを持とう」という趣旨で、下田に店舗を構えるＮＴＴドコモとソフトバンクの店長さんにも、参加者のスマホ操作を手伝うかわりに、自社商品を宣伝して構わないという条件で来てもらった。

## 大失敗の市民説明会

下田に早く着いた私は、中心街のマイマイ通りに面した喫茶店「マルコー」で昼食をとった。銅板のフライパンで焼く、ふかふかのホットケーキが名物と聞いていたからだ。背広を着て、テーブルに座っていると、店主らしき初老の男性が、好奇心を抑えられないという様子で話しかけてきた。

「どっから来たの」

黙っていると、畳み掛けるように「お医者さんでしょう」と言う。

土曜日に背広を着ている人種が珍しいし、下田のメディカルセンターの循環器科や整形外科の医師は、余所の街から通ってくるから、そういう想像に至ったのだろう。

「いやいや、違うんですよ」

店主の年格好を見て、わかりやすくＭａａＳのことを説明したが、首をひねるばかりで、そんな取り組みは初めて聞いたという。

「市の広報誌、お読みにならなかったですか。これから説明会が、文化会館であるんですよ」

ホットケーキを運んできた店主は、遠慮がちにこう言った。

「下田じゃあ無理だ。だってみんなスマホなんか、持っていないもの」

その一言で自信を失ったわけではないが、地域のリアリティを代表しているようにも聞こえた。ホットケーキはうまかったが、さっさと食べて、会場に先乗りしている福井さんに状況を確かめたくなった。会計を済ませて電話をすると、会場には誰も来ていないという。14時開始の説明会まで30分以上あるが、何となく嫌な予感がした。

会場に着くと、追跡取材も終盤に入った日本テレビの猪子さんが撮影準備をしていた。カット割りや、参加者から引き出したいコメントを考えている。土曜日にもかかわらず下田まで来てくれた彼女のためにも、参加者が集まらないと格好がつかない。

開始時刻の15分前になって、ぱらぱらと来はじめた。しかし、とても80人収容の会場が埋まるほどの勢いではない。NTTドコモとソフトバンクの店長は、会場外に、デモ機やパンフレットを所狭しと並べており、日テレのカメラも設営された。準備は着々と進んでいるが、肝心の聴衆は何人来てくれるのか、時計の針が進むたびに不安になった。

開始時刻の14時になった。集まった人数を数えてみると、16人しかいない。そのうち、8割の方は65歳以上とお見受けした。

さすがに、もう少し待てば来るのではないか。広報時代も、会見がはじまってから、何社ものメディアが遅れてやってくることはザラだった。とっさに広報時代のクセで、「遅れてくる方がいるようなので、あと5分だけ待ちましょう」と言うと、「もう来ないよ」「早くはじめてよ」と吐き捨てる声が聞こえる。はじまる前から、完全にアウェーな雰囲気だ。最後列に座る女性は、「全然いないじゃない。私は帰るわ」と連れの女性に言い放つと、ついと部屋を出て行った。これで、参加者は15人に減った。

劇画的な展開に声もないが、とにかく説明会をはじめた。空き席が多すぎて、どこを見たらよいのかわからない。参加者に目を合わせても、眉間にしわをよせて、こいつは宇宙人か、という目で私を見ている。四面楚歌という四文字が頭に浮かんだ。

そういえば、前章でも触れた「ミリオンダラー・カルテット」というミュージカルを招聘したとき、2400席の大阪オリックス劇場で、300人強しか入らない日があった。東京公演では悪くても1500人以上は入っていたから、300人ではやる気も起きないだろう。大阪公演は自分の責任範囲外だったが、招聘責任者としてカンパニーの代表に詫びると、「300人でも、3000人でも、自分たちのやるべき仕事は同じだ」と言ってくれた。しかし、いまになって、あれは慰めだったのだと知った。8割以上の席が空いている前で話すのは、やはり気持ちが萎える。

ふと会場の外に目をやると、春の陽光がさしこんでいる。せっかくの土曜日に、3時間かけて下田まで来て、ガラガラの説明会で話すくらいなら、家で寝ていたかったと思ってしまう。

3月中旬以降、フェーズ1の立ち上げでロクに休んでおらず、「脱・働き方改革」などと揶揄された。「いや、だめだ」と弱気になっている自分に首を振る。こんなことを思っては、参加者に失礼だ。

感情を殺して、説明を進めていった。いよいよ会の趣旨である、Ｉｚｕｋｏのアプリを参加者にダウンロードしてもらう段になった。

「スマホを持っている方、手を挙げてください」と声を張り上げる。参加者15人のうち、スマホ保有者は8人。ただし、そのうちの4人は、操作が簡単な、ＮＴＴドコモの「らくらくスマートフォン」であり、息子や娘との電話やラインはできるが、自力でスマホを操作することはできない。自分のメールアドレスも、「@マーク」やハイフンの入れ方もわからない。つまり、自力でダウンロードできる人は、15人のうち4人しかいなかった。

スマホを持っていない7人には、ＮＴＴドコモとソフトバンクの店長が、デモ機を貸し出した。参加者一人一人に、操作の説明役がつく。伊豆急東海タクシーの大戸、下田市役所の福井さんともう1人。携帯電話2社の店長2人、猪子さん、それに私の計7人。その様子を写真に撮ったのが次頁。背広組がお年寄りを脅迫し、無理矢理ダウンロードさせている風にしか見えない。猪子さんもカメラを回してはいたが、このシーンは後日の放送ではあまり使わなかったはずだ。申し訳ないことをした。

とにもかくにも、15人の参加者へのダウンロード作業は終わった。大半の参加者は、慣れないスマホ体験と使いにくいアプリのせいで、この時点で完全にやる気を失っている。

やけくそのように、「ダウンロードしたばかりのＩｚｕｋｏで、オンデマンド交通を呼び、実際に乗車してみましょう」と明るく声をかけると、走行エリアが旧町内に限られるのを知った参加者からは、「こんな狭いエリアじゃ、歩いた方が早いよ」「車で来たから帰るよ」とつれない反応。体験乗車に付き合ってくれたのは、わずか2人だった。

こうして、下田市全世帯にチラシを配り、１００人分の椅子を用意し、休日出勤して臨んだ市民向けのＭａａＳ説明会は、大失敗で幕を閉じた。

下田市民向けの操作説明会（2019年4月13日）

### 統計以上に高い「スマホの壁」

あとでわかったことだが、同じ伊豆半島といっても、下田と都市部の三島では、ＩＴリテラシーに差がある。同じ70歳の女性で比較しても、フェイスブックをやっている人の率は、三島の方が倍くらい高い。

伊豆の中でも、IT化が進んでいると言い難い下田で、「MaaSを機に、スマホを持ちましょう」という企画は、かなりチャレンジングと見るべきで、厳しい結果になるのは自明であった。

総務省の調査等では、70歳代のスマホ保有率がガラケーを上回ったと言われる。しかし、この日のように、スマホを持っていても、電話やラインなど、日常の操作以外は自力で使いこなせない層も多く含まれるので、統計以上に、「スマホの壁」は高いと見なければならない。

へこみきった私は、逃げるように会場から姿を消した。猪子さんも、気を遣ったのか、私と目を合わせない。一刻も早く伊豆急に飛び乗り、この負の感情を洗い落とそう。足早にマイマイ通りを歩いていると、さっきの喫茶店の店主が、店を閉めに出てきていた。

「さっきはどうも。どうだった。説明会は？」

僕はあいまいに笑って、その場を通り過ぎた。

晴れた空に、寝姿山の岩山がそびえていた。

# 15 ダウンロードと葛藤の日々

Izukoのダウンロード数は面白いように伸びるも、サービスの改善は滞ったまま。それでも「6月あじさい反攻作戦」に向けて、小室山で、三島市商店街で、台湾で、ダウンロードキャンペーンに精を出す。

## ダウンロード数は伸び、サービス改善は滞る

2019年4月23日。場所は恵比寿のウェスティンホテル東京。

豪華絢爛なシャンデリアが吊るされるロビーを抜け、赤絨毯の廊下を歩き、3階の控え室に通された。南洋材を使った重厚な机には、私のための2段重ねの弁当箱が置かれている。1時間後、ここでは日経BP社主催のMaaSセミナーが開かれ、J企の高橋常務と登壇することになっている。話題の中心は、もちろんIzukoだ。

待ち構えていた司会者が、うやうやしく私の名刺を受け取る。続いて、主催者代表として、先方の役員からご挨拶を受ける。「このたびはお忙しいところご登壇賜り……」「貴重なお話

をいただけるとのこと、誠に光栄……」「日本をリードするお取り組みを満場の観客の皆様に……」といった、湯気が出そうな言葉ばかりを投げかけられ、たちまち所在なく感じてしまう。

日経BP社のホクホク顔にはわけがある。前年以来、セミナーにMaaSという単語が加わるだけで、入場者数が倍増する現象が続いていた。日経BP社の50周年記念事業でもあるこの日のセミナーは、定員700名に対して、実に1000人を超える申し込みがあった。早々に満員御礼として、申し込みを打ち切ったという。

かくいう自分も、1年前に開かれた無料MaaSセミナーに参加したのが、そもそものはじまりだった。

「日本初の観光型MaaS」の称号は、私の講演への登壇回数を急増させたが、課題だらけの毎日を思うと、こんなところで話している場合だろうかと、葛藤を感じた。

フェーズ1・フェーズ2の実証実験に掲げた、2万ダウンロード、販売枚数1万枚という定量目標に対して、前日まで、ダウンロード数こそ4763（1日平均216）と好調だったが、販売数はわずかに201（1日平均9枚）。使いにくいUI、なかでもデジタル商品の買いづらさが災いしていることは明白だった。

使いにくいUIは、いろいろなところに飛び火した。観光客が困ったときに立ち寄る、伊豆急下田駅や伊豆高原駅の観光案内所（伊豆急トラベル）のスタッフも、自力で画面操作できないから、観光客に勧めることもできない。

踊り子号の座席に入っているＩｚｕｋｏのチラシを見た乗客が、観光案内所でアプリの使い方を聞いても、満足に説明してもらえず、コールセンターに苦情が来たこともあった。お互いにストレスを感じる。そんな状態で、サービスが広がるはずがない。

ユーザー登録画面の入力項目の多さも、敬遠される要因の一つだった。入力欄は、見にくい上に、どれが必須入力事項なのか区別がつきにくく、「こんなに入力欄があるなら止めた」と言って、途中で登録を止めてしまう人も多かった。

コールセンターへの受電数は、１日平均3～4件と、予想より少なかったが、それはひとえに実際の利用者数の少なさを物語っていた。電話してくれる利用者は、クレームでもありがたいのであって、たいていの人は「このアプリは使えない」と思った瞬間に、二度と触らないか、スマホから削除してしまう。

こうした中、ダウンロード数だけは、皮肉なことに面白いように伸びていった。

ダウンロード者には、ノベルティとして、スーパービュー踊り子号やリゾート21など、伊豆の鉄道車両をデザインした、Ｉｚｕｋｏのオリジナルストラップを配ったが、これが意外にも人気があった。「伊豆急電車まつり」などの鉄道系イベントで、ダウンロードキャンペーンをやると、ストラップ欲しさで、毎回１００を超える新規ダウンロード者が獲得できた。

伊豆急は、新入社員や社員の家族にもダウンロードを勧めるなど、社員総出で取り組んでくれた。伊豆急本社には、ダウンロード数の増加を示す、右肩上がりのグラフが貼られたが、私は、自分が責められているような気がして、そのグラフを直視できなかった。

「ダウンロード数が伸びて、何がめでたいものか。サービスは何も改善していないじゃないか。この状況を改善する努力を、どれだけ重ねているというのだ」と自問自答していた。

とはいえ、ダウンロード数以外に、実行委員会メンバーの共通指標は存在しなかった。複数の交通事業者や観光事業者と、「Ｉｚｕｋｏで伊豆に来てくれる人を増やそう」という一体感を作り出すには、右肩上がりのダウンロード数、という目に見えやすい指標が役に立つのも事実だった。

岩田によると、ベンディングマシン機能の実装時期は、5月下旬に延びたという。4月1日が4月20日に延び、さらにそれが1ヵ月延びたわけだ。ムーベルの開発速度は、ガクッと落ちていた。4月20日に実装できていれば、元号が令和に変わるＧＷの10連休は、静岡ＤＣの影響で伊豆に観光客が押し寄せるから、一気に取り返せるはずだった。5月下旬に実装できても、フェーズ1は、残り1ヵ月しかないではないか。

「必ず5月末にはできる、とレオン（ムーベル社の営業担当役員）も約束していますから」と岩田は言うが、彼女の語調には力強さがなく、私の不安は消えなかった。ベンディングマシン機能の実装は、販売枚数に直結する重要事項だ。クリストフに国際電話とメールで釘を刺しておいた。「5月末に実装できなかったら、大変なことになるぞ」と。

## 小室山・三島・台湾……「6月あじさい反攻作戦」

唯一の希望は、6月1日からの1ヵ月、下田で開かれる「あじさい祭」だ。会場となる下田公園は、山一面が紫色に染まる美しさで、全国から多くの観光客がやってくる。5月末にベンディングマシン機能が実装されるなら、あじさい祭の観光客をIzukoで捕まえ、少しは販売枚数を稼ぐことができる。それまでの1ヵ月間は、Izukoの認知拡大に向けた、ダウンロード数の獲得に精を出し、6月に刈り取る下地を作ろうと目論んだ。

電卓を叩くと、1日250ダウンロードペースでいけば、5月下旬には、半年間の目標である2万ダウンロードに到達する計算だ。同時に「早くも2万ダウンロード達成」というニュースリリースを配信すれば、昨今のMaaS過熱ぶりからして、大きくマスコミも取り上げ、6月の下田送客につながるのではないか。

名付けて「6月あじさい反攻作戦」。5月末の機能実装を前提にした、いささか他力本願な作戦ではあるが、ひとたび決まると、気持ちが楽になった。

そうと決まったら、実行あるのみだ。4月23日の日経BP社のセミナーでも、来場者にIzukoのチラシを配り、壇上からダウンロード協力を呼びかけた。まだMaaSアプリ自体が珍しかったこともあり、効果はてきめんだった。

この日は、日テレの猪子さんの特集コーナーが、夕方の「news every.」で放映されたこともあり、1日で566ダウンロードを稼いだ。5ヵ月間の密着取材の成果は、約8分と長尺で、地元の交通事業者、観光客、住民などの意見を拾い上げ、伊豆MaaSの背景や地元の課題を客観的に伝えていた。番組を見ながら、「この番組が放映されるころはハッピーエンドですよ」と、猪子さんに背中を押された前年の秋を、ずいぶんと遠くに感じた。

大型連休は、伊東市の小室山観光リフトと、三島市の「春の大通り商店街まつり」で、ダウンロードキャンペーンを行った。

小室山には、毎年のGW時期に、満開となるつつじを目当てに、人出が押し寄せる。東海バスが運営するリフトにも、常時30分以上の待ち行列ができる。その行列の前で、Izukoでリフト券を買えば、50円引きになり、決済画面を見せれば「待ち時間ゼロ」で乗れることをPRすれば、リフト券も売れるのではないか。スマホで買う手間と、50円引きで待ち時間ゼロというメリットの、どちらに軍配があがるか試してみたかった。

5月4日と5日、小室山観光リフト前の芝生広場に机を出し、段ボールに「Izukoなら大人500円↓450円・待ち時間ゼロ」と大きな字で書き殴って営業したところ、2日間で80枚以上売れた。目の前の長蛇の列が、何よりの説得材料だった。連休中ということで、家族連れや帰省中の親子3世代も多く、1人50円引きでも、人数が多いと数百円の節約になる。スマホの手間についても、複数人いれば、一人くらいはスマホが得意な人もいる。メリットが明確なら、デジタル商品でもちゃんと売れるのだ。

三島「春の大通り商店街まつり」でのダウンロードキャンペーン（2019年5月）

5月5日の三島市の商店街まつりでも、1日250ダウンロードを獲得した。そのうち9割は地元住民だったが、スマホを自在に使いこなすシニア層も多かった。三島市民から意外にも評価されたのは、市内のデジタル地図だった。買い物や街歩きをするときに、最寄りのバス停がわかって便利なのだという。伊豆でも、観光需要だけでなく、都市部では普段使いのニーズもあることを知った。

この日には、忘れられない想い出がある。気温30度近い陽気の中、歩行者天国の道路上に机を出し、伊豆箱根鉄道の方と私と長東の3人で声を張り上げ、ダウンロードを呼び掛けていると、リーゼントでバシッと決めた、加藤学園応援部の学ラン軍団に突然取り囲まれた。道行く人たちも思わず足を止めた。何事か、と身を固くすると、団長らしき少年が「責任者の方は、いらっしゃいませんか」と呼びかけてきた。私が歩み出ると、「皆さんを応援させてください」と言う。汗水たらして頑張っている出店を見つけては、エールを切るデモンストレーションをやっているのだそうだ。

私が快諾すると、あどけない顔をした20人ほどの一団は、たちまち放射状に広がった。ダボつく学ランの足で、アスファルトを踏みしめると、団長の「フレー、フレー、イズコ」という掛け声に続き、一団は細い身体をしならせて、エールを切った。すべてが終わると、見物人から温かい拍手が送られ、私はその真ん中で、団長と握手を交わした。感激屋の長束が、「ありがたいっすね」と鼻をすすりながら、Ｉｚｕｋｏのストラップの入った箱を破壊し、ストラップを御礼に配り始めた。頑張らなくては、と素直に思えた。

「第二次機会有（もう一回チャンスありますよ）」

台湾・高雄での旅行博ブースで、覚えたての台湾語を、何回叫んだことか。

5月下旬、静岡県台北事務所と伊豆急が、合同で伊豆のＰＲブースを出すというので、ＩｚｕｋｏのダウンロードキャンペーンもFaster便乗させてもらうことにし、訪台した。

台湾では抽選会をすると、来場者の食いつき方が違うと聞いていたが、それは本当だった。ブースには、伊豆のホテル宿泊券が1等賞として含まれた抽選箱を置き、Ｉｚｕｋｏをダウンロードすると挑戦できる仕組みにしたが、3日間で３０００ダウンロード以上を獲得した。そもそも訪日意欲の高い人たちが来ている上に、ＩＴリテラシーは東京よりはるかに高く、80歳を超えた老人がＳＮＳを自在に操っている。説明なしで、Ｉｚｕｋｏをスムーズにダウンロードしていく。

何より驚いたのは、彼らの購買意欲とバイタリティーだ。日本に行くと決めたら、周遊パスを何種類も買いあさる。彼らの多くはリピート層であり、日本地図は頭に入っているのだろうが、そんなに移動できるのかと心配になった。

彼らが日本に詳しいことは知っていたが、その知識のニッチさには、いい意味であきれ返った。静岡県台北事務所が主催した、静岡県好きの台湾人80人による、ファン・ミーティングに参加したが、「富士山山頂の管理者は誰か?」というクイズには、7割以上の人が即答だった。「浅間大社」という答えを、私はその場で初めて知った。

その一方で、旅行博のブースを見回しても、「日光」「箱根」「富士山」という文字はたくさん見るが、「伊豆」という単語には一度も出会わなかった。滞在日数が限られる中で、伊豆は、訪日観光のメイン動線から外れた、知る人ぞ知るマイナーな観光地に過ぎないことを知った。ダウンロードキャンペーンよりも、訪日客の目的地に入るために、伊豆を強力にPRすることが先決だと感じた。

JR東日本も、5月から湘南地区の商業施設「ラスカ」で、ダウンロード・プロモーションを展開。ダウンロード者には同施設の買い物クーポンがもらえるという仕組みが当たり、13日間で5000ダウンロードを稼いだ。湘南地区は、伊豆と近いこともあり、あじさい祭にも多くの観光客が出かけるはずだ。このダウンロードは、「6月あじさい反攻作戦」の素地になると期待していた。

そんなこんなで、5月27日には、2万ダウンロードを達成してしまった。半年間の目標を、2ヵ月足らずで達成したことになる。その報せを聞いたのは、旅行博から帰国する日の朝、高雄駅に向かうタクシーの車内だった。ゲリラ豪雨に見舞われた高雄駅のベンチで、天井を叩く雨音を聞きながら、その日の午後に配信する、2万ダウンロード達成のニュースリリースを慌てて編集した。ネットメディア数社が記事にしたが、大きな露出にはならなかった。だが、ダウンロード数を追わなくてよくなったことは、精神衛生上助かった。Izukoの改善努力から目を背けている罪悪感が、心の中から消えなかったからだ。

### 伸び悩む販売枚数

2万ダウンロード達成の一方で、販売枚数は572（1日平均10枚）と大いに伸び悩んでいた。ベンディングマシン機能が実装しない中では、一般需要は大きく伸ばせない。苦肉の策として、業界向けの宿泊付きIzuko説明会を開催することにし、その参加条件として、デジタルフリーパス「イースト」の購入を掲げた。

「MaaSと言えば、人が集まる」という過熱状況を利用したわけだが、ホテル伊豆急で開いた二度の説明会には、北海道から九州に至るまで、全国から200人超の参加者がやってきた。

説明会は、実験概要の説明、関係者によるパネルディスカッション、情報交換会、Izuk

o体験会の4部構成だった。参加者の7割は、これからＭａａＳを立ち上げる交通事業者や自治体だったから、デジタルフリーパスに加えて、複数のデジタルパスも購入し、使い勝手を確かめていた。二度の説明会で400枚近い売り上げがあった。

参加者は、超がつくほどの短期間で、まがりなりにも実証実験を立ち上げた私たちを、リスペクトの混ざった眼差しで見つめてくれた。そのせいか、私はパネルディスカッションで「アプリが問題ではない。アプリを使って、どういう地域課題を解決するかが大事だ」とうそぶいたが、それは、アプリの出来の悪さを指摘されないための言い訳に過ぎず、言ったそばから自己嫌悪になった。情報交換会では、参加者と名刺交換に明け暮れ、乾杯のビールを半分も飲めなかったが、悪酔いせずに済み、かえってよかった。

ただ夢中だった4月を過ぎ、ダウンロード獲得に明け暮れた5月が終わろうとしていた。その間、Ｉｚｕｋｏのサービスは大して改善せず、「ウェスト・サイド・ストーリー」ではないが、ここではない、どこか遠いところに行きたいと思う毎日だった。悩んでいる暇があったらやるしかない、と言い聞かせながら、次の一歩をどこに踏み出せばよいのかも見えなかった。

しかし、まずは「6月あじさい反攻作戦」を実行することだ。ダウンロード数も増え、認知度もあがり、準備は整った。あとはベンディングマシン機能の実装を待つばかりである。フェーズ1も早いもので、残りあと1ヵ月。やるだけやるしかない。

# 15 ダウンロードと葛藤の日々

台湾土産のパイナップルケーキを持って、渋谷の本社に出社した私に、またも頭の痛くなるニュースが飛び込んできた。

# 16 岩田の涙と伊豆戦略

ベンディングマシン機能の実装も6月に間に合わず、キープレイヤーだった岩田も退職することに。一方、チームは交通インフラ事業部に改編。「伊豆戦略」を定め、新たな役割へ向けて静かに炎を燃やす。

## 間に合わなかったベンディングマシン機能

会社でパソコンを開くと、見慣れぬ会議招集が入っていた。

翌日の午前10時、相手はムーベル。メンバーは、営業担当役員のレオン、開発部長、クリストフの3人だ。ムーベルが訪日する予定などなかったはずだ。招集を送ってきた岩田が、目を合わさない。歩み寄ると、観念したように立ち上がった。

「やっぱりダメでした」

やはり、ベンディングマシン機能は間に合わなかったのだ。

「でも、9月からのフェーズ2には間に合うと言っていて……」

岩田の、ムーベルをフォローするような言い方が、自己弁護に聞こえて癇に障った。

「当たり前だろ、そんなの」

私の強い言い方に、オフィスの雰囲気が一瞬凍った。

落ち着こうと、席に腰をおろした。正直に言えば、覚悟はしていた。それほど、最近の彼らの開発速度は落ちていた。同時に、弱ったな、と思った。ベンディングマシン機能が実装できないと、「6月あじさい反攻作戦」は、まさに露(梅雨)と消え、フェーズ1の目標はなくなってしまう。

6月は勝負を捨て、9月1日からのフェーズ2での巻き返しを図るべく、UI改善や商品設計の準備に時間を使った方がよいのだろうか。

ムーベルに対しては、ベンディングマシン機能の実装を書面で縛ってこなかったが、今度こそ、UI改善項目と実装時期を書面化し、今回のペナルティを込めて、改修費用を大幅に値引きさせよう。

そのことを岩田に話すと、「フェーズ2に向けたUI改善の打ち合わせも、明日の午後セットしてあります」と控えめに言う。私の思考パターンなど、岩田とムーベルはお見通しで、先手を打ってお膳立てしていたのだろう。

以前だったら、「相手を絞り上げる方が先だ。安易に先方のペースに乗るな」と、岩田に噛みついていたはずだ。だが最近、岩田に遠慮するようになっていた。私はあいまいにうなずくと、会議招集の「出席」ボタンを押した。

それを見計らったかのように、岩田が口を開いた。

「明日の10時は、娘の学校の行事で、私はどうしても参加できなくて。森田さん、1人で締めてもらえますか?」

こうして、生まれて初めて、外国人相手に英語でクレームを伝え、カウンターオファーを引き出すという機会がやってきた。しかも、これ以上ない、きわどい場面で。


翌朝10時きっかりに、セルリアンタワー東急ホテルのロビーに行くと、3人が立っていた。クリストフは「モリタサン」と笑顔で近づいてきたが、私は、固い表情を崩さない。すでに戦いははじまっている。まずは、こちらが怒っていることをしっかり伝えよう。

カフェテリアに入り、コーヒーを注文すると、レオンから型どおりの謝罪があった。

「お約束を果たせなかったことをお詫び申し上げたい。以前から実装できると言ってきた機能が、なぜできなかったのか、開発部長から説明させたい」

技術論に持ち込もうとしている。その前に、一言釘をさしておくべきだ。私は、運ばれてきたコーヒーを3人にすすめながら、口を開いた。

「こちらは、ベンディングマシン機能が実装できなかったことで、デジタル商品が売れないという経済的打撃をすでに被っている。この機能は、フェーズ1に間に合う約束だった。それが

4月下旬になり、5月末に延びた。4月末〜5月上旬にかけて、日本は10連休があり、伊豆は大変な人出だった。その連休中に、デジタル商品を大量に売る機会を我々はすでに逃している。さらに今回、フェーズ1には実装が間に合わないという。6月1日から下田では有名なあじさい祭がはじまるが、そこで巻き返しを考えていた計画は完全に狂ってしまった」

ここで、一旦言葉を切った。3人とも、上目使いでこちらを見ている。沈黙が流れた。水色の瞳をした、イギリス人のレオンが再び口を開いた。

「心から申し訳ないと思っている。今後、そうしたことがないように、UIの改善項目と実現方法、実装時期を覚書で残して、双方で確認を取って進めていきたい」

敵もさるものである。メールでしか記録を残しておらず、契約書や覚書など文書で実装を縛ってこなかった、こちらの弱みを突いてきたのだ。私も負けずに言い返した。

「しかし、メールや対面での打ち合わせの記録はすべて残してある。御社も、今回の機能実装に関して、時期も含めた共通認識があったことは認めますよね」

レオンと開発部長が、顔を見合わせ、しぶしぶうなずいた。私は、畳み掛けた。

「現状の売り上げは、1000枚にも満たない。我々は、10連休や祭りの多客期を見込んで、フェーズ1では5000枚を見込んでいた。その差分は、ベンディングマシン機能の遅れによるものだ。そのことへの経済補填についてはどうお考えか」

コーヒーの香りに包まれる、朝のホテルのカフェテリアで、私とレオンの視線が激しくかちあった。こっちだって必死なのだ。1ミリも譲るものか。

2時間後、私とクリストフは、渋谷ストリーム3階の寿司屋にいた。

先ほどの話し合いは、フェーズ2に向けた改修費用の減免という、こちらの要求が、形としては通った格好になった。

だが、なんだか手ごたえがなかった。一番気になるのは、ムーベル側の士気だった。最近の改修能力の低下を見るにつけ、どこまでこのプロジェクトに関与する気があるのか、疑問に思えてきた。士気が下がっているなら同じことがまた起こるだろう。

そこで、クリストフに好物の寿司を食べさせ、本音を引き出そうというわけだ。大きな湯呑みの緑茶をぐっと飲むと、クリストフに切り込んだ。

「おたくの会社、本当に信用できるのか？」

「…………」

「このままだと、本当にまずいぞ。状況が改善しないと、フェーズ2からベンダーを切り替えることだってありうるぞ」

ムーベルが、アジア初のこの案件に意欲があるなら、食いついてくるはずだ。いや、食いついてきてくれなければ、困る。

だが、クリストフは弱々しく、「僕の立場では、何とも言えない」と言う。彼は、嘘をつく男ではない。彼が口を濁すあたり、この先のベンダーは再考した方がよさそうだ。

寿司が運ばれてきた。しおらしい態度はどこへやら、クリストフは顔を紅潮させ、器用に箸を使って食べはじめた。

「そういえば、今日、なほみは?」

何気なくクリストフが聞いた。なほみは、岩田のファーストネームだ。

「彼女、最近、元気ないね。エネルギーがないね」

今度は私が黙る番だった。

**岩田、涙の退職**

岩田が、退職することになった。

フェーズ1の開始直後に、一度、相談は受けていた。

海外で起業する、彼女のご主人を支えたいという。岩田自身、このプロジェクトに大きなやりがいを感じていたので、これからという時期に離れるのは、さぞ断腸の思いだったに違いない。これまで、仕事に邁進する岩田を支えるために、ご主人やそのご両親が、一人娘の面倒を見てこられた。そのことを考えると、ご主人の夢だった海外起業を、今度は自分が支えたいという岩田の気持ちは理解できる。ご主人やそのご両親に、私も間接的に助けられてきたのだ。

岩田は、仕事によって、幼い娘との貴重な時間を犠牲にせざるを得ない辛さを抱えてきた。

岩田と喧嘩したときでも、そのことだけはいつも申し訳ないと思っていた。岩田は、フェーズ2が終わる11月末まで、自分だけ日本に残り、任務を全うする選択肢も考えたが、最終的には、9月の娘の新学期にあわせて、7月末に家族と離日することを決めた。岩田がいなくなる痛手は口では言い表せないが、彼女が悩み抜いたことを知る者としては、その決断を尊重し、応援することしかできなかった。

行き先は、岩田とご主人の相談の結果、ドイツのベルリンに決まった。「私がムーベルに入れば、森田さんも助かるでしょう」と言う。ムーベル社の日本人スタッフとして、このプロジェクトに関わる可能性を残そうというのだ。無理はしてほしくないが、ムーベルが日本での事業拡大を考えるなら、岩田は魅力的な人材になりうるかもしれない。クリストフに相談したところ、さっそく検討を進めてくれるという。

最初に岩田から相談を受けたのは、4月上旬の19時すぎ、本社1階の会議室だった。わかりやすい彼女のことだ、表情を見ただけで、想像はついていた。30人は入れそうな会議室の固い椅子に、2人で腰を下ろした。作り笑いをした岩田が、「やめなきゃいけないかもしれません」と言うと、大きな目からボロボロと涙をこぼした。この日の岩田は、何を話しても、給水機のように涙を吐き出した。話をした40分間で、何リットル分の水分を失ったのだろう。「思わぬダイエットですね」と自分で言って、また泣いていた。

彼女は、東急に出向してから、居場所のない辛い時期もあった。しかし、MaaSのプロジェクトと出会ってから、彼女の持てる能力を存分に発揮し、大活躍を見せ、とうとうフェーズ1までこぎつけた。

15歳から約20年間、アメリカで過ごした彼女にとって、東急グループは、日本で最初の就職先だった。日本語で電話に出ることすら難しい状態からはじめ、日本人にはわからない苦労や悔しい想いをしてきたことだろう。

岩田の離職は本当に残念だが、彼女にとって東急グループが、離れるのが辛い場所になったとすれば、何よりの救いだった。一通り泣くと、岩田は、こう言った。

「私がいなくなったら、森田さん、大丈夫ですか。友達、いないでしょう」

「大きなお世話だ」

しかし、その通りだった。これから困ったとき、愚痴を言いたいとき、相談したいとき、誰に話せばいいのだろう。

明かりを消して、会議室を出るとき、泣きすぎて、お岩さんのようになった岩田が「こんな場面、人に見られたら、男女の痴話喧嘩と思われるから、まずいですね」と言った。こういう馬鹿なコメントが聞けなくなるのが、何より淋しかった。

## 「伊豆戦略」策定とＭａａＳの役割

4月1日をもって、事業開発室は、交通インフラ事業部と名を改めた。わがＭａａＳチームは、単なる新規事業から、空港運営事業・観光事業・交通系子会社を有機的につなぎ、東急グループの拠点強化の役割を期待されることになった。それは、昇格と言えないこともなかった。

交通インフラ事業部は、既存の空港運営事業、観光事業、ＭａａＳ（+インフラドクター等の新規技術開発）に、交通系子会社の所管機能と、伊豆の観光列車「ザ・ロイヤルエクスプレス」の運営チームが加わった。

これにより、伊豆ＭａａＳは、単体での成果だけでなく、伊豆急や東急ホテルなどの地元グループ企業、２０１９年4月から運営開始した富士山静岡空港、「ザ・ロイヤルエクスプレス」と連携した、伊豆来訪客増加に向けた先鋒隊を期待された。

東急は、北海道や仙台でも民営化空港の運営に携わっており、とくに北海道では、バス会社や百貨店、ホテル、ハンズなどのグループ事業も展開している。将来的には、北海道でも、空港を含めたグループ機能をＭａａＳでつなぎ、拠点強化を図る可能性もあるかもしれない。

おりしも、東急の創立記念日である9月2日に、２０３０年までの長期戦略を発表することになった。交通インフラ事業部では、その日にあわせ、沿線・伊豆・東北の各エリア戦略を策定することになった。5月の連休明けから議論をはじめ、6月末には内容を固めるあわただしいスケジュールだった。

「伊豆戦略」の骨子をご紹介しよう（次頁図参照）。

まず、伊豆半島を、東伊豆、中伊豆、西伊豆の3つに分けた。これは議論の平仄《ひょうそく》をあわせる

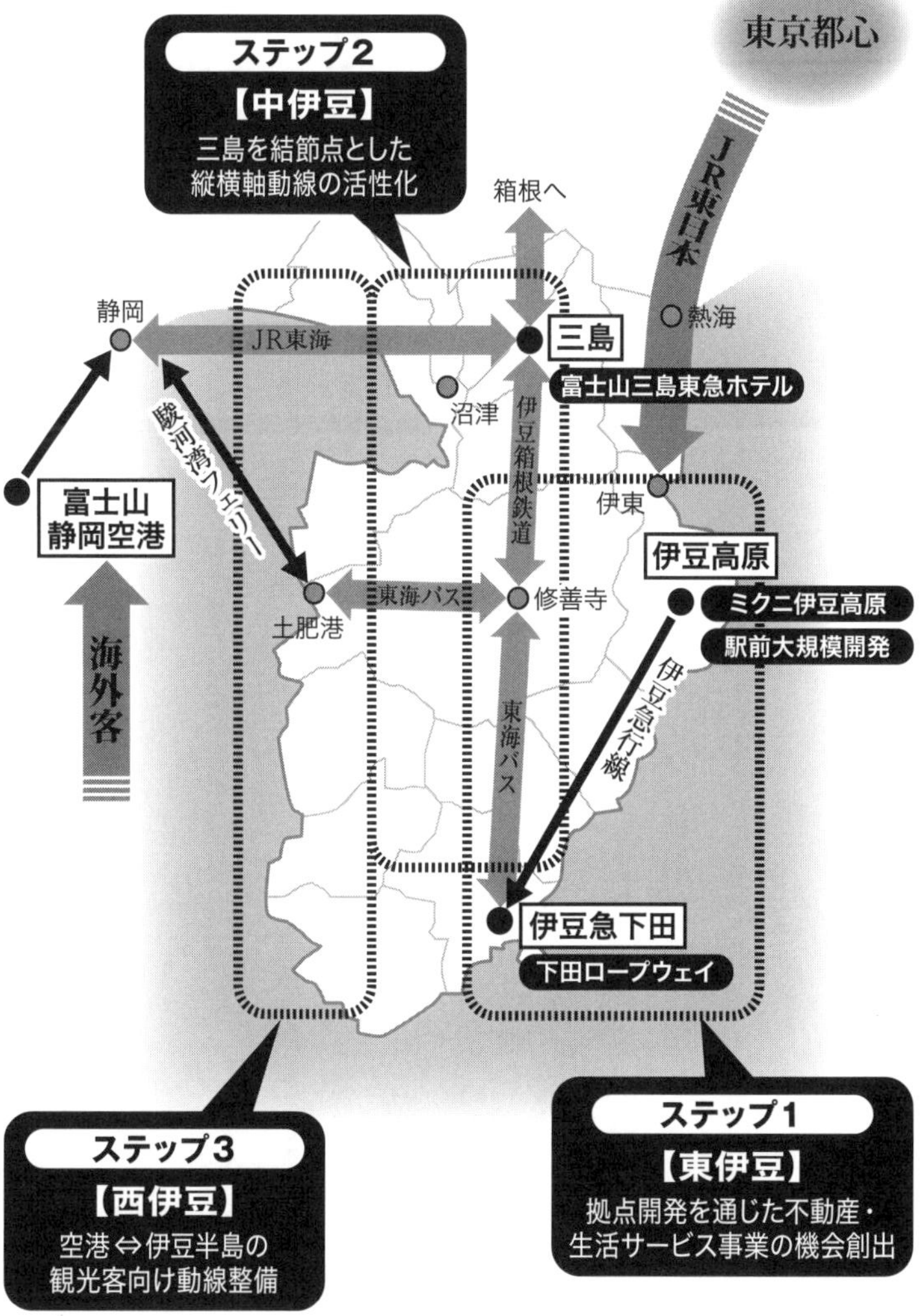
ステップ2
【中伊豆】
三島を結節点とした
縦横軸動線の活性化
東京都心
JR東日本
箱根へ
静岡
JR東海
三島
熱海
富士山三島東急ホテル
沼津
駿河湾フェリー
伊豆箱根鉄道
伊東
富士山
静岡空港
伊豆高原
土肥港
東海バス
修善寺
ミクニ伊豆高原
駅前大規模開発
海外客
伊豆急行線
東海バス
伊豆急下田
下田ロープウェイ
ステップ3
【西伊豆】
空港⇔伊豆半島の
観光客向け動線整備
ステップ1
【東伊豆】
拠点開発を通じた不動産・
生活サービス事業の機会創出

「伊豆戦略」概念図

上では重要なことで、同じ伊豆といっても、東急グループとしての事業機会は、各地域でまるで違う。議論の重みづけも変わってくるからだ。

その中でも、最重要拠点は、ＪＲ東日本と伊豆急が直結し、首都圏からの集客が見込め、グループ施設が集中する東伊豆だ。

短期的には、ＭａａＳにより、足回りの改善と、キャッシュレスなど観光の快適化を推進する。またグループ内外の企業と連携し、伊豆でしか味わえない観光体験や特産品を開発し、来訪動機を作り出すことで、集客とリピート化につなげていく。

中期的には、観光需要に加えて、自治体と連携した「ワーケーション」推進により、多様な就労・滞在需要につなげることで、伊豆の活性化を図る。観光需要だけ高めても、伊豆での「働く需要」が生まれなければ、地域は倒れてしまう。同時に、自動運転などの技術革新による産業の省力化により、少子高齢化が進んでもサービスの質を担保する取り組みも不可欠となる。

なお、ワーケーションとは、仕事（work）と休暇（vacation）を組み合わせた造語で、自然環境のよいリゾート地での休暇中に、リモートワークの時間を作り出すことで、トータルで長い休暇を取りやすくする仕組みだ。２０００年代にアメリカではじまり、日本でも近年、急速に広まっている。伊豆も、首都圏からの好アクセスや自然環境の美しさが受け、ワーケーションの一大拠点になる可能性を秘めている。

中伊豆エリアは、三島駅前の新ホテル「富士山三島東急ホテル」などを除くと、東急グループの事業展開こそ少ないが、三島駅は、一部のひかり号も停まる、伊豆の重要な玄関口である。また三島自体、三嶋大社や柿田川の清流など観光の魅力に富んだ都市でもある。

中伊豆エリアでは、ＭａａＳにより、グループ外の交通事業者と連携し、三島から縦横方向に移動できる動線を作ることで、伊豆半島全体の回遊性を高め、新ホテルの価値も上げることを目的に取り組んでいく。

西伊豆エリアは、風光明媚なスポットが点在する一方、鉄道がないなど、交通アクセスに少し難を抱えている。東急グループの事業展開はないが、富士山静岡空港や静岡方面からの玄関口になる。ＭａａＳにより、富士山静岡空港から伊豆半島までの広域周遊を実現する上で、重要なカギを握るエリアである。

この「伊豆戦略」において、伊豆ＭａａＳは、東急グループ内外の事業者を結び、伊豆半島への集客と周遊を促進する中心的な役割を担う。伊豆ＭａａＳは、単体での収支というより、戦略遂行に向けた接着剤的役割と、東急グループの事業機会創出により、存在価値を問われることになる。

たとえば、下田の駅から5キロ離れた不動産物件を当社が取得したとしよう。これまでは交通アクセスの悪さが災いし、物件価値が低かったものが、ＭａａＳによって足回りが改善することで、物件価値が倍増するケースも考えられる。
その物件が、ワーケーション時の滞在物件になれば、リフォーム、ホーム・セキュリティ、CATVや温泉の敷設などの生活サービスは、すべて東急グループで提供できる。MaaSによって、人が張り付く流れが作り出せれば、不動産事業や生活サービス事業で刈り取ることもできるのだ。

フェーズ1は、ベンディングマシン機能の実装が間に合わず、目的性を見失いかけていたが、「伊豆戦略」の策定により、伊豆MaaSの位置づけや目的意識を整理できたことは大きかった。

6月30日、3ヵ月間に及ぶフェーズ1は終了した。
2万3231ダウンロードを獲得した一方で、販売枚数は1045枚（1日平均11枚）にとどまった。半年間の販売目標が1万枚だったことを考えると、進捗率10・5%と、大いに伸び悩んだ。

しかし、私は希望に燃えていた。伊豆MaaSを通じて、「伊豆戦略」の実現に貢献することが、自分のミッションであることが明確化したからだ。フェーズ2開始の9月1日までは、2ヵ月しかない。UIを改善し、サービスエリアと商品メニューを充実させれば、多くの需要を取り込める確証はあった。フェーズ1で出た課題を確実につぶすことができれば、フェーズ

2での展開は全く異なるはずだ。

伊豆高原の坂道を、電動自転車で駆け下りても熱くなれなかった前年夏とは違い、私は静かな炎を燃やして、鷹の目のようになって、フェーズ2の到来を待ち構えていた。

# 17 さらば、ムーベル

オンデマンド交通をめぐる東海バスとの手に汗握る交渉。
互いの熱い想いがぶつかりあう。
UI改善をめぐっては、ある重大な決断が――。

## シームレス感の向上と商品メニューの拡充

２０１９年の７月は、冷夏ではじまった。曇天続きで気温はせいぜい25度。海水浴客でにぎわうはずの土日は、気温がさらに下がり、伊豆急下田駅のホームは、潮風に向かって駆け出す子供たちのかわりに、申し訳程度の数組の家族客が、重そうに荷物をひきずるのが見えるだけだった。この夏は「まいったなあ」というのが、時節の挨拶になった。私も、フェーズ１の御礼回りで伊豆各所を訪ねた際、「まいりましたね」という言葉が自然と出てきた。季語を操れるようになった自分が、ひそかに嬉しかった。

９月１日からフェーズ２を開始するには、中部運輸局への申請期間を差し引くと、すべての商品内容を７月中には確定させる必要がある。準備期間は４週間しかない。商品内容には、走行エリアの拡大と有料化を考えている、下田市内のオンデマンド交通も含まれており、東海バスとの路線調整も含めて、すべて決着させなくてはならない。

フェーズ1には、UIを別にすると、致命的な点が二つあった。

1点目は、デジタルフリーパスに、熱海～伊東のJR伊東線区間が含まれなかったことだ。乗降者数の多い熱海駅の有人改札を、決済画面を見せて通過することとの調整が、JR東日本とつかなかったのだが、これはシームレス感を損なった。たとえば、熱海で新幹線を降りた人が、伊東までは紙の切符を、伊東から先はデジタルフリーパスを買ってくれることなど、まずあり得ない。デジタルフリーパスは、熱海駅から伊豆に向かう乗客層を、全く拾うことができなかった。

2点目は、商品メニューの少なさだ。デジタルフリーパス2種類、デジタルパス6施設（7種類）、下田のオンデマンド交通という合計10種類だけでは、伊豆で使える場所が限定されていて、利用価値も低く、伊豆の周遊促進につながらない。商品数をせめて倍増させ、利用可能エリアを広げると同時に、さまざまな周遊需要を取り込むべきだ。

次いであげるなら、商品相互の関連性が薄い点も、課題だった。

もともとは、デジタルフリーパスで電車やバスを乗りつぎ、たどり着いた観光施設にデジタルパスで入場し、下田の中心街はオンデマンド交通で移動する、という3商品が有機的につながることを想定していた。だが、デジタルパスに加盟する観光施設が、デジタルフリーパスのバス乗り放題区間や、オンデマンド交通の運行エリアに含まれていないこともあり、お互いがぶつ切りの状態だった。観光施設までの「足」がＩｚｕｋｏで用意されていなければ、利用者が各商品を連鎖的に購入することは起こりえない。

これらの課題解決には、フェーズ1期間中の6月から、すでに取り組んでいた。最重要となる熱海~伊東間の組み入れは、ＪＲ東日本が早々に決めてくれた。これによって、デジタルフリーパスの商品性が向上するだけでなく、熱海を訪れる多くの観光客をターゲットにすることができる。

商品メニューの拡充の検討は、新たにエリアに加わる熱海地区からはじめた。熱海の観光客は、7割以上が日帰り客であるから、熱海市内の東海バスや伊豆箱根バスの1日乗り放題パス、アカオ ハーブ&ローズガーデンや十国峠ケーブルカーなど、日帰り客にニーズのある交通商品や観光施設をデジタルパスとしてメニューに加えることにした。

また、デジタルフリーパスの「イースト」と「ワイド」は、移動距離が長すぎるので、中距離型の商品を作ることとした。東伊豆では、熱海~伊豆高原間の電車・一部バスが乗り放題の「プチ」、中伊豆では、訪日外国人に人気の吊り橋・三島スカイウォーク~三島~修善寺温泉間の電車と一部バスが乗り放題となる「グリーン」を作った。

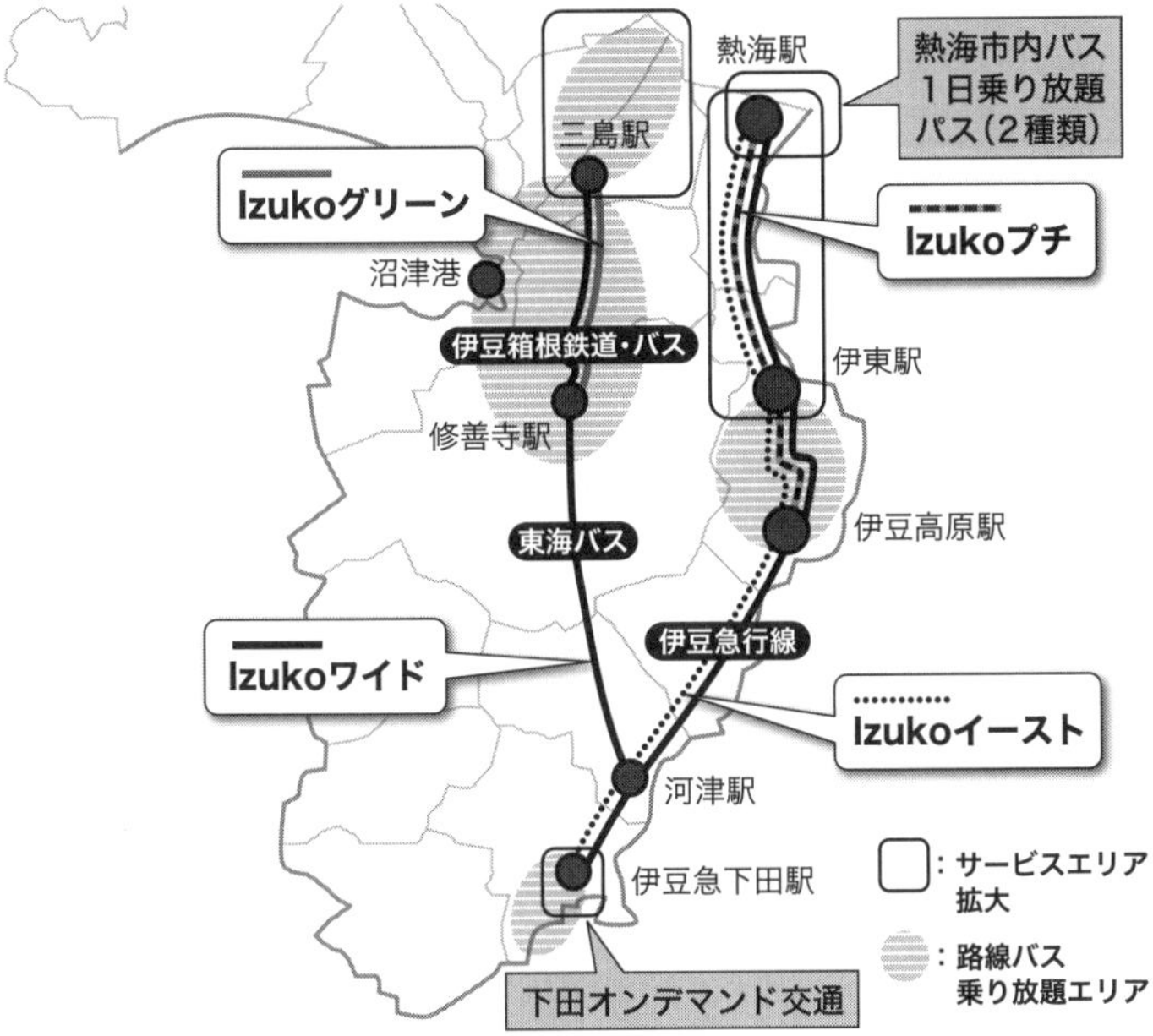


**■事業主体：**東急、JR東日本
**■実験期間：**合計6ヵ月間　フェーズ1　2019年4月1日～6月30日
フェーズ2　2019年9月1日～11月30日(当初予定)
**■専用サイト：**Izuko（日、英、繁の３言語対応）
**■決済できる商品**
・デジタルフリーパス（鉄道・バス乗り放題）
フェーズ1の２種類から **7種類へ**
・観光施設などのパス
フェーズ1の７種類から **14種類へ**
・その他
キャッシュレス推進に向けた **観光体験チケット**
(飲食、温泉、着付け、eバイクなどの観光体験)
**■予約できる商品：**レンタサイクル（3ヵ所）、レンタカー（4ヵ所）
**■機能追加：**チケット消込機能（不正防止）、検索機能向上

フェーズ2 概要

熱海から下田は、各駅停車で90分かかり、熱海の日帰り客には遠すぎるが、熱海から45分の伊豆高原なら足を運ぶかもしれない。デジタルパスに加盟する、伊豆シャボテン動物公園や伊豆ぐらんぱる公園といった観光施設もあり、女性に人気のカフェも多い。東急も、2019年10月、伊豆高原駅前にレストラン「ミクニ伊豆高原」を開業させ、将来的には大規模開発を予定しており、いまのうちから伊豆高原に行く需要を高めておきたい。中伊豆の「グリーン」も、2020年6月に開業する、三島駅前の「富士山三島東急ホテル」を意識している。インバウンド客を狙ったホテルであり、三島スカイウォークなどを周遊できるデジタルフリーパスを作り、ホテルとセットで販売できる商品開発をしたかった。このあたりの発想は、「伊豆戦略」から生まれたものだ。

その他、フェーズ1では改修工事中で取り込めなかった、下田ロープウェイと寝姿山レストラン「THE ROYAL HOUSE」のセット券や、沼津市の水族館「伊豆・三津シーパラダイス」など、デジタルパスの種類も、6施設7種類から10施設14種類に増やした。

第3の課題、商品相互の関連性についても、デジタルパスに加盟する観光施設には、デジタルフリーパスで乗り放題となる鉄道やバスで行けるように設計し、観光施設のみに行きたいという単発需要には、観光施設と往復バスのセット商品を作った。これにより、商品同士のつながりは強まるはずだ。

最大の課題は、下田のオンデマンド交通だった。オンデマンド交通で、下田の観光施設や宿

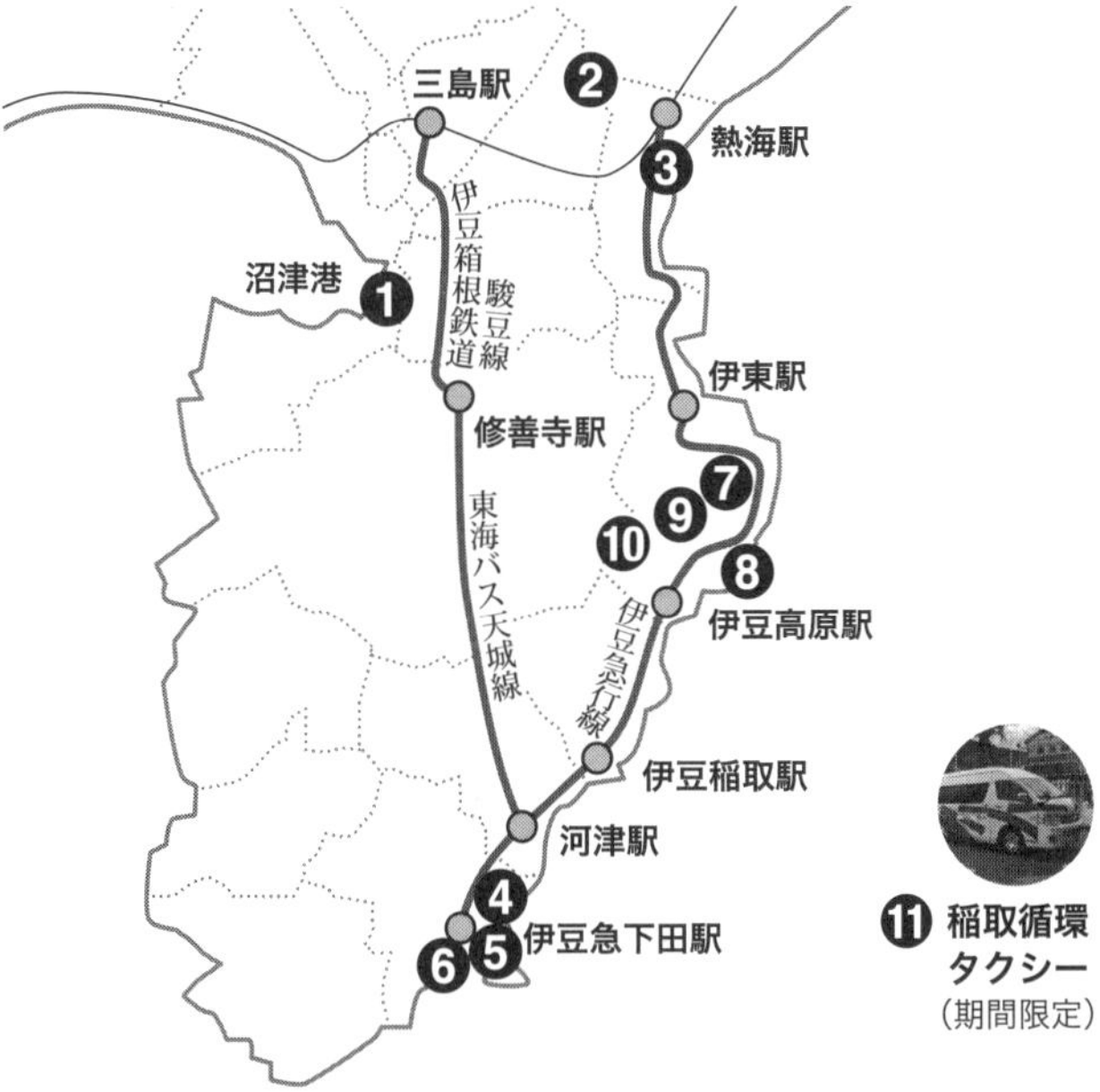

**❶ 伊豆・三津**
**シーパラダイス**

**❷ 十国峠ケーブルカー**
（往復バスセット商品有）

**アカオ ハーブ＆**
**❸ ローズガーデン**
（往復バスセット商品有）

**❹ 下田ロープウェイ＆**
**THE ROYAL HOUSE**

**❺ 下田港内めぐり**

**❻ 下田海中水族館**

**❼ 小室山観光リフト**

**❽ ニューヨーク**
**ランプミュージアム**

**❾ 伊豆ぐらんぱる公園**
（昼・夜２種類有）

**❿ 伊豆シャボテン**
**動物公園**

デジタルパスの商品概要

泊施設に直接行けるようになると、観光客の周遊範囲はぐっと広がるはずだが、それには、手ごわい東海バスとの交渉が待っていた。

## 東海バスとの手に汗握る交渉

オンデマンド交通は、フェーズ2では、エリア拡大にともなう有料化をもくろんでいた。フェーズ1では、運行81日間で、1051回の乗車（1日あたり13回）があり、乗車数の約9割が観光客と、地元利用は約1割にとどまった。運行エリアは、下田の駅から2キロ程度と狭く、自家用車で移動する地元住民には、必要性は低かったはずだ。

観光客とて、需要が高かったわけではない。利用者の半数は業界関係者だったし、観光需要を取り込むには、走行エリアが狭すぎた。観光客からは、走行エリアから外れた「道の駅開国下田みなと」などにどうしてオンデマンド交通で行けないのか、というクレームもずいぶんもらった。

フェーズ2では、フェーズ1から外れた観光需要の高い道の駅と、地元住民に需要のある下田メディカルセンターを走行ルートに組み込み、さらには、市役所や静岡県の総合庁舎、下田東急ホテルや日露和親条約を結んだ長楽寺などの周辺スポットを停留所に加えようと考えていた。

このうち、下田東急ホテルや県の総合庁舎など、東海バスの走っていないスポットは問題ないとしても、既存のバス路線を走らせている道の駅、メディカルセンターについては、交渉が容易に進まないことは、フェーズ1からも想像できた。

しかし、それでもエリア拡大には、是が非でも挑戦したかった。フェーズ1の結果を見れば、オンデマンド交通の利用回数は少なく、需要があるとは言えなかった。それが、走行エリアの狭さに起因するのか、そもそも需要自体がないのか、いまのままでは判断がつかなかった。エリア拡大して走らせてみて、それでも需要がなかったときは、潔くあきらめもつく。だが、私には、スマホで呼べばすぐ来るオンデマンド交通は、駅周辺のちょっとした移動には必ず役立つはずだという確信があった。

フェーズ2で、走行エリアを広げ、観光施設や宿泊施設と直通できれば、観光客の周遊範囲はぐっと広がるし、宿泊施設へのチェックイン前やチェックアウト後に、下田を周遊できれば、観光客の「数時間需要」を満たすこともできる。

それに、バスとタクシーの中間サイズであるジャンボタクシー車両で、狭い路地をスイスイ走れて、観光客や地元住民のさまざまな移動需要に1人の運転手で対応できる効率的なオンデマンド交通は、これからのＭａａＳのモデルケースになるはずだった。

いま、ここで、オンデマンド交通の可能性を諦めるわけにはいかない。

だが、どうすれば、東海バスは納得してくれるのだろうか。彼らは、メディカルセンターや道の駅には路線バスを通している。３ヵ月の実証実験とはいえ、そこに競合する乗り物が走ることで、既存路線の収支にマイナスの影響が懸念される。

ギリギリのラインを求めて、実行委員会のメンバーでもある中部運輸局静岡支局、静岡県の山崎さん、下田市役所の福井さんと、繰り返し議論した。

彼らもまた、オンデマンド交通の未来性を感じていた。とくに静岡県は、下田の駅周辺の数キロ圏内を、オンデマンド交通のような新しい公共交通で、地元住民が移動できるようになれば、高齢者の免許返納も進み、県が推進している自動運転の受け入れ素地が作り出せると考えていた。かといって、伊豆半島の輸送を100年以上支えつづけてきた、東海バスに損害を与えるわけにもいかなかった。

ポイントは、大きく二つあった。

一つは、オンデマンド交通の運賃設定である。東海バスの初乗り170円より高くするにせよ、市民需要も見極めたいなら、そうは高くできない。初乗り170円の倍額、340円よりは高く、タクシーよりは安い価格帯をさぐった。1日乗り放題制にして、500円では地元住民には高く、350円では東海バスが納得しないだろうから、間をとって400円で交渉しようと決めた。

そして、もう一つは、懸念される路線バスへのマイナス影響をどう抑えるか、である。見た目で競合しているように見えないように、メディカルセンターや道の駅に行く際は、オンデマンド交通は、東海バスの通る国道ではなく、時間のかかる裏道を通ることにした。

9月1日からはじまるフェーズ2で、オンデマンド交通のエリアを拡大し、有料化するには、中部運輸局への申請期間を考えると、7月24日の下田市地域公共交通会議で承認を受けることが絶対条件だった。地域公共交通会議の進行役である福井さんが、エリア拡大については東海バスと調整し、大枠を握ってくれた。

しかし、運賃はどうにも決着がつかず、7月16日の午前10時に、静岡県の山崎さんと下田市役所の福井さんの立ち会いのもと、東海バスと東急で直接話し合って決めることになった。フェーズ2に間に合わせるには、絶対に、この日に結論を出さなくてはならない。

いよいよ、強力な交渉相手である東海バスの朝倉さんと対峙することになるわけだが、私は、気が重たかった。それは、既存路線を守るという意味で、オンデマンド交通のエリア拡大に反対する東海バスの方が、筋が通っているという理由だけではなかった。朝倉さんとは、フェーズ1の割賦額交渉やオンデマンド交通をめぐって、私の見識不足からぶつかったこともあったが、その後、個人的に飲みにいくと、幼少時代は東急沿線に住んでいたことや、私と同じ野球好きであることを知り、なんとなく人間として好きになるところもあった。だから、対決ではなく、こちらの想いを誠心誠意伝えて、お願いするほかない、と決めていた。

午前10時、下田市役所の2階会議室で、東海バスと東急が向き合った。東海バスは朝倉さんを筆頭に3人、こちらは上司と私の2人だった。

この日の天気も、すっきりしない、いまにも雨が降り出しそうな空模様だった。市役所の建物に入るとき、決着さえついてくれれば、帰りはどしゃぶりで、ずぶぬれになっても構わないと思った。

オンデマンド交通の運賃だけを、淡々と議論する流れにはならないだろうと予期はしていたが、朝倉さんは、やはり手ごわかった。

フェーズ1でぶつかったときと同様、MaaSそのものには賛成であり、今回の実証実験に参加できていることは感謝していると強調した上で、そもそも論を展開した。

「オンデマンド交通は、路線バスが立ちいかない地区で導入するのが普通じゃないですか。よりによって、路線バスが維持できている下田の街中で、オンデマンド交通をやる必然性がありますか。下田地区での収益性が落ちると、当社は他地域の赤字路線の見直しを迫られることになるのです」

「県や市が、オンデマンド交通の肩を持つのは、いま、MaaSが持てはやされているからではありませんか。だけど公共交通は、一時の流行り廃りよりも、ずっと重たい使命を伴うものです。東急さんにはその覚悟がありますか」

「たしかに、オンデマンド交通は便利かもしれません。だがそのことで、苦労して維持してきた路線バスが不便だと言われるのは……。それに、オンデマンド交通は実運行させる前提なんですよね？」

その口調は、ときに激しかったが、正論ではあった。

朝倉さんの双肩には、東海バスの大勢の従業員やその家族の生活がかかっているのだ。海のものとも山のものともわからないオンデマンド交通の実験に、会社の収益基盤を荒らされたくないに決まっている。私も、逆の立場であれば、同じことを言うだろう。

しかし、私は、それでもオンデマンド交通を諦める気にはなれなかった。意地になったのではない。理屈では、朝倉さんに勝てない。私は、間違っているのかもしれない。しかし、間違っていてもいいから、オンデマンド交通の可能性は試したかった。エリアを広げ、いろんなところにスムーズに行けるようにして、どんな新しい動きが出てくるか、この目で見届けたかった。

もしかしたら、朝倉さんは、私の覚悟を試しているのではないかという気がした。想いを、ぶつけよう。私は、朝倉さんの眼を見た。

「お気持ちはわかります」

「わかるなら、どうか他エリアで考えていただきたい。収益をあげている下田地区でやられることの意味は大きいのです。東急さんだって、沿線に第三者が入ってきたら、快く思わないことだってあるでしょう」

「そこを、なんとかやらせてください。バスとタクシーの中間サイズで、1人の運転手が、いろんな目的地に連れて行くあの乗り物は、未来の可能性があるんです。実験するには、駅の周りに多くの観光地を抱える下田が最適です。せめて3ヵ月、実験だけでもさせてください。どういう需要があるか、この目で確かめたいんです」

「確かめるって悠長なことを言うけど、こっちは、日々の運営で大変なんです。あるかどうかわからない可能性に、どうして東海バスが巻き込まれなければいけないんですか？」

ここが勝負時だ。大きく息を吸い込んだ。

「これまで伊豆の足を支えてこられた東海バスさんのことは尊敬していますし、去年失礼な態度をとったことは申し訳なく思っています」

「…………」

「しかし、御社が今後も伊豆の足を支えていくことを考えれば、運転手が減る中で、効率よく移動需要を吸収できるオンデマンド交通の可能性を一緒に見極めることは、決して御社のマイナスにはならないと、私は思います」

黙って聞いていた上司も、最後に口を開いた。

「私は、東海バスさんを、Ｉｚｕｋｏを通じて、伊豆の観光客を増やす大事なパートナーだと思っています。新しい観光客を増やせるよう、私たちも精一杯努力しますので、乗客を取ったたではなく、パートナーとしてお付き合いいただけませんか？　その一環として、新しい乗り物を一緒に実験すると思って、何とか認めていただけませんか？」

上司と私は、頭を下げた。

しばらく静寂があり、朝倉さんが口を開いた。

「森田さんの想いは、わかった」

朝倉さんは、その場で確約こそしなかったが、フェーズ2終了後に、オンデマンド交通をゼロベースに戻して議論することを条件に、1日乗り放題400円という値段で妥結できそうな見通しになった。

私は、手のひらを握りしめて、肩で大きく息をついた。暑くもない夏なのに、気が付けば両手は汗だくだった。

## 大転換！ アプリからウェブへ

最大の山だった、フェーズ2のオンデマンド交通のエリア拡大も、かろうじて、東海バスに認めてもらうことができた。

残るは、フェーズ1で最大のネックとなった、UIの改善である。これが改善しなければ、いくら商品が充実し、エリアが広がっても、全く意味がない。

このころ、私と岩田は、ムーベルのアプリから、J企が開発中のウェブサービス「ワラビー」への切り替えを検討していた。「ワラビー」は、デジタルフリーパスやデジタルパスが買えるウェブサービスで、機能的には、ムーベルのアプリとほぼ同等のことができた。

J企の八城さんは、フェーズ1から、ムーベルのアプリを参考に、デジタルフリーパスやデジタルパスなどの基幹機能を、低コストで提供する形式を研究していた。それが、「ワラビー」

だったというわけだ。J企では、7月から金沢で「ワラビー」を使った実証実験を行い、10月1日からはじまる新潟DCで本格デビューさせるべく、スタッフを総動員して開発にかかりきりだった。

切り替えを考えた裏には、ムーベルに改善が見られないこともあったが、この先の展開を考えると、ウェブ形式の方が優れていると思われる点がいくつかあったのだ。

第1に、年に1回来るかどうかという観光地・伊豆でのMaaSには、ウェブ形式の方が向いていそうだった。アプリをダウンロードしても、伊豆にいるとき以外は使わなければ、スマホの電池を食うだけだ。また多くの利用者がストレスに感じる、ダウンロードの手間を省くことができる。事実、フェーズ1期間内にコールセンターで受けた278件の問い合わせのうち、ダウンロードに関する内容は約150件あった。伊豆に来たときだけ、QRコードを読み込み、専用サイトでデジタル商品を買う方が、スマホの電池も節約でき、ダウンロードも不要で、便利なのではないだろうか。

第2に、ウェブ形式の方が、運用に柔軟性があり、改修や画面更新も容易にできる。伊豆の天候は変わりやすく、突然の風雨で、リフトや遊覧船が運休することは日常茶飯事だ。そうしたとき、運休情報をすぐ表示し、デジタルパスの売り止めを行う迅速な対応も、ウェブ形式の方が断然やりやすい。

第3に、ウェブ形式の方が、開発費用や月額の運用経費が安い。いずれ伊豆MaaSのサービス内容が確定し、実装できる段階になれば、リッチなコンテンツを作りこめるアプリの方が優れている側面もあるだろう。しかし、実証実験を通じてサービス内容を試行錯誤している最中であれば、ウェブ形式で安く進めた方が合理的ではなかろうか。

こうした点を考えると、フェーズ2の開始時期を遅らせてでも、ここで思い切って、「ワラビー」に切り替えた方が、長い目で見るとよさそうだった。その反面、フェーズ2を延期させると、私の精神力は持たないような気もした。興奮と緊張がないまぜになった状態で、かろうじて毎日を乗り切ってきた、この数ヵ月間だった。

八城さんが見積もったところ、3ヵ月遅れの12月1日なら、すべての要件を満たす形で、「ワラビー」でフェーズ2をはじめられるという。新潟DCに向けて開発中の画面も、ムーベルのアプリよりずっと見やすかった。伊豆では、さらに進化した画面になるだろう。これだけUIが改善するなら、3ヵ月延ばす価値はあるのではないか。

それでも、フェーズ2の延期には最後までためらいがあったが、7月末、先々の展開を考えて、ついに決断した。9月1日からはじめるつもりで、中部運輸局への各商品の申請書類もすべて揃え、交通各社に協力してもらい、パンフレットの校正作業も終わりかけていた中での、ラストミニッツでの決断だった。

「ワラビー」に切り替えることを、クリストフに電話で告げた。言うまでもなく、その連絡は、ムーベルとの提携解消を意味するものだった。クリストフは、無言だった。泣いていたのかもしれなかった。誠実な彼のことだから、忸怩《じくじ》たる想いがあったはずだ。1万キロ離れた彼を近くに感じながら、私は話しかけた。

「僕は、これからも、間違いを犯し続けると思う」

「…………」

「それでも、とにかく、進んでいくしかないんだ」

切りづらい電話だったが、このまま話していると、自分の涙腺もゆるみそうだった。

私は、最後に「ショー・マスト・ゴー・オン」と言った。お互いに違う道を進んでも、友達でいよう、というメッセージを込めたのだ。


「ワラビー」への切り替えを決めた週末に、岩田が去った。

その日の朝、社長の髙橋の部屋に連れていった。「社長からも、よくやったと褒めてやってください」と頼むと、髙橋は「いつでも戻ってきてくれ」と温かく声をかけてくれた。ベルリンから戻ったとき、岩田がどういう選択をするかは別にして、東急グループを、いつでも戻れる我が家のような存在にしてやりたかった。彼女がいたから、ここまで来ることができたのだ。

部署での挨拶も済ませ、片付けも終わり、いよいよオフィスを去る段になると、岩田は誰彼かまわず「森田さんをお願いしますね、友達いないから」と頼みはじめた。みんな湿っぽくなるのが嫌で、岩田を1階まで送りたがらない。そんな中、三浦が岩田の肩を抱き、下まで送る

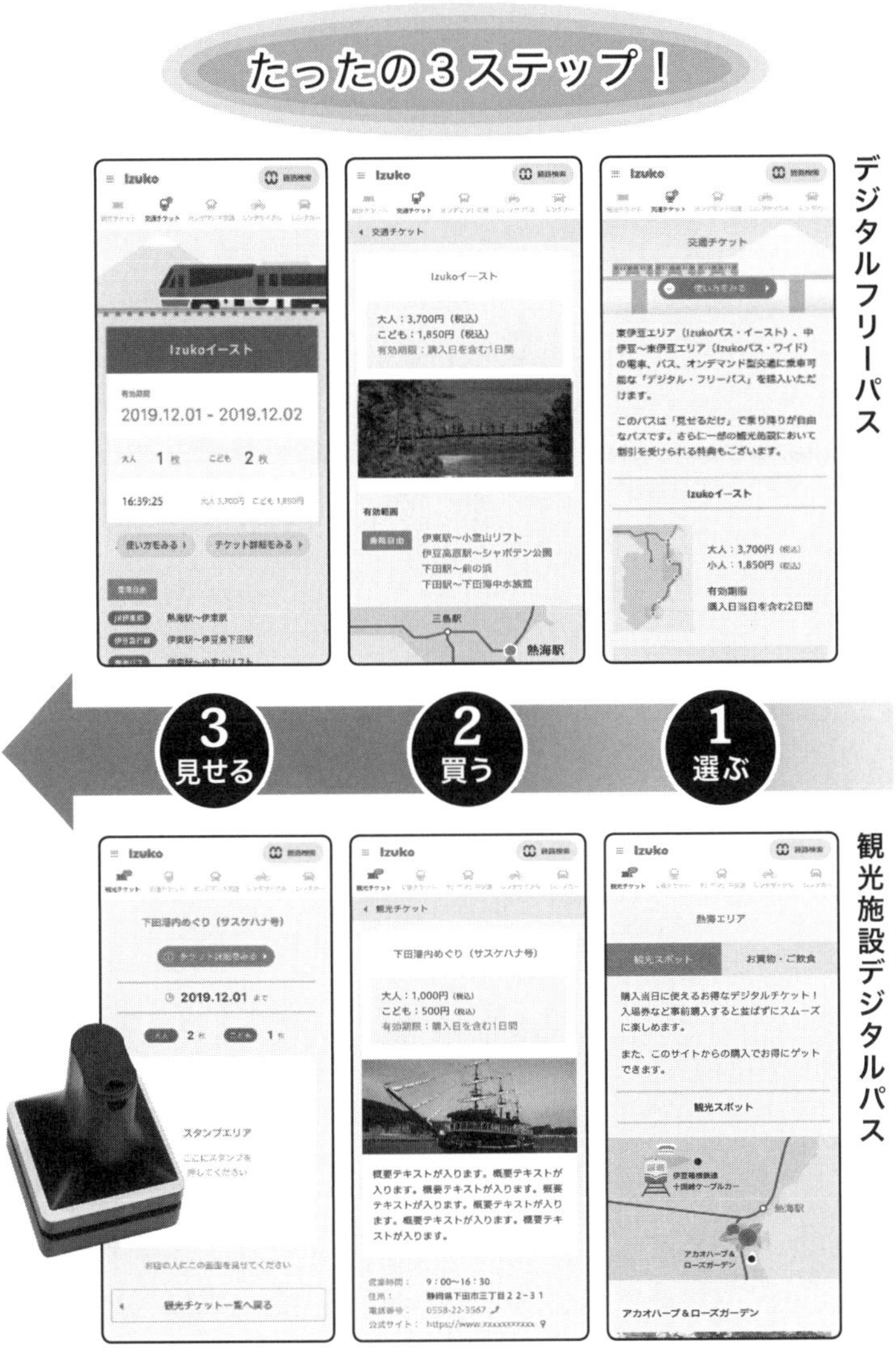


フェーズ2 「ワラビー」切り替えによるUI改善

と言う。私も一緒に行くと言うと、「来ないで！　来たら、私はわあわあ泣いちゃうから」と言って、すでに大泣きしていた。

岩田が去った夕方のオフィス。

みんなは平気な顔をしてパソコンに向かっていたが、胸に生じた大きな空白を、それぞれの想いでかみしめていた。

# 18 伊豆の風になれ

下田に滞在拠点を構え、地元と向き合う。移動＋受け入れ環境の改善、来訪動機の創出、そしてスマホを持たない地元住民には、テレビリモコンを利用した斬新なオンデマンド交通の配車システムを。

## 地元と向き合う

フェーズ2の実験期間は、「ワラビー」への切り替えに伴い、2019年12月1日〜2020年3月10日までの101日間と、3ヵ月後ろ倒すことに決めた。

2月10日から3月10日は、東伊豆が最もにぎわう「河津桜まつり」の期間である。伊豆で一番の繁忙期に実証実験を行うことで、デジタル商品の販売枚数を稼ぐと同時に、実装を見据えた、最繁忙期での運営負荷を見極めることができる。

アプリからウェブサービスに変わっても、サービス名称は、Izukoのまま、変えないことにした。2万3000を超えるダウンロードを通じて、多少は浸透した名称を活かしたかったのだ。

一方で、まだ私は、3ヵ月間の延期を受け入れきれなかった。これまでのように、外面を気にしたわけではなかった。急な延期によって、多くの人たちに迷惑をかけた分だけ、単なる実証実験の領域を超えて、伊豆の未来のために貢献できることを探したい、という気持ちが湧いていた。その一念だけで、疲れた身体を引きずり、伊豆半島を駆け巡っていたが、本当は、自分を追い込む新しい何かを見つけて、ぽっかり空いた3ヵ月間の空白を埋めようとしただけかもしれない。

しかし、この気負いが、私の身体に異常をきたすこととなった。10月初旬、突如として、首が回らなくなった。最初は寝違えかとタカをくくっていたが、数日すると、右にも左にも首を向けられなくなった。ものを見るのに、いちいち体を正対させねばならないというのは、思った以上に不便だった。

10月3日から、JR九州に請われて、宮崎出張に行った。宮崎で観光型MaaSを立ち上げようとするJR九州や宮崎交通と市内の観光地を見て回りながら、実証実験の内容をディスカッションするためだ。打ち合わせが白熱して、奇病のことなど忘れ、発言者の方を向こうとするたびに、首に電流のような痛みが走った。痛み止めを数時間おきに飲まないと、まともに行動できなかった。

4日は、宮崎交通が、MaaSの展開エリアとして考えている青島や日南を、社用車で案内してくれた。車内から観光名所を一生懸命教えてくれるのだが、私が10秒かけて、ゆっくりとその方向を向いたころには、対象物ははるか後方に飛び去っている。出張に同行した、岩田の後任の米内山菜央が、私の代わりに見て話をつないではくれたが、抜けるような青空の南国・宮崎を堪能できなかったのは心残りだった。

帰京して、整体で診てもらうと、首の周辺の筋が切れていたそうだ。過度の疲れやストレスが原因ではないか、という見立てで、さすがに3日間だけ休みを取った。

この仕事を通じて、伊豆のためにできることは、何だろう。

葛藤の末、自分なりの答えを、二つ見つけた。

まず、下田に滞在拠点を設けた。

伊豆の仕事に関わる以上、腰を落ち着けて伊豆に向き合う覚悟を持とうという、自分なりの決意のあらわれだった。

伊豆を、デジタルの力で変えていこうという仕事ではあるけれど、結局のところ、地元の人たちが納得しなければ、何も変わらない。伊豆で過ごす時間を増やせば、多少は人間関係もでき、地元のモノの見方を知ることもできるだろう。自分を受け入れてくれる人も増えるかもしれない。

慌ただしくフェーズ2に突入しなかったおかげで、こういう考え方を持てたのかもしれなかった。ちょうど、東急直営のシェアオフィスが伊豆高原駅構内に開業した。伊豆にいながらにして、本社と同じ執務環境が担保されたことも大きかった。

下田の滞在拠点は、旧町内の中にある、羽衣というコミュニティースペースで、もとは民家だった物件を、その秋に改装したばかりだった。2階の6畳間を民泊として貸しており、そこを格安で使える定期会員になったのだ。畳からは真新しい藺草《いぐさ》の香りがして、階下には綺麗なシャワールームもトイレもついていた。知人からの紹介だったこともあり、1泊2000円という超格安の値段だった。

2階の部屋から感じる下田の街は、耳を澄ませば、表通りの会話すら聞こえそうなほど、ヒューマンスケールな臨場感に満ちていた。これまでのようにホテルに泊まっていては、感じることのできなかった感覚だった。

下田の街中で過ごす時間が増えると、見えてくるものもある。移住者や2拠点居住者が増えているためか、街はさほど排他的でなく、40~50代の若手（高齢化の進む下田では、間違いなく若い世代だ）には、進歩的な考えの人も多く、旧来のやり方を変えないと下田の街を維持できないという強い危機感を持っている。

大企業がない下田では、どんな事業を営むときでも、その人の固有名詞が前に出る。うまくいっているときはよいが、そう甘くはない。悪い噂もすぐ広まるので、人間関係を円滑に回すことも大事だ。ただし、対人関係や調和を重んじるあまり、街を変えていこうとするリーダーシップに欠けがちな側面もある。

狭い街なので、とにかく人の噂が好きで、広まるのも早い。私も、街の人から、「昨夜、〇〇〇でご飯を食べていたでしょう」と言われて驚いた。下田東急ホテルの支配人は、こうも言っていた。

「スーパーで買ったものまで、噂になったことがありますよ」

ともかく、下田なりの空気感や、モノの見方に触れられたのは、伊豆に深く関わる仕事をする上で大きなプラスだった。せっかちな私も、何かを考えるときに、「地元の視点ではどうか?」と自問自答し、下田で知り合った人たちの顔を、自然と思い浮かべるようになった。ただ仕事のためだけに下田に通い、夜8時半の終電に間に合うように帰っていたのでは、到底知りえない世界がそこにあって、ワクワクした。

もう一つは、6月末に策定した「伊豆戦略」で定めた、伊豆ＭａａＳのミッション「移動環境の改善＋受け入れ環境の改善＋来訪動機の創出」を進めることだ。

要するに、「足回りをよくすること」「快適に観光できるようにすること」「伊豆に行きたくなるコンテンツを作ること」により、伊豆に来てくれるお客さんを増やしましょう、ということだ。

新たに切り替えたウェブサービス「ワラビー」は、フェーズ2の要件に基づき、順調にＵＩ設計が進んでいた。だが、フェーズ2の開始が延びた分、それだけでよいのだろうかという想いがあった。やはり、伊豆のために、何かを前進させたい。幸い「ワラビー」には、いくつかの新しい機能があり、それらを活かして、「伊豆戦略」を前進させたかった。それでこそ、「ワラビー」に切り替えた意味も出てくるというものだ。

まずは、「伊豆戦略」を、伊豆急社長の小林以下、幹部に説明することからはじめた。実現には何年もかかる計画だからこそ、伊豆で長年事業をしてきた伊豆急が、納得して一緒に取り組まないと物事は動かない。

9月以降は、小林も出席する定例会議を開催した。

伊豆急からは、「計画内容には賛成だが、お金はどこから出てくるのか」という、もっともな意見が出た。財政的に苦しい伊豆急では、資金負担に限界があるのも事実だ。かといって、東急本社が拠出をし続けるのも、税制面のリスクがある上、サステナブルなやり方ではない。

繰り返しだが、達成には何年もかかる以上、両社が持続可能な努力を続けることが大事だ。一方にもたれ掛かる体制では、何もうまくいかない。私は、質問には、このように回答した。

「まずは、いまある人員と資金で、やれることを一歩一歩やりましょう。小さな成功によって、使える人員と資金を少しずつ増やして、もっと大きな挑戦ができるようにしましょう」

言うまでもなく、「伊豆戦略」の最初の一歩は、伊豆ＭａａＳのミッションを果たすことだ。伊豆急のみんなも、フェーズ２を一緒に戦うと約束してくれた。

## 移動環境の改善：「いなとり号」

そうと決まれば、一つずつ、つぶしていくのみである。

最初の課題は、足回り（移動環境）の改善からだ。

「ワラビー」は商品造成が弾力的にできるので、集客が見込める時期にあわせて、期間限定の商品を作ることも可能だった。

12月から3月までのフェーズ2の期間内では、何と言っても河津桜まつりの集客力がナンバーワンだ。だが河津桜は、河津駅から徒歩数分の距離にあり、デジタルフリーパスがあれば、十分周遊できる。

同時期に、東伊豆町で開かれる「雛のつるし飾りまつり」はどうだろうか。伊豆急で、観光部門を所轄する平澤信明が、ぽつんと言った。

「つるし雛の会場、微妙に離れているんですよね」

平澤いわく、つるし雛のメイン会場は、「文化公園」と「素盞嗚《すさのお》神社・むかい庵」だが、最寄りの伊豆稲取駅から、それぞれ1キロ強離れており、土地に不案内な観光客が歩いて回るには、少し距離があるそうだ。さらに、多くの観光客は、河津桜とつるし雛をセットで見るので、つるし雛を効率よく見て回りたいはずだという。

「じゃあ、見に行ってみよう」

と、さっそく伊豆急東海タクシーの大戸が立ち上がった。

大戸の車で、稲取に向かい、駅から二つのメイン会場を走ってみた。たしかに、歩くには少し距離があるが、車ならゆっくり走って、乗り降りの時間を見たとしても、駅と2会場を20分で1周できる。東海バスの路線バスも走ってはいない。

つるし雛が最も賑わうのは、むかい庵近くの素盞鳴神社の118段の石段の上に雛人形を限定展示する、2月20日~3月10日の20日間だという。その最繁忙期に、駅と2拠点を回る輸送手段を作れば、一定の需要が見込めるのではないか。大戸に聞くと、下田のオンデマンド交通で使うものと同じジャンボタクシー車両がもう1台あるという。

その車両で、駅から20分間隔で、2拠点を回る循環タクシーのような乗り物を走らせれば、観光客は1時間以内に駅に戻ることができる。河津桜のついでに、伊豆稲取駅で途中下車し、効率よく見て回りたい需要にぴったりではないか。東伊豆町役場に相談したところ、ぜひともやってほしい、と快諾だった。念のため、東海バスの朝倉さんにも相談したが、問題ない、とのことだった。

こうして、つるし雛の最繁忙期限定の輸送サービス「いなとり号」が誕生することになった。運賃は、1日乗り放題で600円とした。もちろんそのチケットは、Izukoで販売する。

稲取周辺のタクシー台数は限られている。「いなとり号」があることで、観光客は、安く快適に会場を回れるし、タクシー会社も、貴重な車両を中長距離の輸送に回すことができる。地域全体が助かるのだ。

「いなとり号」は、20日間で380人に利用され、かなりの好評を得た。その一方で、来訪者の半数以上を占めるシニア層からは、「スマホ以外の方法で乗れるようにしてくれ」という要望を数多く受けた。交通系ICカードでも乗れるようにすれば、間違いなく倍以上は利用しただろう。

伊豆MaaSの目的は観光客の周遊促進にあるのだから、スマホで無理に完結させなくても、アナログ的手法の方がスムーズなら、それでも構わないわけだ。

**受け入れ環境の改善：キャッシュレス化**

次は、観光の快適化（受け入れ環境の改善）だ。

なんといっても、取り組みたかったのは、キャッシュレス化だった。

というのも、下田では、2018年時点で、クレジットカードが使える店が2軒しかないと言われていた。その後、静岡DCにあわせて、電子決済の導入店舗が増えたが、現金対応のみの店舗が多数派を占める状況に変わりはない。

下田に滞在拠点を持つようになってから、8時半の終電を気にしなくてよい分、飲み会を開く回数も増えた。しかし、会計の段で「現金のみ」と言われ、酔いが一瞬にして冷めたことも一度や二度ではない。深夜にコンビニのATMまで走りながら、現金しか使えない観光地には人は来てくれないのではないか、と思った。

「ワラビー」には、1枚数百円の電子チケットをサイト上で買い、「甘味体験」ならチケット2枚、「着物の着付け」なら4枚というふうに、地元の観光体験をキャッシュレスで楽しめる機能があった。この機能は、すでに金沢や新潟で実験済みだった。

利用者は、チケットの購入画面を店舗で見せる。店舗側は、利用客のスマホに電子スタンプを押し当てる。すると、再使用防止の消印がスマホ上に表示される。店舗側は電子スタンプを押すと同時に決済を終え、利用者IDと購入データを自動的に受け取ることができる。店舗側の要件は、約3%の決済手数料の負担と、インターネット回線があること、それに電子スタンプを押すこと。その電子スタンプも、人間の体内に流れる微弱電流で作動するため、充電不要だ。

この機能を使って、キャッシュレス・サービスを下田をはじめとする伊豆各地で進めることにした。さまざまな観光体験がキャッシュレスで楽しめることは、「伊豆戦略」に入れた「受け入れ環境の改善」の上で必須だからだ。

そこで、下田市役所の福井さんと産業振興課に掛け合い、9月20日に下田市向けのキャッシュレス説明会を開いた。昼と夜の2部制にしたのは、飲食店は日中、雑貨店は夜でないと参加できないからだ。

4月の市民向け説明会で惨敗しただけに、ポスターを商店街の各所に貼り、地元商店会の有力者にも根回しをした。その甲斐あって、飲食店、宿泊事業者、雑貨店、文化施設、釣り船宿など、30店舗が集まった。しかし、興味を示した店舗が多い割には、参加表明は4店舗に過ぎなかった。

伸び悩みの理由は、値引きへの抵抗感である。

「ワラビー」を使った、キャッシュレスの電子チケットは、1枚500円にするつもりだった。ということは、店舗は販売価格を500の倍数にあわせる必要がある。たとえば1100円のメニューがあれば、1000円に値引きする、といった具合だ。

だが、現金決済が主流の下田では、クレジット決済により、入金時期が最大2ヵ月遅れる上に、約3%の決済手数料まで負担するとなると、参加したいと思う店舗は多くなかった。

一方で、伊豆には「おまけ文化」が定着している。定食屋でも顔なじみになると、追加料金を払わなくても、1品、2品、追加してくれることがよくある。Ｉｚｕｋｏのキャッシュレス・サービスでも、値段は定価で、Ｉｚｕｋｏで買った人には特典が付く、というやり方の方が、参加店舗は増えたかもしれない。

伸び悩みの原因をもう一つ付け加えるなら、「周りの目」だ。地方特有の横並び主義で、業界団体に属する店舗が、自分だけ手を挙げると、ＩＴに明るくない団体のお歴々を刺激するのではないかという不安から、「興味はあるけど、自分のところだけが加盟すると、いろいろ言われてしまうから」と言って、残念そうに参加を見送ったケースもあった。

しかし、いくらなんでも、4店舗では少なすぎる。

ねじり鉢巻きを締め、下田で飛び込み営業をはじめたが、これが連戦連敗。入ってほしいと思う魅力的な店舗ほど、高齢の店主が1人で回している「ワンオペ」で、これ以上客が増えても困るというのだ。また、店主はスマホに触ったことがなく、現金以外のオペレーションを入れ込む余地もない。

伊豆急の平澤や、伊豆箱根鉄道からの紹介を受け、伊豆高原2店舗、中伊豆1店舗を加えた、計7店舗（9メニュー）で開始するのがやっとだった。

## 来訪動機の創出：デジタルフリーパスと観光コンテンツの組み合わせ

最後に取り組んだのが、伊豆に行きたくなるコンテンツ作り（来訪動機の創出）だ。

私は、これこそが、観光型ＭａａＳで観光客を増やす肝だと考えていた。ＵＩを改善し、デジタルフリーパスを安くしても、伊豆に行きたいと思う動機を作り出さなければ、何の意味もない。逆に言えば、伊豆に行きたくなるコンテンツとデジタルフリーパスをセットで売れば、販売枚数も急増するにちがいない。

コンテンツとのセット化は、偶然見かけた光景がきっかけだった。10月の土曜日、下田の駅の改札から、ＪＲ東日本が企画した、南伊豆で伊勢海老を食べるというツアー客が何十人と降りてきた。それを見た瞬間、この人たちがデジタルフリーパスで来てくれたらよいのに、とふと思ったのだ。

さっそく伊豆急のホームページを調べると、11月30日に、鉄道ファン向けの限定イベントを開催するとある。伊豆急は、東急から譲り受けた８０００系という車両に、水色の帯のシールを車体に貼って、営業運転で走らせている。そのイベント当日は、水色のシールをはがして、東急時代の姿に戻し、伊豆高原〜伊豆急下田間を走行させ、両駅で撮影会も行う、という。

鉄道ファンではない私に言わせれば、車体に貼ったシールをはがしただけの企画であるにもかかわらず、情報を告知した途端に、定員１２０人の３倍を超える問い合わせが殺到したそうだ。鉄道ファンの世界というのは、奥が深いものである。

この参加条件に、デジタルフリーパスの「イースト」で来ること、という1行を付け加えたらどうだろう。熱海〜伊豆急下田間の往復運賃は３９６０円だが、「イースト」なら2日間乗り放題で３７００円、しかも一部のバス路線も乗り放題だ。スマホさえ持っていれば、熱海と下田の単純往復でモトが取れる計算だ。１２０人の参加者のうち、半分でも買ってくれれば、1企画で60枚売れる。これは大きい！

惜しむべくは、イベントの開催日が11月30日、フェーズ2開始の前日であるということだ。もっと早く気づいていれば、開催日を1週間延ばしてもらったのに……。

そこで、平澤に頼みこんだ。

「フェーズ２の期間中に、もう1回企画してください」

彼は、一瞬ウッという顔をしたが、2月1日に、別の８０００系のイベントを組んでくれた。今度はイベント当日に赤い帯を前面に貼り、２００８年まで東横線や大井町線を走っていた当時の姿に戻す、という。ニュースリリースには、デジタルフリーパス「イースト」で来場した参加者に、限定特典（１９７０年当時の車両の設計図）を進呈することをうたった。２匹目のドジョウがいるのか不安だったが、あっという間に満員御礼となり、胸をなでおろした。

コンテンツとのセット化では、将来を見据えた企画も立ち上げた。

東急にとっては、伊豆高原も重要な拠点である。既述の通り、同駅前にフレンチレストランを開業させたばかりで、将来的には開発事業も予定しているから、伊豆高原に来る需要を高める目的で、フェーズ2では、「プチ」と名付けたデジタルフリーパスを作った。「伊豆戦略」にも、中期的取り組みテーマとして、伊豆高原の開発事業に向けた政策も盛り込んでいる。

だが、現状の伊豆高原では、商業地としての価値は高くない。１日の降車人数はわずか３００人。東急の担当部署も、テナント誘致に苦労している。数の勝負を挑んでも、勝ち目はなさそうだ。

その一方で、伊豆高原には、文化の香りがあふれている。別荘街の路地からはピアノの音が聞こえ、移住者が主宰するバレエやフラメンコの教室も多い。文化度とは、一朝一夕に培われるものではないから、他地域と差別化できる強みになる。この点を活かし、伊豆高原のブランディングができないものだろうか。

ある日、永山がぼそっと言った。

「ステーションピアノ、伊豆高原でできないかしら」

彼女の実家にはピアノがあるが、手狭になってきたことで、保管場所に困っているという。処分するのは忍びないので、弾いてくれる人がいるなら、どこにでも寄付したいという。それはなかなかよい案だった。

ステーションピアノの人気は高まっているし、高い吹き抜けのある伊豆高原駅ロビーでは、音色が綺麗に響くはずだ。30分に1本の電車を待つ間に、ピアノを弾いたり聴いたりすれば、観光客の心も和み、ピアノを東京に置いてきた別荘族にとっても、鍵盤に触れる貴重な機会になるはずだ。

伊豆高原の文化度のシンボルとなり、将来の開発にもプラスの影響が出るだろう。伊豆高原が、ステーションピアノで有名になれば、テレビ局の天気予報の背景で映してもらうことで、集客にもつながるかもしれない。

さっそく文化村時代のツテで、ヤマハミュージックジャパン社の門を叩いた。同社は、「ラブピアノ」というペイントされたアップライト・ピアノを4台保有し、全国各地に期間限定で置くことで、人気を博していた。

そのうちの1台を、伊豆高原駅に置かせてほしい、とお願いしたが、同社からは、こちらの予想を超える、素晴らしい提案が返ってきた。

「ラブピアノ」の全4台を、伊豆急沿線に設置してはどうかというのだ。通常、全国でひっぱりだこの「ラブピアノ」が、4台すべて空いていることなどないが、2月下旬から3月上旬の2週間に限り、偶然4台とも空いているという。2月下旬といえば、河津桜による多客期で、フェーズ2の追い込み時期だ。4台のピアノを東伊豆各所に置き、デジタルフリーパスで周遊しながら演奏してまわる需要を作り出すには、絶好の時期だ。

「ラブピアノ」の演奏者層は、全国に2000人以上いるというが、その大半はスマホを自在に使いこなすSNS世代であり、デジタルフリーパスとの相性もよさそうだ。

彼らを集客するカギは、プロ級の演奏技術を持つ、人気ユーチューバーの動画投稿だという。人気ユーチューバーが、デジタルフリーパスで伊豆を周遊しながら「ラブピアノ」を演奏する動画を投稿すれば、全国のファンは伊豆に押し寄せるだろう。

ヤマハ側は、人気ユーチューバーとの橋渡しもしてくれるという。渡りに船だ。この企画、もう乗るしかない！

## テレビリモコンでオンデマンド交通の配車予約

こうして、「伊豆戦略」に沿った形で、伊豆MaaSの取り組みを進化させることができた。これだけでも、3ヵ月の遅れに見合うものだったと思うが、当然のことながら、これらの内容は、スマホが使える人たちしか、享受できない。

「伊豆戦略」が、伊豆のサステナブル化を目的とするなら、スマホを持たない地元住民の生活の質の維持も考えるべきだ。とくに、下田のオンデマンド交通は、走行エリアを拡大することで地元需要を見極めようとしていたが、地元の人がスマホを持っていなければ、その時点で需要はないも同然だ。

そんな想いから、東急とイッツ・コミュニケーションズで共同開発したのが、テレビリモコンを押すだけで、オンデマンド交通が配車できるという新技術だ。

これは、イッツ・コミュニケーションズが開発した、各自治体の防災情報等をテレビに自動表示させる「テレビ・プッシュ」という商品を改良したもので、具体的には、「テレビ・プッシュ」とオンデマンド交通の配車アプリをシステム連携させることにより、リモコンを押すだけで、乗車時間・人数・目的地を選択し、配車できるというものだった。

この新技術は、前年、岩田が研究をはじめていたものを、長束と米内山が引き継ぎ、完成させたものだ。技術的に難しいと聞いていたので、「試作品が完成しました」と言われても、触ってみるまで信じられなかった。

この「テレビ・プッシュ」は、30分間の専用工事をするだけで、いかなるインフラ環境下でも導入できるのが最大の利点で、インターネット回線すらなくても専用のルーターを取り付けるだけでよい。どのケーブルテレビ会社の事業エリアでも、導入に何ら支障はない。

下田では、10世帯に試作品を導入し、実際に使ってもらった。日々の生活に役立つものにするために、オンデマンド交通の配車機能だけではなく、下田市役所からの行政情報や、東海バスの時刻表や運行情報も表示した。試作品にしてはよくできていたと思うが、日常的に使ってくれたのは導入世帯の半分程度だった。テレビリモコンを押すだけで、オンデマンド交通が呼べる操作性には高い評価を得たが、下田の街では自家用車が優勢で、駅から2〜3キロの距離なら、自分で運転した方が早いのだ。

しかし、この機能は、テレビさえあれば導入できる手軽なデバイスである。スマホを持っていない住民がいても、テレビを持っていない人はまずいない。スマホを持たない高齢住民が多い地方部では、伊豆に限らず、需要が見込めるはずだ。事実、関東運輸局主催の講演で紹介すると、群馬県前橋市の山本龍市長が興味を持ってくださり、現在、同市郊外での導入を検討中である。

さらに、交通以外の領域に応用できる可能性もある。

テレビに高精度カメラを取りつけ、医療機関と各世帯を結べば、遠隔医療も実現できる。医師は、高精度カメラにより、在宅の患者を問診できる。そのうえで直接診察が必要な場合は、患者はテレビリモコンで診察時間を予約し、オンデマンド交通を配車して、医療機関に行くことも技術的に可能だ。

下田の高齢者に聞くと、一番困るのは医療だという。買い物は、買い溜めができるが、医療は「診察溜め」ができない。

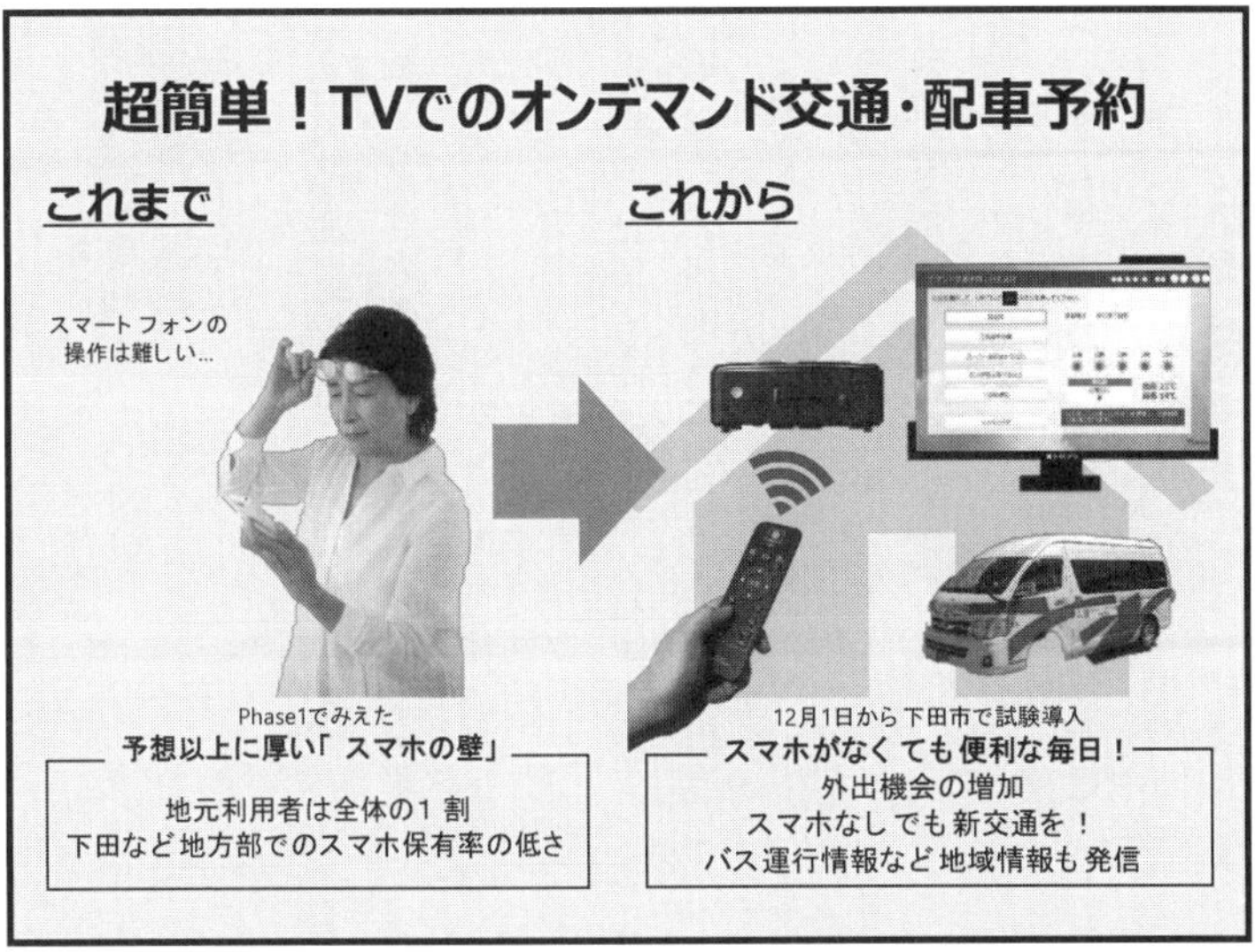


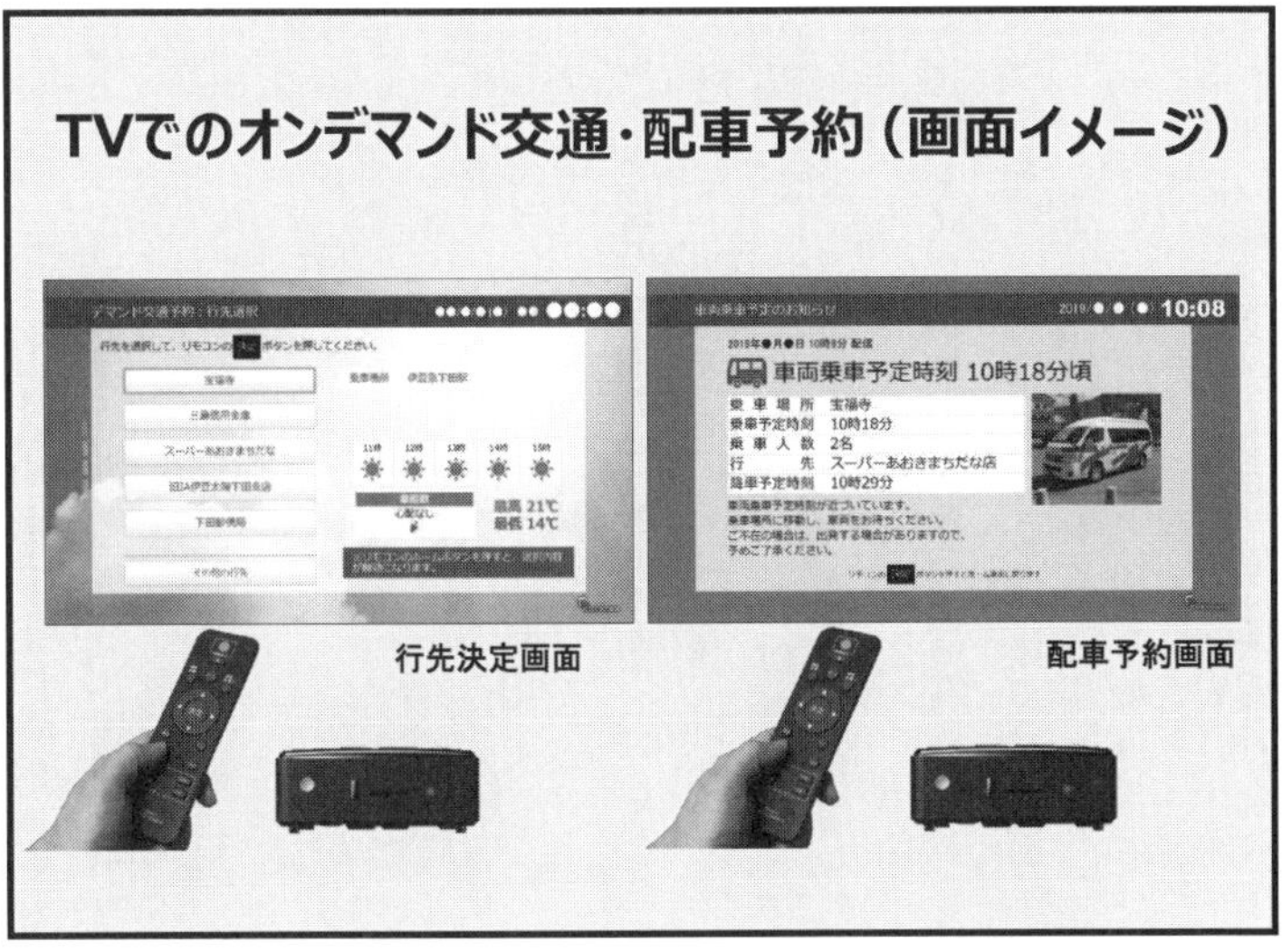


テレビリモコンによるオンデマンド交通の配車予約の説明資料

同じくカメラを取り付けることで、行政サービスのリモート化や宅配事業にも応用できる。誰もが使いやすい、テレビリモコン型の新技術により、さまざまな地域課題の解決に取り組んでいきたい。

首の激痛から1ヵ月半、11月20日のフェーズ2の記者会見を迎えた。やるだけのことはやった満足感があった。

会場には、UIがぐっと進化したIzukoのデモ機と、この日に完成したテレビリモコンによるオンデマンド配車システムの試作品を置いた。

来場した50人の記者も、UIを含めた、サービス内容の大幅な改善を体感してくれたようだった。フェーズ1のUIには挫折感しかなかったから、私は壇上で説明しながら「もっとUIを見てくれ。進化したと言ってくれ」と心の底から念じていた。

しかし、この日の見出しの中心は「アプリやめます」だった。

会見では、アプリを否定したのではなく、数ヵ月に1回しか来ない観光地型のMaaSならば、ウェブ形式にも一定のメリットがありそうだ、と話しただけだった。「結局、見出しはこうなるんですね」とJ企の高橋常務と苦笑した。

質疑では、フェーズ2の販売目標を聞かれた。

1月の記者会見では、年間1万枚を目標に掲げたものの、フェーズ1では1000枚強しか売れなかったので、目標を下方修正しないのかという意図を言外に感じた。

私は、記者をきっとにらみ、「あと8955枚ですが、売れると思います」と言い切った。下方修正などしたら、こちらの姿勢を問われる。それに、私は、本当に売れると思っていた。フェーズ1の課題だった、UI改善とサービス内容の拡充は、十分に達成できたと感じていたからだ。

しかし、伊豆とデジタルの関係は、私の予想より、もう少し複雑だったのだ。

# 19 捲土重来・フェーズ2開始！

捲土重来《けんどちょうらい》を期したフェーズ2。万端のはずの準備に、思わぬ死角が……。

一方そのころ、下田の街には、自動運転の車両が走りはじめた。

## 死角がないのが不安!?

11月30日土曜日、18時半。

あの懐かしい河津の居酒屋に、6人のメンバーが集合した。

言うまでもなく、明日からはじまるフェーズ2に向けた決起集会だ。

長細い半個室に腰をおろし、メンバーを見渡す。顔ぶれが変わったことに、感慨を覚える。

永山と長束はフェーズ1から引き続きだが、三浦は、静岡県と協働したワーケーション事業に注力し、MaaSから離れた。岩瀬は、鉄道版インフラドクターを全国の鉄道会社に売り歩くようになり、今回限りの参加だ。岩田の後任の米内山と、東急バスから出向で来た岡野裕は初参加だ。

8ヵ月前、連日のように、この居酒屋で打ち合わせを兼ねた飲み会をやっていたころは、いま思えば、ギリギリの状態だった。アプリもできていないのに、関係各所に研修をしたり、マニュアルを作ったり、毎日が賭けの連続だった。それなのに、どうしてあんなに笑いが絶えなかったのだろう。座の中心にどっかりとすわり、ビールをガソリンのように消費し、憎めない大きな笑い声をあげた岩田は、もういない。

感傷的になるのは、早い。

いよいよ明日から、101日間の戦いがはじまるのだ。

フェーズ2の開始は3ヵ月延びたが、それを補って余りあるUIの改善、そしてキャッシュレス・サービスなど新たな挑戦ができることになった。フェーズ1とは次元の違う展開ができるはずだ。

早くはじまれ、と何度思ったことだろう。それは、手ごたえを感じていた証でもあり、中途半端な緊張から早く解放されたい心の叫びでもあった。ともかく、やっとはじまる。販売が振るわなかったフェーズ1の分まで仇を取る、という気持ちだった。「日本初の観光型MaaS」という称号の割には、フェーズ1のUIやサービス内容は貧弱だった。その挫折感を、フェーズ2で販売実績をあげ、内容の充実を外部から認めてもらうことで、早く払拭したかった。

この10日間は、UIの最終調整や関係各所への研修に追われたものの、フェーズ1直前のカオスを経験した私にすれば、平穏そのものを通り越して、なんだか物足りないくらいだった。

それにしても、ＵＩの改善効果は大きい。どこに教習に行っても、すんなり理解してくれる。「前回のアプリとは大違いだね」と異口同音に言われる。社交辞令ではない証に、彼らの顔には安堵感がにじみ出ている。もちろん、フェーズ2をはじめれば、いくつも修正点は出てくるだろうが、バックにはＪ企の八城さんが控えているので、心配ない。

唯一の不安は、死角らしい死角が、見当たらないことだ。

フェーズ1のように、無理に強気ぶっているのではなく、本当に不安材料がないのだ。どこを見ても、フェーズ1とはレベルが違う。自分は何か重大なことを見落としているのだろうか。交通事業者や観光施設の協力体制も強固で、コールセンターの新しいオペレーター4人も優秀で、瞬く間に各機能を覚え、顧客応対も完璧に近い。

まあ、どうにかなるだろう。

「いっちょう、いくか」

と声をかけて、私は、リュックから赤いダルマを取り出した。

群馬で講演した際に、乗り換えの高崎駅で買ったダルマだ。フェーズ2の必勝を祈願して、この場で目を入れよう。米内山が差し出した筆ペンを握り、「あと８９５５枚」と繰り返し唱えながら、目を入れると、縁からはみだしそうに大きくなってしまった。いびつだが、ご愛敬だ。岩瀬は、すでにメニューを手に取っている。８ヵ月ぶりの無礼講がはじまった。

とはいえ、油断は禁物だ。いままで我々が見ていたＵＩは、テスト用のサイトであり、翌日から移行する本番サイトの状況は、確認してみないとわからない。夜10時には、下田東急ホテルに戻り、仮眠を取った後、12月1日の午前0時から、メンバー全員で本番サイトのUIを徹底的に確認することにした。

しかし、午前0時を過ぎても、本番サイトにアクセスできない。大丈夫と信じながらも、フェーズ1の悪夢がよぎる。ようやくアクセスできたのが、0時45分。1時間半かけてUIをすべてチェックしたが、細かい修正点はあるものの、運営に支障のある不具合は一つもなかった。幸い、12月上旬の伊豆は閑散期だから、使い勝手を確かめながら、UIを直していく時間的余裕はある。

さっきの無礼講でも、「フェーズ2の勝負は、繁忙期になる2月からの後半戦だ。1月末までは、繁忙期に刈り取れるよう、万全の準備をしよう」とメンバーに繰り返し呼びかけた。だが、ジョッキのかち合う音と歓声にかき消され、誰も聞いてはいなかった。

## フェーズ2開始!

12月1日、午前9時10分。

エリア拡大されたオンデマンド交通が、下田東急ホテルに到着した。

フェーズ2から、下田東急ホテルが停留所に加わったので、チェックアウトして、すぐ駅や市内各所に行けるのは便利だ。今回から有料化したので、オンデマンド交通用のデジタルフリーパスを運転手に見せ、乗り込む。

フェーズ2の初日は、昨夜集まったメンバーで伊豆各地に散り、今回から加わった熱海地区など、新しいエリアを含めた加盟施設の理解度を確認した。フェーズ1では、開始直前に、加盟事業者に参加してもらい、運営の徹底度を確かめたが、今回は2度目でもあるし、運営フロー自体にさほど変化はないので、我々だけでやることにした。

全体的な理解度は良好だったが、初日ならではの笑えるエピソードもあった。

米内山は、オンデマンド交通のデジタルフリーパスを買わずに、わざと、そのまま乗ろうとした。運転手は、パスを買っていない利用者には、Ｉｚｕｋｏの専用サイトで買うように求めなくてはならない。

その運転手は、止めるには止めたが、米内山が「じゃあ、どこで買えばいいんですか」と突っ込むと、「俺、ガラケーだから、そんなのわかんないよ」とさじを投げてしまった。

岩瀬は、下田ロープウェイの乗車券にセットでついてくる、寝姿山頂上のレストラン「THE ROYAL HOUSE」のソフトドリンクを、アルコールに変えろとごねる役を演じた。いくらごねても、「ソフトドリンクのみとさせていただきます」と言うのが正しいが、彼の迫真の演技が功を奏したのか、店員は「差額をいただければ、ビールに変えます」と答えたそうだ。彼が差額を払って、本当にビールを飲んだのか、それは聞くだけヤボというものだ。

私と長束は、下田の駅の小部屋にこもり、各メンバーからの報告を受け、正しい運営ルールが徹底されていない場合は、責任者に連絡してまわった。その合間には、入電数が少ないというコールセンターのオペレーターを鍛えるために、いやらしい質問やクレームの電話をした。これも一種の運用テストだが、何度も電話するうちに、声で正体がバレたらしく、オペレーターに緊張感はなかった。いくら脅かしても怖がられない、お化け屋敷のお化け役になった気分だった。

オペレーターの対応力は、なかなかのものだった。あの手この手で攻めても、正確に回答し、突っ込みどころがない。「お化け役」にも疲れ、携帯電話を机の上に放り投げると、伊豆急東海タクシーの大戸が入ってきた。どこに電話しているのかと聞いてくる。

「コールセンターですよ。お客さん役を演じて、クレームの電話をして、オペレーターを試しているんだけど、対応に非の打ちどころがなくて」

「へえ、フェーズ1とは、ずいぶんな違いだね」

「大戸さんも、お客さん役で電話してくださいよ。できれば、クレーマー役で」

15分後、コールセンターに張り付いていた永山から、電話があった。フェーズ1のときは、混乱した彼女からヘルプ要請が入ったので、一瞬心配したが、そうではなかった。

「ちょっと、なんなの、大戸さん」

彼女の声が、怒りに満ちている。

大戸がクレームの電話を入れ、オペレーターの青年に、執拗に絡んだのだという。

その青年は、実直で、永山も可愛がっていたので、余計に頭にきたのだろう。

「あの子が丁寧だから、大戸さんたら、図に乗って。耐えている彼が不憫で」

あまりに真剣に怒っているので、大戸にクレーマー役を頼んだのが自分であることを、とうとう永山には話せなかった。


午後になると、普通電車が下田に到着するたびに、ＩｚｕｋｏのＱＲコードのシールを持って、私と長束で車両に乗り込んだ。

伊豆急線の車内には、伊豆ぐらんぱる公園、伊豆シャボテン動物公園、下田ロープウェイなど、フェーズ2加盟施設の中吊り広告が出ている。その中吊り広告にＩｚｕｋｏのＱＲコードのシールを貼り、利用客がスマホで読み込むことで、各施設のデジタルパスがその場で買えるようにするためだ。

熱海から下田は各駅停車で90分もかかる。移動時間を無駄にしないためにも、車内広告から割引チケットが買えれば下車後がスムーズになるし、告知機能しかないはずの中吊り広告が購入窓口にもなれば、新たな広告の可能性を試すこともできる。

短い停車時間に、シールを貼りきれるか不安だったが、伊豆急は3両編成とあって、3分程度ですべて貼れてしまった。生まれて初めて中吊り広告にシールを貼ったが、意外にもこの作業は楽しかった。

## 足りなかった利用者目線

午後1時。

長束にシール貼りを任せ、利用者の目線に立ち、下田の駅構内を歩きまわった。

愕然とした。まったく、Ｉｚｕｋｏの告知が足りていないではないか。


たしかに、駅構内にＩｚｕｋｏのポスターは何枚か貼ってある。しかし、Ｉｚｕｋｏがいかなるサービスで、どんなメリットがあるのか、これでは伝わらない。

Ｉｚｕｋｏは、観光客が伊豆にやって来る前、鉄道用語で言うところの「発駅」（乗った駅）エリアで刷り込んでおくことが重要だ。しかし、観光客も認知しただけでは、購入してくれない。購買に結びつけるためには、ダメ押しとして、「着駅」（目的地の駅）でのＰＲが必須となる。

下田の改札口には、Ｉｚｕｋｏの使い方と安さを訴求するＰＲボードを出そう。フェーズ１同様、踊り子号やスーパービューの座席には、ＪＲ東日本がＩｚｕｋｏのパンフレットを入れてくれる。パンフレットを見た人たちが、改札口で思わず足を止め、見入ってしまう、巨大でわかりやすい内容にしよう。

オンデマンド交通の案内も、まるで足らない。乗り場は、駅の改札口を左に曲がり、50メートルほど歩いた、東海バスのターミナルの近くである。しかし、改札口から乗り場までの誘導案内サインがない。これでは、利用者が増えるはずがない。

告知だけではない。事前の教習も不十分だった。

その日の朝、下田東急ホテルのロビーに、オンデマンド交通の告知がなかった。Ｉｚｕｋｏのチラシはラックに刺さっていたが、ホテルも停留所に入ったのだから、市内各所に行けるオンデマンド交通を、もっとＰＲしてほしい。フロントの従業員に探りを入れると、ポカンとした表情で、

「イ、イズコ、ですか？」

何も聞いていないという。ホテルはシフトで動くので、支配人や幹部クラスに話をしただけでは、全スタッフにはいきわたらないのだろう。

伊豆急トラベル（観光案内所）のカウンターにも寄り、スタッフと話をした。Ｉｚｕｋｏの概要は理解しているが、観光客がＵＩの使い方を聞いてきたら、案内できる水準ではない。

下田では、観光客と最も接するのは、観光案内所とホテルのフロントである。彼らを味方につけられれば、Ｉｚｕｋｏの利用客を増やすことができる。ここは腹をくくって、全スタッフに個別研修を丁寧に行い、Ｉｚｕｋｏを案内してもらえるように取り組もう。

私は、思わず唇をかんだ。

これでは、死角だらけではないか。

ＵＩ改善とサービス機能の充実によって、フェーズ１の挫折感を晴らすことばかりに気を取られ、肝心の利用者目線に立った、わかりやすい案内告知による購買誘導に、気を回す余裕がなかった。昨夜は「死角がないのが不安」と言っていたくせに。

唯一の救いは、フェーズ２の初日に気が付いた、ということだ。焦らず足場を固め、２月からの繁忙期に備えよう。

気を取り直して永山に連絡し、フェーズ２で連携する、下田周辺の九つの宿泊施設に集まってもらい、Ｉｚｕｋｏの個別研修とヒアリングの機会を設けることにした。

だが、私は、そこでも自らの甘さを痛感することになる。

宿泊施設との連携とは、下田への宿泊客を増やす目的で、加盟施設のフロントでデジタルフリーパスを見せた宿泊客に、１０００円分の土産物券を進呈するというものだった。土産物券は、下田や河津の伊豆急物産の店舗で使うことができる。観光客がその券で何を買ったかを見ることで、売れ筋商品を把握することができ、「伊豆戦略」に盛り込んだ、魅力ある土産物を開発する際の参考データになる。

宿泊施設の支配人や営業担当は、忙しい時間をやりくりし、下田東急ホテルの会議室に集まってくれた。私が、フェーズ２の取り組み内容を説明し終わり、Ｉｚｕｋｏへの改善提案をつのると、地元の旅館のご主人が遠慮がちに手を挙げた。

「成功したいのなら、このパンフは直した方がいいですよ」

手には、ピンク色のＩｚｕｋｏのパンフレットが握られていた。

理由を聞くと、次のような答えが返ってきた。

①パンフレット自体のターゲットが曖昧で、Ｉｚｕｋｏの利点もわからない
②オンデマンド交通や下田で使えるデジタルパスに、内容を特化させるべき
③オンデマンド交通は全停留所を記載するのではなく、観光客が行きたい場所に絞るべき

私は、殴られたようなショックを受けた。

フェーズ1の挫折から、ＵＩさえ改善すれば、皆に使ってもらえると信じていた。だからこそパンフレットもサービス自体も、特段ターゲットを決めずに設計した。だが観光客を相手に商売をするプロの眼からすれば、それはあまりにも甘い見立てだった。ターゲットと提供価値を突き詰めずして、観光客の利用は増えるはずがないということだ。

別の手も挙がった。

今井浜東急ホテルの営業担当だった。

「デジタルフリーパス『ワイド』、河津～修善寺のバス路線は、どうして片道しか乗れないんですか？」

「ワイド」パスは、三島から修善寺・河津・伊豆急経由で熱海に抜けるか、またはその逆の動きを想定していた。東海バスへの割賦額も考えると、片道のみの乗り放題でよいだろうと判断したのだ。

営業担当が言うには、河津桜の時期には、今井浜に２泊３日で来る需要が多く、２日目のアクティビティとして、川端康成の小説『伊豆の踊子』や、石川さゆりの名曲で有名な「天城越え」が人気があるという。宿泊客は、河津から東海バスに乗り、浄蓮の滝などを見学し、修善寺まで行って、ホテルに戻ってくるそうだ。

だが、今井浜から「ワイド」パスを使っても、帰りは戻ってこられないのだから、ホテルとしては薦められないという。

まさに、目からウロコだった。

私は、観光客の動きは、熱海→下田→熱海と、三島→修善寺→河津→下田→熱海（またはその逆）の２通りしかないと考え、その動線をなぞる、デジタルフリーパスの「イースト」と「ワイド」を主軸商品として設定していた。

ゆえに、観光客の起点も、熱海と三島の２ヵ所しか想定していなかったが、今井浜から出て、また戻ってくる需要があるとは思いもしなかった。

パンフレットの件もしかり、観光客の需要に一番詳しい宿泊施設の声を、丁寧に聴いた上で商品を設計してこなかったツケが、ここで出てきたのだ……。

9施設の人たちが帰った、ガランとした会議室を、永山と声もなく片付けた。

窓の外に、快晴の12月の海が広がっていた。

「やりなおしだな」

机を並べていた永山もうなずいた。


さっそく、永山と長束に、下田と伊豆高原向けの専用ポスターとチラシ作りに取り掛かってもらった。デジタルパスやオンデマンド交通など、それぞれの場所で使える商品と、訴求点である値引き幅が、一目でわかるようにデザインさせた。完成したら、すぐに、両駅構内と伊豆急トラベル、さらに下田の宿泊9施設に置いてもらおう。

同時並行で、伊豆急に掲出許可を取り、下田の改札周辺に掲げる、Ｉｚｕｋｏの商品説明とオンデマンド交通の動線案内の巨大ＰＲシールも作成した。伊豆急トラベルと各ホテルの操作研修は、私がマンツーマンでやった。時間はかかったが、メンバー個々と仲良くなり、彼らの協力の機運を高める意味ではプラスだった。

## 下田市内での自動運転実験

そのころ、下田の街を、見慣れぬ車両が走りはじめた。

4人乗りのゴルフカートは、駅からメディカルセンターおよび道の駅までの1キロ強の距離を、時速13キロで走った。一見したところ、普通の運転と変わらないように見えたが、伊豆急東海タクシーの運転手は、ハンドルに軽く手を置いているだけだった。

伊豆急下田駅のIzuko巨大PRシール

　それは、静岡県交通基盤部と東急が合同で行った、公道上での自動運転実験だった。プロジェクトチームができたころ、「いつか自動運転もできたらいいな」と思っていたことが、組成から2年弱で実現するとは、夢にも思わなかった。伊豆MaaSにとっても、人手不足の中、デジタル化により地域交通を省力化する意味で、自動運転の実験は貴重な経験である。

　もちろん、下田では初の自動運転である。フェーズ2の開始直前、下田の各所で挨拶回りをした際、自動運転の話をすると、異口同音に「自分の生きている間に、自動運転が実現すると思わなかった」と言われた。茶化した響きでいて、どこか目は輝いている。発展途上段階にある自動運転が、そのエリアで定着するかどうかは、半分は地元の理解にかかっていると言われるが、下田では最初のつかみは悪くなさそうだ。

自動運転の技術は、大まかに言えば、三つの工程に分けられる。

第1の工程は、情報収集。自動運転車両に搭載したGPS、カメラ、センサーなどで、位置情報や前方の対象物を捉える作業だ。第2に、それらの情報をAIで分析し、運転上の支障有無や運転方法を判断する。そして第3に、判断した内容に基づき、ハンドルやブレーキ、アクセルを操作・制御するのである。

自動運転にあたっては、運転の遅延防止や安全対策として、情報収集した莫大なデータを、超高速で処理・判断できることが前提になるため、5G（第5世代移動通信システム）と呼ばれる、現状の通信速度（4G）の20倍もの速度を持つ通信規格が必要になる。

自動運転には、走行時に依拠する地図データとして、走行する道路や周辺環境を3D図面化しておく必要があるが、その3D図面を作る際に大活躍したのが、わがチームで取り組んでいたインフラドクターの技術である。

2019年の7月、360度カメラと高精細レーザーを搭載した専用車両を下田に運び、交通量の少ない早朝に、駅からの2ルートを走らせ、3Dデータとして取り込んだ。そのデータからノイズ（余計な情報）を消し、自動運転用のデータに変換させることで、日々の安全運行を支えたというわけだ。

2018年6月の役員会議に盛り込んだように、MaaSとインフラドクターは、次世代の交通インフラを支える上で、どこかでつながると期待していただけに嬉しかった。

自動運転の走行実験は、12月10日から19日までの10日間、行われた。今回の実験は、「レベル３」と呼ばれる、運転手は座っているが、万一の時を除いて、ハンドル操作はしないという段階だった。これが、完全自動運転と呼ばれる「レベル４」になると、運転手は不在で、車両故障などの際に対応する係員だけを乗せることになる。真の意味で、自動運転が省力化につながるには、レベル４の到来を待たねばならない。

自動運転の実験は、静岡県の希望で、フェーズ２と期間を重ねて行うことになった。自動運転とオンデマンド交通を同時に走行させることで、地域住民を自家用車から公共交通にシフトさせる啓蒙効果を見込んだのだ。実験期間中は、Ｉｚｕｋｏの専用サイトで乗車予約できるようにリンクをはった。

下田市内での自動運転実験（2019年12月）

こうして、フェーズ２の幕は開いた。

反省の弁ばかりが続いたが、１日当たりの販売枚数は約30枚と、フェーズ１の３倍にまで伸びた。ＵＩ改善の効果で、コールセンターへの入電数も３分の１以下に減った。ＵＩやサービスについても、日本のMaaS界を牽引する、計量計画研究所の牧村和彦さんなどの有識者から「格段によくなった」という声をいただき、少しは安心した。

12月20日には、伊豆急トラベルやホテルへの個別研修も終え、下田や伊豆高原にフォーカスした新しいポスターやチラシも出来上がり、両駅構内や関係各所に掲出された。今回からエリアに加わった熱海駅や伊東駅でも、両駅長の協力で、特大ポスターを何枚も連貼りしてくれた。

しかし、告知と研修を強化し、売上枚数を天に祈るだけでは、フェーズ1と何も変わらない。フェーズ2から導入したウェブサービス「ワラビー」の最大の売りは、利用者ごとの購入商品、購入時間、使用時間（施設に入場した時間）がライブ把握できる「管理画面」機能があることだ。データが即時にわかるのは、ウェブならではの特徴だ。

この機能により、利用者の購入特性や移動傾向を分析し、仮説に基づいた販促を実行することで、PDCAを回していくことは、ウェブの強みを活かした、フェーズ2最大の成長領域であるはずだが、年内にはそこまで手がまわらなかった。

大量にたまった経費伝票を処理するため、久しぶりに渋谷に戻った。

街はクリスマス一色で、眩いばかりの装飾が目にしみる。東急百貨店本店に抜ける円山町の坂には、楽しそうなカップルや忘年会らしきサラリーマンがあふれている。どうしてクリスマスは、こうも私を感傷的にさせ、戦闘意欲を失わせるのだろう。1年前、伊豆稲取で港の夜景を見ながら、涙がこぼれそうになったことを思い出した。同時に、1年間の月日を思う。回り道しながら、ずいぶん歩いてきたものだ。

人は、私のことを、人間ブルドーザーとかワーカホリックと呼ぶけれど、立場上、そうせざるを得ないからであって、私も本心では、「やることだらけで疲れた。もう休みたい」と思っている。とりわけ、こんな夜は。

もし私に、もう一人の自分がいたならば、きっと迷わず楽しいパーティーに潜入させ、思う存分シャンパンを飲ませるに違いない。

だが、来年のクリスマスも、Ｉｚｕｋｏを続けられている保証はない。すべては、フェーズ2の成否にかかっている。この1年間を無駄にしないためにも、2月からの繁忙期に押し寄せる観光客を取り込むための万全の準備をしよう。それができるのも、あと1ヵ月だ。

ふと、岩田とクリストフのことを思い出した。

1万キロ離れたベルリンの、クリスマスのイルミネーションは、世界一美しいと言われる。2人は、どんな思いで、そのイルミネーションを見つめているのだろう。彼らの幸せを祈り、メリークリスマスと心の中でつぶやいた。

# 20「Ｉｚｕｋｏ＝ニッチ」

デジタルの特性を活かし、商品の売り伸ばしを図る。
ポイントは、既存商品との差別化、そして「スマホの壁」を乗り越える
サポート。観光客のニーズを肌で感じ、ついに売り上げは急伸！。

## デジタルデータを活かしたＰＤＣＡ

年が明け、２０２０年になった。

２０１３年の秋、テレビで見つめていた、東京五輪決定の瞬間。

ＩＯＣの会長がボードをひっくり返し、「トーキョー」と言った瞬間、２０２０年なんてやって来るのかと思っていたら、あっけなく来てしまった。

元日付けで、わがチームに、３人の中途採用者を迎えた。

いずれも30代の男性。全員、ＭａａＳは未経験だが、経験者などほとんどいないのだから問題ない。それよりも、各地域にあわせたＭａａＳを組み立てる上での観察眼、柔軟性、それに

行動力があれば十分だ。

東急は、定期的に中途採用を行っているが、「ＭａａＳ採用枠」は、初めてのことだった。どれだけ手を挙げてくれるのかと心配していたが、約１５０人の応募があり、全社の採用枠の中でも最多規模だったという。これまでの広報活動の効果も、多少はあったのかもしれない。

彼ら３人は、すでに着手している伊豆や東急沿線に加えて、他地域での展開をにらんだ要員だったが、猫の手も借りたいほどの、フェーズ２の最中に来てくれたのは助かった。繰り返し述べている通り、２月の繁忙期の需要をいかに取り込めるかに、フェーズ２の成否はかかっている。人手はいくらあっても足りないのだ。

フェーズ２の販売枚数は、最初の１ヵ月で１１００枚に達した。早くもフェーズ１の実績を超えたが、マスコミ向けの体験会や、視察会に参加した業界関係者の利用分も多く含まれていたから、実需は９００枚強だった。記者会見で「８９５５枚売ります」と大見得を切った手前、この数字に満足するわけにはいかない。

前章末にも書いたが、管理画面という、利用者の購入状況が即時把握できる機能を最大限活用して、利用者の行動仮説を作り、販促イベントを試行し、結果を振り返ってＰＤＣＡを回していくプロセスが、最も重要である。そのプロセスこそ、デジタルでなければできないことであり、紙の企画乗車券では達成しえない、ＭａａＳだからこそできることの可能性がひそんでいるはずだ。

私の毎日に、管理画面を1日10回見るという、新しい習慣が加わった。

管理画面自体、ウェブサイトなので、私のモバイルPCからでも、スマホからでも、どこでもいつでも確認することができる。

管理画面は、デジタルフリーパス、観光施設のデジタルパス、オンデマンド交通の三つのページに分かれ、各販売データが確認できる。具体的には、利用者ID、登録したメールアドレス、購入商品、それに購入時間と使用時間（入場時間）が秒単位でわかる。オンデマンド交通は、乗車場所と降車場所も表示され、停留所ごとの需要も把握できる。

利用者IDやメールアドレスを目で追っていくと、デジタルフリーパスを買った人が、伊豆高原でデジタルパスを使い、下田でオンデマンド交通に乗った、という行動履歴が把握できる。全利用者の履歴を自力で追うことは難しいが、J企の分析官に依頼すると、管理画面に表示していないデータも加えた上で、行動履歴や傾向を分析してくれる。

この管理画面を、2週間ほど観察し続けると、二つのことがわかってきた。

まずわかったのは、商品が売れる時間帯はきわめて限られている、ということだ。

具体的には、朝8時台から午後3時までの7時間弱である。午後3時が購売時間のリミットというのは、よくわかる。現状のデジタル商品は、購入時点から有効期限のカウントダウンがはじまってしまう。2日間有効のデジタルフリーパスなら、午後遅くに買えば1日分を無駄にしてしまうし、当日のみ有効のデジタルパスに至っては、観光施設がすぐ閉まってしまうので、事実上買う意味がない。

問題は、朝8時以降にしか売れない、という点だ。

これは、伊豆に向かう観光客が、Izukoのチラシの入っている、東海道線や湘南新宿ラインのグリーン車内で買ったものと推測される。私も、伊豆に行くときは、大船からグリーン車に乗って、PC作業に集中しているが、そうした観光客と空間を共にしている。

しかし、1日7時間しか売れない間は、販売枚数が急増することはあり得ない。なんとかして、彼らが電車に乗り込む前までに、Izukoを訴求し、販売につなげていかねばならない。

次に、商品ごとに売れる時間と場所は異なる、ということだ。

伊豆半島を周遊できるデジタルフリーパスは、伊豆に到着する前に買われるものだから、最も購入時刻が早い。おそらく、伊豆に向かう道中で買われたものだろう。

それに対して、デジタルパスは、購入時間と使用時間（入場時間）の時差を見ると、平均すると30分～1時間だ。これは、観光施設の最寄り駅に着いて、バスを待っているときに購入した、と見るべきだろう。

Izukoの加盟観光施設が集まる、伊豆高原や下田の駅構内に、最寄りの観光施設と値引き幅を訴求した、新しいポスターやチラシを設置しておいたことは、理にかなっていたわけだ。

観光客が伊豆に向かう電車に乗る前に、Ｉｚｕｋｏをしっかり訴求できれば、商品が売れる時間帯も伸びるし、観光施設の最寄り駅での露出や案内能力の効果も、倍増するに違いない。

さっそく、ＪＲ東日本に依頼し、電車に乗り込む前の訴求策として、４００万人以上が使う「ＪＲ東日本アプリ」から、Ｉｚｕｋｏへのリンクをはってもらうことにした。ＪＲ東日本アプリとは、電車の運行情報や乗換検索、同社全駅の時刻表や構内図がわかる、無料のアプリだ。フェーズ1では、Ｉｚｕｋｏ利用者の7割は、東京・神奈川・埼玉居住者であった。それは、ＪＲ東日本経由で伊豆に来る人が多いことを意味している。当然、ＪＲ東日本アプリのユーザーも多いはずだ。彼らがアプリで伊豆を検索するたびに、Ｉｚｕｋｏのバナーが飛び出して、クリックすると専用サイトに誘導される流れが作り出せれば、一定の効果はあるはずだ。

12月28日から、Ｉｚｕｋｏとのバナー連携を開始すると、すぐに効果は出た。

深夜や早朝の時間帯で、1日5～10枚、売れるようになったのだ。これまで決して見られなかった動きだった。

首都圏の人にとって、伊豆は、「明日は休みだし、天気もよさそうだから」という感覚で、気軽に行く観光地である。ＪＲ東日本アプリと連携することで新たに発生した深夜や早朝時間帯の購入は、休前日の夜や休日の朝に、家族と出かける候補地として伊豆を検索し、バナー経由で買ってくれたものだろう。

もう一点、電車に乗り込む前の訴求策として、昭文社の人気ガイドブック「ことりっぷ」の小冊子「Ｉｚｕｋｏを使って伊豆さんぽ」を制作し、ＪＲ東日本の首都圏５００駅と東急線97駅のラックに設置した。

「ことりっぷ」は、女性に人気のガイドブックだから、駅のラックに置けば、飛ぶようにはけるだろうし、早春の伊豆には女性客も多いので、その点でも効果が見込めるはずだ。

この小冊子は、社内報の編集長だった永山が制作したが、Ｉｚｕｋｏを使って伊豆散策が楽しめる、訴求力のある内容に仕上がり、記載した施設のデジタルパスも、冊子に印刷されたＱＲコード経由で買えるようになっていた。

１月初旬から各駅のラックに置くと、１日平均で５枚ほど販売枚数はあがったが、２月の繁忙期を迎えるころには、印刷した７万部がすべて利用客の手に渡り、もはや一部も残っていなかった。

## 「スマホの壁」を乗り越えるには

しかし、ここまでやっても、１日あたりの販売枚数は微増したに過ぎない。

むしろ年末年始が大型連休だったことで、１月になると、人出は下降気味で、販売ペースも落ちていた。その下落分を、ＪＲ東日本アプリとの接続や「ことりっぷ」の小冊子によって、かろうじて下支えしていた。

打つべき手は打っている。それでも販売ペースがあがらないのは、商品に需要がないのか、「スマホの壁」が高いのか、どちらかだろう。

私には、「スマホの壁」が予想以上に高いように思えてならなかった。それは、UIを改善すれば利用者が倍増すると信じてきた私にとって、認めたくない内容だったが、シニア層の多い伊豆の観光客にとっては、いくらUIが改善しても、スマホという時点で「アウト」だろうという予感が日ごとに膨らんでいった。

きっかけは、12月27日に、熱海駅で行った販促イベントだった。

観光客で賑わう熱海エリアがフェーズ2から加わった割に、熱海の商品はあまり売れなかった。そこで、東海バスや伊豆箱根バスと合同で、熱海駅の改札前に机を出し、両社のデジタルフリーパスや、観光施設のデジタルパスをPRすることにしたのだ。

100人以上の人が机に寄った割には、総数で10枚も売れなかった。かわりに、東海バスや伊豆箱根バスの紙の1日乗車券ばかりが売れた。

販売枚数以上に、私が衝撃を受けたのは、自力でIzukoのユーザー登録を完了できる人は、全体の3割しかいないということだった。机に来てくれた人のうち、多くの人はスマホを持っている。だが、半数以上を占めるシニア層にとっては、自力でメールアドレスや認証コードを入れる登録操作は、かなりハードルが高いようだった。

格段に進歩したはずのＵＩでも、７割の人は使えないとすると、Ｉｚｕｋｏは、伊豆の観光客の３割しか対象にできないニッチなサービス、ということになる。

肩を落としていると、東海バスの朝倉さんが、声をかけてきた。

「仕方ないですよ。バスは30分に１本。鉄道とは接続を取っているから、駅での待ち時間は長くないし、苦手なスマホを操作する間にバスが発車するなら、紙の乗車券しか買いませんよ」

考えてみると、これは結構、本質的な話だ。

Ｉｚｕｋｏで販売しているデジタル商品は、既存の紙の乗車券と比べて、スマホ操作の手間を上回るメリットがないと、売れないということだ。

たとえば、熱海の東海バスと伊豆箱根バスのデジタルフリーパスは、紙の１日乗車券と同価格だった。だが、紙の乗車券は、熱海駅の改札口から１００メートル以上離れた、両社の営業所でしか買えない。「スマホで買える手軽さ」で受けると思い、紙と同額でデジタル化したのだった。

これは、大間違いだった。多くの人にとって、スマホで買えることは手軽ではないし、朝倉さんの言う通り、電車からの乗り換え時間に、スマホ操作でマゴマゴするなら、１００メートル走ってでも、紙の乗車券を買う方を選ぶだろう。

最大のポイントは、既存商品との差別化、この一言につきる。

わかりやすいのは「安さ」だ。Ｉｚｕｋｏのデジタルパスの多くは、定価の2割引き前後と、割引幅で勝負している。しかし、この先の実装を見据えると、値引きによって販売枚数を稼ぐやり方は、サステナブルとは言えない。

そこで、別の訴求価値を考えていく必要がある。

たとえば、下田ロープウェイと寝姿山レストラン「THE ROYAL HOUSE」のソフトドリンク券がセットになったデジタルパスがある。これは、Ｉｚｕｋｏのオリジナル商品であり、値引きもしているが、それ以上に、情緒的価値がある。

つまり、ロープウェイで高いところに行き、できたばかりのレストランから絶景の下田湾を眺め、ソフトドリンクを飲む、という非日常感である。夕焼けの綺麗な晴天であれば、寝姿山から眺める夕陽は、プライスレスな価値がある。だからこそ、よく売れた。

Ｉｚｕｋｏの商品を買わないと得られないプレミアム感を提供することが、安さ以上に重要な訴求点になりそうである。逆に、プレミアム感が得られるならば、楽しい想い出を作りに来ている観光客は、定価以上の値段でも払うだろう。

いずれにしても、既存商品との差別化策は、フェーズ2の商品設計時にも十分意識できていなかった。パンフレットの件もそうだが、フェーズ1の課題をつぶすことに神経を使い、利用者目線に立った商品設計ができなかったのは、情けない限りだ。

悔やんでいる暇はない。これから、どうすべきか。

まずは、既存商品に対する優位性をはっきりと訴求することである。

価格面の安さについては、12月に修正したポスターとチラシでは、わかりやすく訴求できていた。ＩｚｕｋｏのサイトでＩ、観光施設のデジタルパスを選択するページに、各商品の値引き幅を明記し、お得感を訴求した。

次に、商品ごとの需要の見極めである。

商品に需要はあるが、販売枚数が「スマホの壁」が原因で伸び悩んでいるのなら、スマホ操作をサポートすれば、理屈から言えば売れるはずである。

そのことを検証するため、デジタル商品数が最も多い、下田の駅改札で、1月11日と12日に実験してみた。

下田のデジタルパスやオンデマンド交通に特化した、値引き幅を訴求した新しいチラシを降車客に配り、興味を示した人には、スマホ操作を積極的にサポートした。

結果として、2日間で70枚売れた。伊豆半島全体で、1日30枚程度しか売れなかったものが、下田の商品だけでそれ以上売れたのだ。

商品自体に、需要はあるのだ。スマホ操作をサポートすれば、下田では必ず売れる！

面白かったのは、降車客の見極めだった。下田でイベントを行ったのは、正月明けの3連休の土日だったが、土産物をぶらさげている人は帰省客だから対象外、改札口で定期を見せる人は地元住民だからこれも対象外、反対に、踊り子号の降車客はほぼ観光客であり、家族連れにはデジタルパスの割安感が刺さるので、集中的にＰＲした。

また、下田の観光客の行きたい場所は、いくつかに限られる。相手を見て、リコメンドする施設を変えながら、複数施設を効率よく回りたい層には、オンデマンド交通を薦めていけば、確実に刈り取れると感じた。


**販売ペース急上昇！**


いよいよ、勝負の２月になった。

ＪＲ東日本が、熱海駅で、Ｉｚｕｋｏの販促キャンペーンを展開してくれることになった。もともと熱海プロモーションに力を入れていたことに加えて、フェーズ２の繁忙期にあわせて、販売ペースを加速させようという狙いだった。

キャンペーンは、２月の土日祝日に、デジタル商品を買った人には、同社系列が運営する駅ビル「ラスカ」のクーポン券を進呈するというものだった。

これが大当たりで、１日平均で60枚以上売れたが、ちゃんと売れる理屈もあった。

熱海の観光客は７割以上が日帰りだから、駅から出て、駅に戻る。駅ビルの「ラスカ」にも立ち寄り、土産物を買ったり、お茶を飲む需要は極めて高い。数百円分のクーポンは必ず役に立つのだ。

また販売枚数の大半は、東海バスと伊豆箱根バスの熱海市内のデジタルフリーパスだったが、紙の乗車券と同価格でも、「ラスカ」のクーポンがついてくる分だけお得になり、デジタル商品に分があったということだ。

東急も、この熱海キャンペーンと歩調をあわせて、2月の土日祝日に、下田の駅改札口で販促イベントを行った。

改札口の前に長机を置き、Izukoの大きな幟《のぼり》を掲げて、東急2名と東海バス1名の3名態勢で、Izukoの下田専用チラシと東海バスの周遊バスの案内、それにお菓子が入った袋を、降車客に配った。熱海のキャンペーンと比較すると、手作り感満載のイベントだったが、効果はあった。

コツとしては、袋を手渡すときに、「観光施設に割引で入れるスマホサービスです」と声をかける。「割引？」と関心を示した人には、すかさず「登録無料です。操作はお手伝いするので、あちらへどうぞ」と、後方の長机で待機するスタッフへと案内する。

1月に分析した通り、下田の観光ニーズは限られる。

女性同士なら下田ロープウェイ＋寝姿山レストランのデジタルパス、子供連れなら下田海中水族館、海鮮目当てなら道の駅、食後には隣接する下田港内めぐりで下田湾1周、というふうに。下田海中水族館なら東海バスの7番乗り場、それ以外はオンデマンド交通でも回れると案内すると、結構な確率で買ってくれる。

この時期の下田観光は、河津桜のついで来訪が多く、ノープランで下田に来る客層も多い。そんな「数時間需要」の層には、オンデマンド交通とデジタルパスを組み合わせた「2時間周遊コース」「3時間周遊コース」を提案すると、受けがよかった。オンデマンド交通と観光施設のデジタルパスを何種類も買ってくれた。

スマホを使わないシニア層には、南伊豆町の桜を薦めた。河津桜よりも早咲きだったが、青野川沿いの桜並木は絶景だからだ。東海バスで往復1時間、川沿いの桜をゆっくりと愛でても、3時間あれば十分だ。

熱海駅のキャンペーンは、下田の販促イベントにも効果をもたらした。

熱海から来た人は、キャンペーンを目にしており、Ｉｚｕｋｏを認識している確率が高い。熱海でデジタルフリーパス「イースト」を買った人は、クレジットカードまで登録しており、気に入れば10秒で購入できるのだから、下田での購入確率が最も見込める。

ここで役に立つのが、管理画面だ。熱海での「イースト」購入時間に90分を足せば、彼らのおよその下田到着時間になる。スマホを見せて降車改札を通過した人がいれば、その人たちが「イースト」購入者である証だから、「ご利用ありがとうございます。下田でもこんなにオトクなんですよ」と声をかければ、50％以上が買ってくれた。

こんな調子で、下田で連日頑張ったところ、1日平均で60～70枚売れるようになった。枚数もさることながら、デジタルフリーパス→オンデマンド交通→デジタルパスという、各商品併売による周遊ケースが急増した。３種類の商品が有機的に結びつき、観光客の移動範囲が広がったわけだ。

こうして、ようやく販売ペースは急上昇をはじめた。

１月末時点で１７００枚だった販売枚数（1日平均28枚）は、２月29日には４６００枚に達した。２月では、１日平均１００枚売れた計算になる。繁忙期の後押しは大きかったが、刈り取りに向けて、各所で準備を済ませておいたことも地味に効いていた。

唯一、頭が痛かったのは、河津桜の異常な早咲きだった。

この年にいたっては、河津桜まつりの初日（2月10日）には8分咲きとなり、最初の週末となる2月15〜16日には満開となってしまった。例年より10日以上は早い。毎年早まりつつあるとはいえ、これほどの早咲きは、前代未聞だった。

このペースでいけば、２月末には散ってしまうだろう。

ピーク時期には、ＪＲ東日本アプリと東急線アプリのユーザー５００万人に対して、「満開の河津桜を見に、早春の伊豆をＩｚｕｋｏで周遊しませんか」というプッシュ通知を配信する予定だった。通知文には、Ｉｚｕｋｏと桜の開花状況のサイトのリンクをはり、誘客を狙う。

これを急遽10日ほど前倒しし、２月14日の金曜日に一斉配信した。翌日は土曜日であり、べストタイミングと判断した。効果はてきめんで、15・16の土日は、1日200枚以上を売り上げた。

また、河津桜が散ってしまった後は、ヤマハの「ラブピアノ」企画が、これ以上ないタイミングで穴を埋めてくれそうだった。4台のピアノを25日に設営し、会期は2月28日から3月10日までと、河津桜の「閑散期」対策としてはバッチリだった。

設営後には、超人気ユーチューバーが伊豆に来て、デジタルフリーパスを使いながら、4台のピアノを演奏する動画を撮影し、拡散してくれることになった。

すでに述べた通り、「ラブピアノ」のファン層はSNS世代だから、これ以上ない広告効果が見込めるはずで、29日に伊豆高原で予定したオープニングイベントも、「集まりすぎたらどうしよう」という心配をするほどだった。

4台のピアノは、伊豆高原駅、伊豆急下田駅に加え、伊東市の「東海館」という築90年以上の元有名旅館のロビー、そして河津町の寺院「栖足寺《せいそくじ》」の本堂に設置された。鎌倉時代に開山した、「河童伝説」で知られる栖足寺のご本尊前に安置された「ラブピアノ」は、神々しさと不思議さに満ちていて、誰でも写真を撮らずにはいられなかった。設置場所の魅力も、SNS世代を刺激する重要な要素であり、大きな効果が期待できた。

とにかく、この「ラブピアノ企画」は、河津桜のバックアップ・プランとしては完璧だった。

このペースでいけば、フェーズ2で、8955枚は無理にしても、6000枚は軽く超えるだろう、という手ごたえを感じていた。

人海戦術に頼っている側面もあるが、観光客の現状のITリテラシーでは、人的サポートがないと、売れ行きが伸びないのも事実だ。

それに、販促イベントを通じて、観光客とダイレクトに接することで、観光客のニーズを肌で感じることができる。

ニーズを知り、ターゲットを絞り、仮説を立て、データを取りながら、PDCAを日々回して、取り組みを改善する。そのサイクルを試行錯誤しながら体験できるのは、今後の展開を考えても大きなことだ。

また、この販売実績があれば、Izukoの取り組みを続けることもできる。

フェーズ3では、ITリテラシーの高い層にターゲットを絞り、既存商品と差別化した上で、彼らの観光ニーズに刺さる商品を作ろう。ターゲット層、商品、プロモーションを一気通貫で組み立てることで、人海戦術に頼らずとも、スムーズに売れていく仕組みを作ろうと意気込んでいた。

2月18日、私は、下田のみなと橋を歩いていた。

春を思わせる風が、海から包み込むように吹きつける。課題だらけの毎日から、少しずつ、確かな手ごたえを感じはじめていた。歩速をあげた私が向かう先は、2019年秋に完成したワーケーション施設で開かれる、Ｉｚｕｋｏのワークショップだ。

# 21 Izukoが描く伊豆の未来

「Izuko×X」で実現を目指すのは、観光客の快適な旅、交通業者が協力しあう風土と仕組み、そしてサステナブルな地域の創生。日本のMaaSはデジタルとアナログの最適なマッチングを強みに。

## Izuko×ワーケーション

私が向かったのは、「リビング・エニウェア・コモンズ伊豆下田」というワーケーション施設だ。この日の午後1時から、ワークショップ「ちょっと未来の移動のススメ」が開かれる。スマホで呼び出すだけで、市内各所に行けるオンデマンド交通の便利さに感動した施設責任者が、同所でのワーケーション宿泊者向けに組んだ企画だ。

この施設は、造船会社の寮を改装したもので、窓を開けると下田湾が広がり、カモメの鳴き声が聞こえる、下田らしいロケーションを武器にしている。

すでに述べた通り、ワーケーションとは、２０００年代にアメリカではじまったときは、休暇中に業務対応する時間を設けることで、長い休暇を取りやすくするものだった。日本では、最近、少し意味が変わり、眺めのよい場所でリラックスしながら仕事をすることを指すようになってきた。

ワーケーションの実践者は、場所に縛られない、フリーランスやＩＴ従事者に多く、下田のワーケーション施設も、昨夏の開業以来、そうした層が利用している。スマホで仕事も生活も完結させる彼らは、Ｉｚｕｋｏを使ってくれているようだ。下田の駅で販促イベントをやっていると、この施設に通う女性ライターから、「デジタルフリーパスを定期代わりに使っています」と声をかけられた。

Ｉｚｕｋｏとワーケーションの相性がよいのは、就労者層のＩＴリテラシーの高さばかりではない。仕事のついでに休暇を、休暇のついでに仕事をする彼らからすれば、オフのときに、電車やバスで安く移動できるデジタルフリーパスは便利だし、気分転換に下田散策するなら、オンデマンド交通やデジタルパスを使えばよい。

「どことなくゆるい」下田の空気感を活かした、ワーケーション需要は着実に広がりを見せている。最近では、東京の大企業が下田に数日間滞在し、自らの技術やスキルを活かして地域課題を解決する、体験型研修のようなワーケーションの話が具体化している。社員の能力開発と地域課題の解決が両立する取り組みだ。

２０２０年2月4日、東急と伊豆急は、静岡県東京事務所と、県内のワーケーションを推進する協定を結んだ。東京の大企業を東伊豆地区に誘致し、各自治体の地域課題を解決する体験型研修を進めることで、地域活性化と地域課題解決を図ろうというものだ。

ワーケーションの滞在拠点は東急グループで用意できるし、課題発見に向けたフィールドワークでの移動はIzukoで提供できる。東急グループのあらゆるリソースを使い倒して、人手不足が深刻化する伊豆半島で働く需要を作り出し、地域をサステナブル化しようという「伊豆戦略」に基づいた取り組みだ。

## Izuko×観光

フェーズ2で可能性を感じたのは、「Izuko×観光」だ。

繰り返し述べている通り、Izukoは伊豆に行く手段であって、目的ではない。伊豆に行きたくなる理由を作り出すことこそが本質だ。

2月1日に伊豆高原駅と伊豆急下田駅で開催した、「8000系」鉄道車両の限定撮影イベントは、特典提供という一言が効いたのか、来場者の4割にあたる45人がデジタルフリーパス「イースト」で来場した。管理画面を見ると、そのうちの12人が前日から下田入りし、Izukoで観光周遊し、下田に宿泊した。

目的性が強く、日帰りが圧倒的に多い鉄道イベントで、デジタルフリーパスの2日間有効という特徴を活かし、前日に宿泊した層がいたという事実は、伊豆の周遊促進に向けた新たな可能性を提示したことになる。

２月28日にはじまる「ラブピアノ」企画も、デジタルフリーパスで周遊しながら、４台のピアノを演奏して回る「コト消費」型プロジェクトだ。誘客に際して、ＳＮＳ世代の演奏者層に強い影響力を持つ、人気ユーチューバーを起用する点も新しい試みだ。

観光コンテンツとして、アニメの威力も見逃せない。

２月４日、下田の一つ手前の蓮台寺駅のホームがごった返していた。それも男性ばかり、普段ではありえない光景である。聞けばその日は、伊豆急の公認キャラクター「蓮台寺ナギサ」の誕生日で、蓮台寺駅で配布されるオリジナル誕生日カードを求めて、２００人以上のファンが押し寄せたのだという。

沼津市の東海バスや伊豆箱根鉄道（駿豆線）の沿線は、人気アニメ「ラブライブ！サンシャイン!!」の舞台であり、国内外からの聖地巡礼者が跡を絶たないが、多くのファンを動員しうるアニメコンテンツの強さに改めて驚いた。

静岡県は、人気ゲーム「ポケモンＧＯ」との伊豆半島における連携協定を、アメリカの権利元と結んでいる。デジタルフリーパスでレアキャラを探しながら、伊豆を安全に楽しく周遊できる仕掛けが作れるのではないか。現在、県の窓口担当者と実現に向けた話し合いをはじめている。

## Izuko×不動産×生活サービス

「Izukoで儲かるんですか」とよく聞かれる。

答えは、「いまはまだNO」だが、Izukoをフックに、伊豆に新たな人の流れを生み出すことができれば、トータルでは、トントンに近いところまで持っていける可能性がある。

「伊豆戦略」のところでも触れたが、駅から遠く離れた不動産物件を買い、ワーケーション施設や宿泊施設に改装し、Izukoで足回りを改善することで、不動産価値を何倍にも高めることができる。

おまけに、物件取得から改装という一連のプロセスは、不動産会社でもある東急グループにとってはお手のものだし、滞在需要が出てくれれば、CATVや温泉の敷設、電気、ガス、セキュリティといった、生活サービス事業の出番が生まれる。

南伊豆町でも、伊東市でも、数百万円で売りに出される古民家を、宿泊施設やカフェ、ギャラリーに改装する事例が増えている。しかし、風光明媚な場所は、往々にして駅からのアクセスに難がある。伊東市内にも、外国人観光客の連泊が多い宿泊施設があるが、駅から離れており、観光周遊に課題を抱えている。そうした宿泊客は倹約志向が強く、貸し切りタクシーには手が伸びにくいし、駅まで出て、路線バスで観光地を回ると、時間がかかって何ヵ所も回れない。

「Izuko×物件再生×生活サービス」という組み合わせは、東急グループの強みを活かした、地域活性化策として、ぜひとも挑戦したい。

## さらなる地域課題の解決

地域課題の解決という視点も忘れてはならない。

スマホを持っていない住民に向けた、テレビリモコンを押すだけで、オンデマンド交通を呼べる仕組みは、そうした視点から生まれたものだし、テレビに高性能カメラを取り付ければ、遠隔医療や行政サービスのリモート化にも応用できる。

医療といえば、下田市の脳疾患による死亡率は、全国平均の倍以上という悲しいデータがある。下田メディカルセンターでは対応できない重篤な脳疾患の患者は、伊豆の国市の順天堂大学医学部附属静岡病院まで運ばれるが、天城越えの道は起伏が激しく、救急車もスピードが出せず、着いたときには手遅れになるケースが多い。

市内各所にはヘリポートもあるから、ドクターヘリをネットワーク化し、医師が迅速に出動できる体制を作るとか、患者の既往歴等を電子化し、救急外来時に活用するなど、取り組むべき事柄はいろいろある。医療体制の整備は、下田への移住やワーケーションを加速させる上での必須条件となるのだ。

また、さらなる高齢化に伴い、自動運転が実装するまでの間は、住居からバス停留所までのラストワンマイルの移動を、介護や物流の車両をオンデマンド交通のようにテレビリモコンで呼び出して活用することも、技術的には可能だ。

さらに、「道の駅」のような施設を、ラストワンマイルを担う交通の基地とするだけでなく、空きスペースで介護や郵便サービスを営み、物流の宅配ボックスを置くことで、地域のハブとして活用することができる。住民は遠くの駅まで行かなくても、近くの「道の駅」である程度の用が済むようになれば、駅から離れた地区でも、安心して住めるようになる。

こうした取り組みは、少子高齢化の中で、いかに省力化しながら住民サービスを維持するかというものだが、地域住民だけでなく、観光客に対しても、同じことが言える。

これまで10人で行っていた仕事を、ITの力を使って6人で行い、サービスの質を保ち、また向上させていくことは、観光地として生き残る上での必須条件だ。

たとえば、オンデマンド交通で使っている配車アプリを応用し、タクシー会社ごとに設置している配車センターをITで統合することで、浮いた各社のオペレーターを付加価値の高い仕事に回せるし、経費も節減できる。

オンデマンド交通の運営に参加してくれた栄協は、24時間営業を行っているが、2020年度から、深夜の配車センターをタブレット化する実験をはじめた。人件費節減と働き方改革を狙った取り組みだ。同社の常務に「Izukoに参加したおかげで、従業員にもITに挑戦しようという気持ちが出てきた。だからこそ、タブレット化にも取り組める」と言われたときは嬉しかった。一番難しいのは、人の気持ちを変えることだからだ。

東海バスとの調整次第ではあるが、オンデマンド交通で観光客が周遊する間に、手荷物を宿泊施設に運ぶサービスも実現できる可能性がある。また、宿泊施設の送迎バスをオンデマンド交通で代行することができれば、送迎バスを維持できない宿泊施設は助かるだろう。運営の厳しい宿泊施設は、送迎バスを高頻度で運行できず、そこで差がついてしまう。そのかわり、運行費用の一部を各施設に負担してもらえばよい。

また、スマホを持たないシニア層の宿泊客には、駅など主要停留所に、リモコン操作の簡易パネルを置き、目的地の選択だけでなく、個人特定用に顔写真を撮影する。その顔写真がオンデマンド交通の運転手に電送されれば、初対面でも「森田さまですね」と一目でわかる。いわゆる、顔認証システムだ。

## 事業者が協力しあう風土と仕組みづくり

「このセンサー、何ですか?」

2018年9月に、ITS世界会議への登壇で訪れたコペンハーゲンで、ITS参加者向けの、コペンハーゲン空港の見学ツアーに参加した。空港ビルの天井には、無数のセンサーが点滅しており、ガイド役の人に思わず聞いた。

天井に取り付けられた4000個のセンサーは、空港利用者の動きを観測している。3年間、データを蓄積し、季節、曜日、時間帯、便名等に応じた利用者の動きの傾向をデータ化したという。空港の敷地は、鉄道と高速道路に囲まれており、これ以上の拡張は難しい。そこで空港側は、利用者の待ち行列の傾向値にあわせて、チェックインカウンターを毎回移動することで、限られた床面積を最大限活用している。

さらに、この空港では、空港から市内に向かう、鉄道やバス、タクシーといった各交通手段の利用割合の傾向値も算出している。そのデータを市内の大手タクシー会社が買い、空港外での待機台数の最適化に役立てている。タクシーに乗ると、料金メーターの下に小さな画面があり、ターミナルごとの想定タクシー利用者数を表示する。多くの利用者が見込めるなら、運転手は市内各所から空港に急行するというわけだ。

私が、Izukoを通じて最も取り組みたいのは、複数の事業者でIzukoの利用・移動データを共有し、交通事業者、観光事業者、宿泊施設が相互に連携し、快適な観光サービスを作り出すことである。

2月の下田の販促イベントでも、熱海駅でデジタルフリーパスを買った人たちの下田到着時刻を推定することで、効果を上げたことは既述した。観光客の移動データを分析していけば、季節・曜日・天候等による傾向値が出せるはずだ。その傾向値を活用することで、コペンハーゲンのようなタクシーの配車台数の最適化や、予想ピーク時間帯にあわせた観光施設や飲食施設の人員シフトの最適化を行い、少ない人員を最大活用していけるのではないか。

たとえば、オンデマンド交通の顔認証システムで撮影した顔写真を、オンデマンド交通の運転手だけでなく、宿泊施設にも電送し、宿泊施設の入り口にAI内蔵カメラを取り付けておくことで、そのカメラが宿泊客を認識し、奥にいる従業員に「森田さま、あと1分でご到着」と通知することができる。外まで見に行かなくても、宿泊客が玄関に到着する20秒前には、きちんとお出迎えできる。ITをうまく使うことで、少ない従業員でも、質の高いサービスを効率的に行うことができる。

Izukoが目指すのは、各事業者が、観光客の快適な旅のために協力しあう、風土と仕組みづくりだ。それが実現できれば、観光客は、必ず伊豆に戻ってきてくれる。既存事業者の領域を侵すことなく、観光客が、質の高いサービスをどこに行ってもシームレスに享受できる環境を作る。同時に、ITを活用して、事業の省力化やサービスの高度化を行う。その連鎖が、サステナブルな伊豆を作り上げると信じている。

## デジタルとアナログの最適な融合

先日、デジタイゼーションとデジタライゼーションは違う、という言葉を聞いた。

すべてをデジタル化しようとするデジタイゼーションに対して、デジタライゼーションは、データに基づいて考えることを指すという。データを分析した上で、アナログサービスの方が合理的ならば、進んで残そうという考え方だ。この考え方に、地域創生の重要なヒントがあると感じた。

私も、「ＭａａＳ＝スマホ」という固定観念にとらわれ、すべてをスマホで完結させようとムキになっていた。だがフェーズ2から、そのやり方には無理があると感じはじめた。伊豆稲取駅からつるし雛会場を回る輸送サービス「いなとり号」で学んだように、スマホ以外の方法を残した方が利用者が増えるなら、そうすればいいのだ。目的は、スマホ化ではなく、地域の周遊促進なのだ。伊豆の観光客の現状のＩＴリテラシーを考えると、そちらの方が現実的でもある。Ｉｚｕｋｏを通じて、何を実現するのかという目的意識を、遅ればせながら、私も考えるようになった。

「日本のＩＴ化は遅れている」という声の一方で、日本のアナログサービスの質の高さには定評がある。それ自体は誇るべきことで、国際競争力にもなりうる。だが、すべてをスマホに置き換えることに無理があるのと同様に、少子高齢化が進む中で、アナログ一本槍というのも現実的でない。

私たちは、アナログとデジタルの強みを、最高の形で組み合わせることで、利用者にとっても快適で、事業者の省力化も図れるサービス実現を目指すべきではないだろうか。アナログとデジタル。どちらかを否定するのではなく、最強のマッチングを目指しながら、データ活用によって運営を改善し続けられる仕組みが作れれば、地域のサービス水準を向上させ続けることができる。この好循環こそが、サステナブルな地域創生の源泉である。

「日本版ＭａａＳ」という言葉が、私は好きではない。

地域によって、あるべき姿が違うのに、「日本」と一括りにするのは、無神経だと思うからだ。しかし、敢えて「日本版ＭａａＳ」の可能性があるとすれば、アナログとデジタルの融合により、アナログサービスの質の高さを活かしながら、利用快適性と省力化を両立させることにあると考える。「アナログ」という一言で切り捨てがちな、オペレーションの細部に目を光らせて、デジタル化による業務改善とイノベーションの可能性を追求するプロセスこそ、日本人のきめ細やかさやバランス感覚が活かされる競争領域である気がしてならない。

# 22 Starting Over

フェーズ2終盤を襲った新型コロナウイルス。
Izukoは伊豆再生に必要な存在となれるか。

## 新型コロナウイルスが伊豆を襲う

コロナウイルスは、伊豆から繁忙期の賑わいをすべて消した。

河津桜が満開となった2月中旬から、人出は、週を追うごとに半減した。

例年、ピーク時には、1日1万人を超える河津駅の降車客も、今年は最高5000人にとどまった。赤いジャンパーを着て赤いポシェットを持った、中国本土からの観光客を大量輸送する団体バスはすべてキャンセルとなった。

全体的な出控えムードの中、日本人の企業研修や報奨旅行といった、いわゆるBtoB需要も一瞬で消えた。宿泊事業者にとっても、バス会社にとっても、予約台帳が「キャンセル」の文字で埋まるたびに、本来得られるはずの収入が数百万円、数千万円単位で飛んでいく、現実感のない、悪夢のような出来事だった。

この時期、例年なら8割を下らないホテルの客室稼働率は、キャンセルの連鎖により、ひとケタ台の日すら出てきた。3月前半までは、従業員に休暇を取らせて、「開店休業」で乗り切ろうとしていた宿泊施設は、3月後半には耐えられず、リストラに手をつけはじめた。

整理された従業員は、タクシー会社の面接に、大挙して押しかけた。人員不足に悩むタクシー会社は、最初こそホクホク顔だったが、コロナウイルスの影響長期化により、人出は例年の2割に満たず、修善寺で予定された五輪の自転車競技も、1年間の延期が決まり、どこまで雇用すべきか、全く見通しが立たない。

そんな中、Izukoのフェーズ2は、3月10日の最終日まで走り切った。意地になって完走した、と言うべきかもしれない。

コロナの影響で、JR東日本の熱海駅キャンペーンや、2月29日の伊豆高原駅での「ラブピアノ」のオープニングイベントなど、いくつかの関連イベントを中止にせざるを得なかった。6000枚を超える販売ペースで推移していただけに、フェーズ2の実績に賭けていた我々からすると、水をさされた格好だ。

東急では、2月最終週からは、最後の追い込みとして、下田と伊豆稲取で、連日、販促イベントを展開しようとしていた。

会社では、フェーズ2の継続可否も議論対象になったが、私は「冗談じゃない」と断り、耳をふさぐように伊豆に向かった。

たしかに、人出が減り、静まり返った駅構内で、ピンク色のIzukoの幟を出し、法被を着て、販促活動をすることの意味を考えずにはいられなかった。これだけ観光客が減ったのに、自分はいったい誰のために、こんなことをやっているのだろうか。

しかし、こういうときこそ、私は、試されていると感じた。

ただでさえ、伊豆の人々は、あらゆるイベントが突然キャンセルとなり、東京の判断に翻弄されるわが身を、半ばあきらめの心境で見つめている。いまこそ、伊豆の側に立つべきなのではないだろうか。せっかく地元の人たちと、ここまで一緒にやってきたのだ。いまここで、Izukoを打ち切るわけにはいかない。

それに、こんなときでも、伊豆に来てくれる人を大事にすることが、我々の存在意義ではないだろうか。我々の使命は、Izukoというサービスを通して、観光客に快適な旅を提供し、また伊豆に戻ってきてもらうことなのだから。

しかし……部下はついてきてくれるだろうか。こういう状況で伊豆に通うことに、彼らの家族を含め、不安の声があがっても不思議ではない。

「みんなの価値観もあるだろう。考えを聞かせてほしい」

と言うと、内心思うところはあったかもしれないが、笑顔で賛同してくれた。

土日のたびに、下田に貴重な人員を派遣してくれた東海バスには、「あとは東急だけでやります」と告げた。彼らは、ダイヤ改正に伴う停留所の時刻表の更新作業に加え、コロナによる団体キャンセル対応で、明らかにIzukoどころではない。さすがに申し訳ないと感じたのだ。

それでも東海バスは、「一緒にやろう」と言ってくれた。「Izukoの販促は、いましかできない。これは続けよう」と社内で発言したのは、オンデマンド交通をめぐって、私と激しく意見を戦わせた朝倉さんだったという。


下田にやってきた観光客は、案外明るかった。

この状況で、下田まで来たからには観光するぞ、という開き直りと気合に満ちていた。

そのせいだろうか、シニア層であっても「スマホは使わない」とは言わず、操作方法を説明すると、一生懸命覚えようとしてくれた。コロナ以前には見られないことだった。

コロナの影響で、日帰り客が増えた分だけ、効率的な観光需要が高まった。オンデマンド交通とデジタルパスのセットが面白いように売れた。土日は2台体制のオンデマンド交通は、運転手の休憩時間すら確保できないほどの高稼働ぶりで、3月1日は下田の商品だけで85枚も売れた。これは、フェーズ2の最高記録だった。

2月に散った河津桜のバックアップ・プランとしても期待した「ラブピアノ」企画は、コロナの影響により、思ったほどの来訪者は集められなかったが、暗くなりがちだった伊豆を盛り上げてくれた意味では、大いなる効果があった。

伊豆急下田駅でのラブピアノ演奏会（2020年2月29日）

伊豆に来てくれた超人気ユーチューバーが、下田の駅でピアノを弾きはじめると、「下田の街にこんなに人がいたのか」というほど、駅構内は瞬く間に黒山の人だかりとなった。澄んだピアノの音色が、駅のコンコースに響くだけで、一瞬にして空気が華やぐ。電車を待つ人も、演奏者にリクエストを出すなど、自然と交流が生まれた。多くの住民から「気持ちが明るくなった」という声が寄せられ、伊豆新聞で大きく報道された。

3月10日、フェーズ2は終わった。

販売枚数は5121枚、フェーズ1の5倍の実績だった。

コールセンターへのUIに関する問い合わせ数は、フェーズ1の7分の1に減少するなど、UIの改善効

| | フェーズ2 | フェーズ1 | 増加 |
|---|---|---|---|
| デジタルフリーパス | 2733 | 726 | 2007 |
| | 内訳 Izukoイースト1400、熱海バス券615、いなとり号380、Izukoワイド208ほか | | |
| デジタルパス | 1343 | 319 | 1024 |
| | 内訳 下田ロープウェイ415、下田港内めぐり270、下田海中水族館228、シャボテン公園146ほか | | |
| AIオンデマンド乗合交通 | 682 | 0 | 682 |
| | 内訳 観光客比率85～90％（運行91日 ※2019年12月27日～2020年1月5日は運休） | | |
| キャッシュレス観光体験 | 363 | 0 | 363 |
| | 内訳 フロント120、下田開国博物館70、伊豆高原の湯64、黒船ホテル（露天風呂）30、羽衣25ほか | | |
| 合計 | 5121 | 1045 | 4076 |
| | フェーズ1とフェーズ2の合計：6166 | | |

販売数一覧表（単位：枚）

果が出た。デジタルフリーパスの「イースト」や「ワイド」も、熱海～伊東間がサービスエリアに加わったことで、売り上げが倍増した。デジタルパスも、オンデマンド交通の走行エリア拡大により、大きく売り上げを伸ばした。フェーズ2で取り組んできたことは、成果として現れた（詳しくは上の表参照）。

フェーズ1との合算では、6166枚と、目標だった1万枚には届かなかった。やるだけのことはやったという満足感と、「スマホの壁」は予想以上に高かった、という虚無感が、同時に去来した。宿泊先のホテル伊豆急では、誰とも話したくなくて、露天風呂にも入らず、夜の海の音を、部屋の中でただ聴いていた。

翌日の朝、9時の送迎バスに乗り、各所への挨拶回りに出かけた。車窓から見る海は、見たことがないほど蒼かった。これまで2年間走り続けてきたことのすべてが、そのとき初めて、過去形になったと気づいた。下田の駅までの急カーブに揺られながら、胸の中に2年分の時の砂が流れた。

## Izukoは伊豆再生に貢献できるか

2年前の私は、MaaSという流行りの船に乗っかり、伊豆で何事かを立ち上げようと、しゃかりきになって動き回っていただけだった。しかし、まがりながりにも実証実験をやり通し、多くの時間を伊豆で過ごし、知己を得るうちに、当初予想もしなかったことだが、フェーズ2が終わってからというもの、毎日のように「逆ホームシック」にかかっている。

下田の旧町内の街並み、港のカモメ、夜の静けさ、焼き肉屋のレモンサワー、羽衣の6畳間に差し込む朝陽、深夜のコンビニで買うアイスの味、伊豆急トラベルのみんな。

コロナウイルスでノックアウトを食らった伊豆を、なんとかしなければという焦りと、足がすくんでいる恐怖心がある。伊豆が好きになった分だけ、どん底の状態から立ち直れない伊豆を見たくない。

寝姿山の頂上には、「五島慶太は伊豆とともに生きている」という石碑がある。伊豆急開通を待たずに没した五島慶太の顕彰碑は、下田の街が一望できる絶好地に置かれている。私には、伊豆とともに生きる覚悟があるだろうか。

寝姿山にある五島慶太の記念碑

今年の秋に再開させるＩｚｕｋｏのフェーズ3は、これまでの実証実験とは全く違った意味合いを帯びるはずだ。その時点で、コロナウイルスが落ち着きを見せ、人の波が戻りつつあったとしても、伊豆の交通も観光も、すべてがゼロに近い状態からの再出発を迫られることだろう。

その状況で、Ｉｚｕｋｏというサービスを行うのであれば、実証実験というエクスキューズから抜け出て、デジタルの強みを活かし、新しい来訪者層を捕まえることで、伊豆再生に不可欠な存在になる必要がある。

一般的に、実証実験が実装化するためには、実験者側が決めた、定量・定性基準を満たせば十分なはずだ。だが、この異常事態にあっては、Ｉｚｕｋｏは伊豆再生に貢献できるかという一点でのみ、判断されるべきだろう。

Ｉｚｕｋｏは、伊豆の役に立てるのか？　この一点だ。

アフターコロナの展開には、希望も持っている。

世の中のリモート化が急速に進んだことで、全体的なＩＴリテラシーも向上しているし、観光が再開した直後は、首都圏から近い伊豆は、最初に観光客が戻ってくるエリアになることだろう。混雑回避しながら安全かつ快適に観光するためにも、混雑する観光案内所で行列を作るかわりに、交通や観光チケットを事前決済できるＭａａＳが一層推奨されるはずだ。テレワークの浸透により、働き方も柔軟になる。首都圏から近く、美しい自然環境に抱かれ、ゆったりと仕事ができる伊豆でのワーケーション需要は、さらに高まるはずだ。

私自身が、伊豆に求められる人材になれるかどうか、全く自信はない。

フェーズ2終了に伴い、実行委員会は、一度解散することになった。2020年3月27日、伊東市商工会議所で、その締めくくりの会を開いた。私は、こんな挨拶をした。

「1年2ヵ月、悪戦苦闘を続けて、多くの方のおかげで、最後まで走り切ることができました。その過程では、多くの方にご迷惑もおかけしました。そのことも含めて、皆さんに何が約束できるかを考えて、今日伊東まで来ました。いまは厳しい状況ですが、伊豆が再生する上で、少しでも貢献できるように頑張り続けること、それと伊豆をひっかきまわした以上は、責任をもって、いまよりよい状態にもっていくこと。そしていつの日か、ＪＲ東日本や東急といった名前が消え、熱海を過ぎた観光客が自然とＩｚｕｋｏを使うようになる、その日がＩｚ ｕｋｏの完成だと思います。その日が来るまで、何年かかるかわかりませんが、一生懸命やっていきたいと思います。……」

１回目のときのような、獅子文六の小説からの引用ではなく、自然とこみあげてきた言葉だった。２年間にわたる、多くの人とのやり取り、ぶつかり合いの中で形成された自意識の結論だった。委員を前に話しながら、心の中に、この２年間、繰り返してきたフレーズがこだましていた。

そう、いまこそ「ショー・マスト・ゴー・オン」だ。

伊豆は、かならず再生する。

岩田や、クリストフの顔が浮かんだ。

Ｉｚｕｋｏを通じて、東急グループとして、その一翼を担っていきたい。自分の取り組みを通じて、社会がよくなるように努力することで、私も少しは成長できるだろうし、それが、もう戻ることのない演劇生活を通じて、あの言葉を知った意味だと思う。突然の異動で会社に対して疑心暗鬼にもなったが、素晴らしい劇場での日々があったことに、いまなら素直に感謝できる、その境地になれたことを、そのとき私は静かに喜んだ。

# おわりに

幼いころ、毎朝、家の洗面所の排水口をよくのぞいていた。穴の奥には、七福神が住んでいて、水が流れるときにゴボゴボと音を立てるのは、彼らが宴会をしているからだと信じていた。「おむすびころりん」と実体験が混ざってできた、なつかしいセピア色の思い出だ。

4歳のころ、熱海の後楽園ホテルに親戚中が集まり、祖父の古希祝いの宴会を行った。宴会が長くて、記念写真のときにぐずったこと、大きな海を見たことを覚えている。七福神の「モデル」は、70歳を迎えた祖父しかない。浴衣姿の大人たちは、幼い私には理解できない難しい言葉を使って、座の中心の祖父をいつまでも立たせなかった。寿老人のような祖父の笑顔は、なんとなく記憶にある。それからというもの、飽きもせずに排水口を眺め、両親をあきれさせたものだ。

伊豆での仕事を終えて、熱海を通過するとき、このことを思い出す。線路が複線になり、Wi-Fiも通じやすくなり、家が近くなって安堵する一方、映画が終わって、エンディングタイトルが流れ出したときのような、一つの時間が終わったという淋しい感覚に襲われることがある。

湯河原に抜ける熱海トンネルに入ると、轟音とともに脳裏に浮かぶのは、伊豆でぶつかりあいながら、一緒に仕事をする人たちの顔である。ぶつかりあったときほど、喧嘩の原因となった一言を思い出して、笑ってしまう。熱海トンネルを抜ける数分間は、東京と伊豆の2拠点で働く私にとって、一つの結界であり、毎回の伊豆での仕事を振り返る貴重な時間だ。

あらゆるものをデジタル化する仕事をしているのに、彼らの顔ばかりが浮かぶのは、いったいどういうわけだろう。トンネルを抜け、湯河原の温泉街が見えてくると、「また戻ってこいよ」という彼らの声が聞こえる気がする。皆、それぞれの立場で伊豆に関わり、伊豆を守ろうとする仲間たちだ。単なる実験の場だった伊豆がいつしか、自分にとってかけがえのない居場所になっている。

伊豆は、海に行けば魚が釣れるし、土壌も肥沃で野菜も果物もたくさんできる。そのうえ気候も温暖で、土地の人の性格もおっとりしている。東京から鉄道が直通すると、多くの観光客が押し寄せて、いろいろな意味で「恵まれすぎた」土地だった。その反面、貪欲に現状を変えていこうとする気概は、必ずしも高くないように感じる。いままでのやり方を変えなくても、やっていけるし、それでダメならおしまいさ、という、海の風土がもたらす、楽天性と諦めのよさを感じる。その精神性も含めて嫌いではないが、4割に迫ろうとする高齢化率や、人口減少に拍車がかかる今後の伊豆を考えると、このままでいいはずはない。

伊豆には、無限の可能性がある。美しすぎる海と砂浜、温泉、風光明媚な景観、そして季節に応じた食べ物。一層多くの人に愛されるべき素材にあふれているのだから、ＭａａＳというデジタル・トランスフォーメーションを機に、ＰＲや営業も進化させていかねばならない。また、デジタル化は手段であって目的ではないから、ＩＴだからこそ実現できることを、観光客と事業者の視点から追求して、貪欲に試行錯誤するべきだ。変えざるべきものと変えるべきことを見極めながら、伊豆を訪れる多くの人たちへのサービスを負荷なく提供できる環境を、ＩＴを活用して作っていくのだ。

ＭａａＳが扱う交通分野は、長年の歴史に守られた、一番スタイルを変えにくい領域である。そこを変えていくのは、言うほど簡単ではないし、その難しさを理解するのにも時間がかかった。それぞれの会社には、社員とその生活を守る義務がある。縄張りを守るためには、シームレスで便利になりすぎてしまっては、困る部分もある。ここには書かないが、いろいろと思い通りにいかないことも多かった。だが、交通分野はしがらみも多いからこそ、共同で取り組めるところはどんどん着手すべきだ。小さくなる土俵で相撲を取り続けても、お互いが滅びることは明白なのだから。

こういうことを講演で話すと、さも、もっともらしく聞こえるのだろう。日本初の観光型ＭａａＳを立ち上げた実践者として、いろんな場所に呼んでもいただいた。しかし、当の本人には、何が正しくて何が間違っているのか、正直なところ、よくわからない。誰もやったことのないい取り組みだからこそ、自分でレールを敷き、自分で歩き、間違っているとわかったらやりなおす、これを繰り返すよりほかにはない。

交通を軸に、観光行動や地元住民の生活を組み合わせ、スマホというだけで敬遠する観光客や住民を相手に、時には下手に出て、時には正面突破を図りながら、デジタル化を進めようともがいてきたものの、需要のないサービスは生き残ることはできない。

疲れた頭を冷やそうと、夜の白浜海岸を歩きながら、いま取り組んでいることも、1年経ったら、波打ち際の砂山のように、跡形もなく消えてしまう気がして、白い波をじっと見つめたものだ。沖には、夜通し稼働する漁船が浮かび、浪間に揺れる明かりが見える。温暖化で漁獲量も落ちているという。

「ＭａａＳはボランティアじゃないんだぞ」という経営陣の声が闇夜にこだまする。伊豆のために、と言いながら、どう産業として成立させればよいのか。

その答えは、自分が一番教えてほしいし、誰にもわからない。だからこそ、伊豆をよくしたいという想いを持つ仲間たちが必要なのだ。伊豆をよくしたいという共通の志があれば、ＰＤＣＡをともに回しながら、前進することができる。そして、ＰＤＣＡプロセスが回しやすいということが、デジタル化の最大の利点なのだ。焦りすぎてもいけない。踊り子号が直通しているからといって、伊豆に東京の理屈や価値観を持ちこんでも、ハレーションを起こすだけだ。

みんなが本心からそうだと思えるまで、話し合うことが大切だ。仲間の本気の心だけが、多くの困難を乗り越える原動力になるのだから。

私は、過去、プロ野球やテレビジョンの揺籃期のドラマを書いた（『洲崎球場のポール際』『紀元2600年のテレビドラマ』）。戦前という移ろいやすい時代の中で、自らの情熱と夢だけを頼りに、新しい地平を切り開こうと苦闘した男たちの物語だ。かつてミュージカル劇場を立ち上げながら、志半ばで異動し、燃焼しきれなかった自分にとって、拙い筆を執ることは、どこか代償行為めいていたことを認めよう。

しかし、まさか今回、ＭａａＳという新領域を形にしようと、悪戦苦闘する自らを主人公にした作品を書くことになるとは夢にも思わなかった。オンボロの洲崎球場で多くの伝説を残し、消えていったスタープレイヤーや、太平洋戦争の開戦の日までテレビ実用化に取り組んだ高柳健次郎とは、比較する水準にはないが、行き先もわからず、自分なりの全力投球を繰り返した点だけは、共通していたかもしれない。

これからも、演劇の世界で学んだ「ショー・マスト・ゴー・オン」の精神で、多くの仲間たちとタッグを組み、伊豆の未来を見据えて、試行錯誤を繰り返したい。

私は、第1作のあとがきに「誰にでも、今しか投げられない、速球があるはずだ」と書いた。まさにこの本が、いまの自分にとっての精いっぱいの「速球」だ。

演劇の世界で完全燃焼できなかった自分に、書くという仕事を与えてくれた講談社の中村勝行さんに、演劇の世界で学んだ精神を新規事業で活かす機会を与えてくれた東急という会社に、そして代償行為ではなく、新しい自分と他者をつなぐ機会として、書く場を与えてくれた講談社の青木肇さん・栗原一樹さんに心からの感謝を申し上げたい。

＊　＊　＊

このプロジェクトを立ち上げ、また進める上では、数えきれないほど多くの方のご支援やご尽力をいただいた。ここで、特にお世話になった方のお名前をご紹介することで、すべての方への御礼に換えさせていただきたい。ありがとうございました。

（五十音順）青柳信裕／朝倉亮介／植松和男／内田夏樹／大倉篤／小澤久雄／久保田素広／熊谷祐樹／黒田英朗／齊藤光一郎／佐野博之／塩川幸昌／須賀雄一／杉本直也／曽根奈津子／高木茂／高橋敦司／田邊敬詞／津田豪／中村公彦／西端秀仁／濱小路喜男／廣瀬拓人／福井廉／福田暢英／藤本直樹／三好信行／向田敏弘／八城康彦／山崎友寛／山嶋耕平／横地眞澄／依岡聡

そして、東急グループの皆さん

【著者プロフィール】

森田 創（もりた そう）

1974年、神奈川県出身。99年、東京大学教養学部人文地理学科卒業。同年、東京急行電鉄株式会社入社。渋谷ヒカリエ内の劇場「東急シアターオーブ」の立ち上げを担当。広報課長を経て、現在、交通インフラ事業部MaaS担当課長。

2015年、初の著書『洲崎球場のポール際 プロ野球の「聖地」に輝いた一瞬の光』（講談社、2014年）により、第25回ミズノスポーツライター賞最優秀賞を受賞。その他の著書に『紀元2600年のテレビドラマ ブラウン管が映した時代の交差点』（講談社、2016年）がある。

N.D.C.681 318p 19cm
ISBN978-4-06-520551-8

MaaS《マース》戦記《せんき》 伊豆《いず》に未来《みらい》の街《まち》を創《つく》る

二〇二〇年七月二〇日第一刷発行

著者 森田《もりた》 創《そう》 ©So Morita 2020
発行者 渡瀬昌彦
発行所 株式会社講談社
東京都文京区音羽二丁目一二―二一
郵便番号一一二―八〇〇一
電話 〇三―五三九五―三五二一 編集（現代新書）
〇三―五三九五―四四一五 販売
〇三―五三九五―三六一五 業務
装幀者 コバヤシタケシ
印刷所 豊国印刷株式会社
製本所 株式会社国宝社